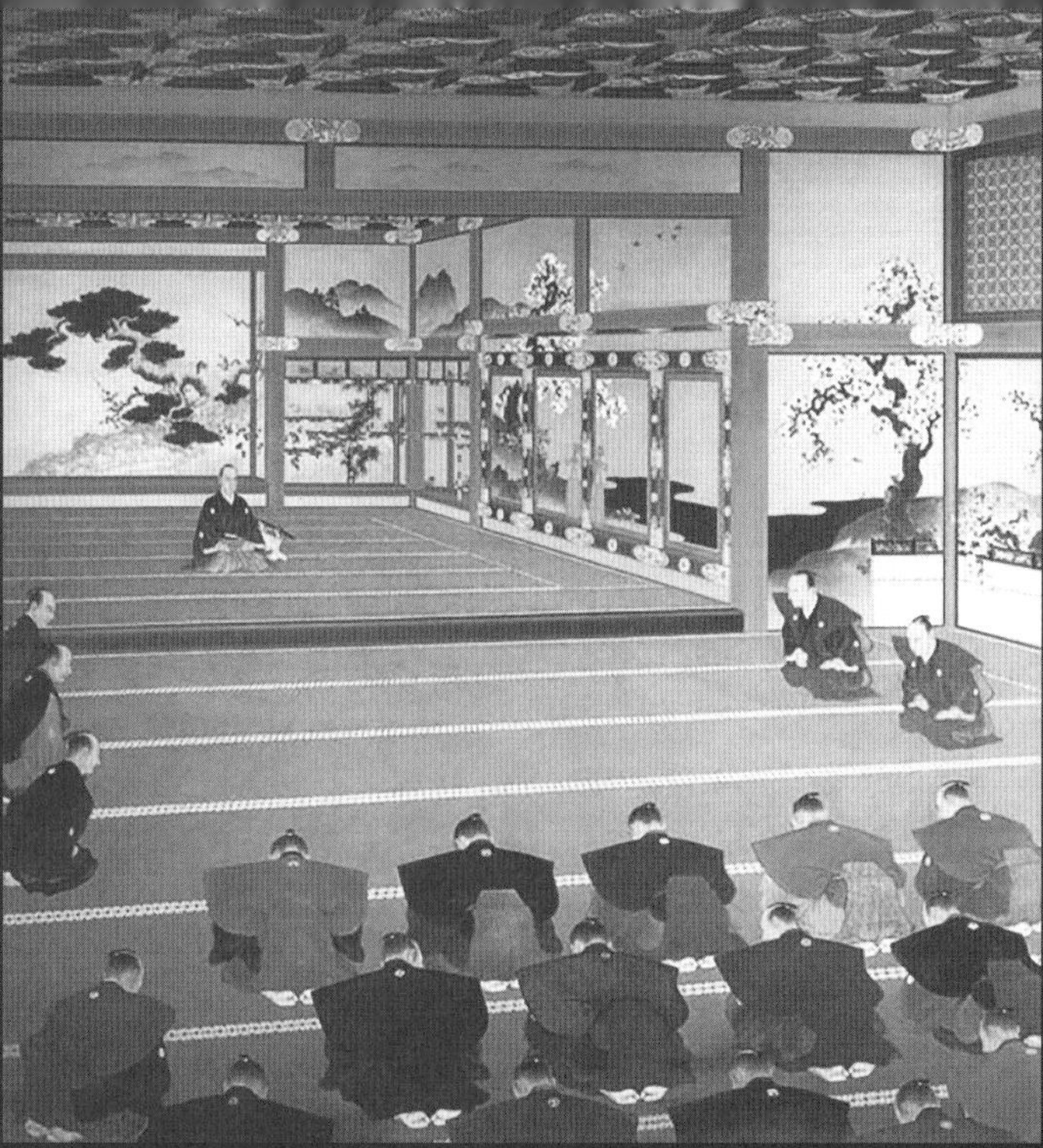

明治維新の研究

津田左右吉

毎日ワンズ

明治維新の研究

明治維新の研究——目次

＊本書は、著者が昭和二十二年から最晩年に至るまでに月刊誌等に発表した明治維新に関する論文を集め、新たに編集したものです。
＊編集に際しては『津田左右吉全集』（岩波書店）も参考にしました。
＊旧字や旧送り仮名などは現代風に改め、難解と思われる箇所には編集部注釈を、また特に重要と思われる漢詩には翻訳を施し、著者注釈との混同を避けるため「＊」を付しました。なお内容の重複等の理由で原文を一部割愛したところがあります。
＊本書には、現代では差別的と解釈されかねない表現をそのまま表記した箇所がありますが、作品の世界観を損なわないためであり、その他の意図は一切ないことをお断りいたします。

毎日ワンズ編集部

はじめに――明治維新史の取り扱いについて

ここにいおうとするのは、新しい研究でもなければ、これまで知られていなかったような事実を報告することでもない。いわばわかりきった事柄である。しかしこのわかりきった事柄が、近頃の明治維新について語る人々には、無視せられたり注意せられなかったりしているのではないかと思われるので、こういうものを書いてみることにしたのである。

明治維新、あるいはもう少し範囲を広めて明治の前半期、またはもっと広くして明治時代といってもよいかもしれぬが、その時代のことについての正しい知識がいまの世間に乏しいことには、無理のない事情もある。

例えば維新のことがよく世間に知られていないのは、このことばの用い方からもわかるようである。今日では維新を一種の社会革命と見なす考え方があって、それが明らかな事実のように思われてもいるらしいが、こういう見方が正しいかどうかは、後にいうところによっておのずからわかろう。ここではただ維新ということばの本来の意義は、幕府の政治が変わって朝廷（というそのときの用語に従うのが維新の意義を明らかにするには適切な仕方である）の政治になったことである、という平凡な事実をいっておくだけにしよう。

一、二の用例を挙げると、政体維新（慶応三年、ヤマノウチ・ヨウドウ＝山内容堂の建議）、皇政維新（明治元年、政体書）、大政維新（明治二年、イワクラ・トモミ＝岩倉具視の建議）などがそれであるが、これは即《すなわ》ちいわゆる王政復古のことであって、皇道復古と朝憲維新とを続けていった場合のあるのも（明治二年、詔勅）そのためであり、「皇道新ニ復シ」（明治元年、太政官布告）といういい方さえもしてある。維新という文字は漢籍から採ったいわば雅語《がご》であって、一般には一新または御一新といわれていた。一々出典を挙げないが、朝政一新・王政一新・大政一新などという語がこの王政復古の前後にしきりに用いられていたのである。そうしてこれを政体または国体の変革ともいっていた（この頃には国体ということばがこういう意義にも用いられていた）。

ところで、トクガワ（徳川）氏の政権奉還も薩長人の討幕の計画も慶応三年（一八六七年）の冬のことであるから、王政復古を明治維新というのは、厳密にいうと、当たらぬことであるが、いわゆる朝政の規模の定まったのは、後に明治と改元せられた慶応四年になってからのことであるから、後世からはこうもいわれるようになったのである（いつ頃からこのことばが用いられたかは、まだよく調べていない）。

もっともこの政体もしくは国体の変革に伴って、あるいはそれを機会として、政治上のいろいろの方面にわたって旧習を一新しようという考えもおのずから生じたらしく、百事御一新または更始一新というような語の用いられた場合のあるのはそういう考えから出たことのようであり、明治改元の詔勅にもこのことばが使ってある。それより前の五箇条の御誓文の一つに「旧来ノ陋《ロウ》習《シュウ》ヲ破リ」とあるのも、この精神の現われと見なすべきであろう。事実、王政の復古は復古だけのことにとどまってはいなかったので、そこから新しい思想による新しい活動が展開せられてきたことは、いうまでもない。

ところがこういう新しいしごとの主なことは、明治の二年から三、四年にかけて行なわれ、五、六年にまで及んでいる。そこで後世からは、明治維新の語にこれらのすべてを含ませていうようにもなったらしい。しかし、これらのうちには、復古のそのときから復古を実現する方法として、または復古に伴うしごととして行なわれたこともあるが、そうではなくして後になって次第に企てられ順次に実行せられてきたこともあり、また復古のときから行なわれはしたが、明治四、五年の頃にはもう廃《すた》れてきたというような事柄もある。だから、明治維新ということばのこういう用い方は、事実とは一致しないものである。その当時においては、ある年月の間にいろいろの過程を経て人の思慮に上りまたはそれの実現せられたさまざまの事件であったのが、時を隔てた後世から見ると、短い時間に行なわれたことの如く考えられ、従ってすべてが初めから一定の意図をもって企画せられた一つの事件のようにさえ思われる傾向がある。そのことを一、二の例についていってみよう。

古《いにしえ》に復《かえ》ったといわれる新しい朝廷の権力が封建制度の基礎の上に立っていたことは、明らかな事実である。復古ということは、古には政権が朝廷にあったという考えに基づき、幕府が政権を握っていた中世以来の状態を改めて、その古の状態に立ち戻すという意義であるが、それは封建制度をやめるということではなかった。朝廷はいわゆる雄藩の諸侯と有力な二、三の公家との結びつきによって形作られ、実際にそれを動かしていったのは、主として雄藩の家臣であったが、その家臣のしごととても藩の力によってできたのである。五箇条の御誓文の「公論」が諸侯の一致した意見のことであり、「会議」が諸侯の会議のことであることは、誰でも知っている。また「官武《かんむ》一途」が公家と武家との協力の意味であり、その武家が諸侯を指していることも、明らかであろう（政権を失ったトクガワ氏も新たに諸侯の一人としての地位を得た）。ヨーロッパの議院制度における下院を学んで設けられた公議所の議員も、諸藩の代表者であった。復古の事業を行なうにも、復古せられた新しい朝廷の権威を立てて新しい政治をするにも、諸侯・諸藩の力によらねばならず、またそれには諸侯・諸藩の一致した意見によって事を行なうという形にしなければならなかったのである。封建の状態においては、これは自然のことである。復古が幕府政治より前の有様に立ち帰ることであるならば、思想の上では、それにつれておのずから封建制度を廃して郡県制度を布《し》くことが考えられてくるのであって、事実、それが復古のことに与《あずか》った人々の思慮に上りはした。しかし実際問題としては、そういう変革が企てられるようにはならなかったのである。

けれども月日が経って政権の運用についての経験が重ねられてくると、封建制度をそのままにしておいては、諸侯、特に強大な諸侯に力があって朝廷の権力がしっかりしないこと、租税の大部分が諸侯の収入となるために財政の基盤が立たないこと、また兵制の統一もできないことなどが知られるようになったので、そのときになって初めて封建制度をいかにすべきかが、実際問題として採り上げられるようになった。明治二年のいわゆる版籍奉還、明治四年の廃藩置県はかくして行なわれたのであるが、その方法は漸進的であり、また権力の強制によらないような形がとられた。この改革を企てたのは朝政の主動者であった強藩の家臣であり、封建制度の基礎の上に立てられた朝廷において、また諸藩の力を背景としてその地位を占めていたものであるが、朝政を担当する立場からは、このような改革を行なわねばならなかったのである。従ってこれは諸藩全体の意向がそこにあったからのことではなかったので、明治二年に版籍奉還の実行せられた少し前の公議所の会議においても、封建制度の維持を主張するものが少なくなかった。改革を企てた朝政の主動者が慎重の用意と態度とをもって事に当たったのも、これがためである。廃藩置県の場合においても、同様であった。

封建制度はこのようにして郡県制度に改められたが、そうなると、武士の地位と職掌との廃止、徴兵制度の新設も、また地租の制度の変革も、それに続いて次第に企てられ、また実行せられることになったが、これには武士の不満もあり、農民の反感もなくはなかった。特に武士の不満は、これから後の政治の上にいろいろのむずかしい問題と事件とを引き起こすようになったのである。

封建制度の廃止に伴う一つの大きな事柄は、王政復古の際に思想の上でも実際の必要からも重要なはたらきをしていた公議輿論《よろん》によって政治を行なうという考えが、勢いを失ってきたということである。公議輿論によるということが封建制度の上に立って諸侯・諸藩の意見に従うという意義であったとすれば、封建制度の廃止につれて朝政の実際におけるそういう側面のはたらきが弱められてきたのは自然のことである。思想的には、これはヨーロッパやアメリカの議院政治に関する知識に基づいたところがあるので、それは、後に至って生じてくる時勢の新しい動きに応じて新しい形をとり、再び力強く現われてくるのであるが、このときの政治の実際においてはこうなったので、それは即ち朝廷の権力が強められてきたことを示すものである。封建諸侯の力によって行なわれた王政復古、即ち王政維新の効果を強め、この新しい政体または国体を固めてゆくには諸侯をなくしなければならなくなったが、それがなくなれば、もはや公議輿論には用がなくなるのである。そうして実際に朝政を担当している、もとの諸侯の家臣であったものが、維新このかた歴史的に養ってきた地位を維持することによって、政府が形作られ、その政府には専制的傾向がおのずから生じてきたのである（明治六年頃からは政府という語が用いられている）。

そうしてまたこれは、封建制度の廃止とともに、維新の当時には予想せられなかった新しい事態であった。そうなった後から見れば、それは維新からの引き続いた事柄であり、またそうなってこなければならなかったことでもあるが、王政維新がそういう企図の下《もと》に行なわれたのではなかったのである。従ってこれらのことを維新の語に含ませていうのは、歴史の動きを正しく理解したものではない。この新しい政府の傾向に反抗して起こったのが、歴史的には維新のときの公議輿論の主張から筋を引いている民選議院開設論と、封建制度的・武士的性質を多分にもっている実力行動との二つであって、この二つの間には密接の関係があり、そうしていずれも、維新の事業のそれぞれの方向における歴史的展開として考えられることであるが、維新の事業そのものでないことは、いうまでもあるまい。

さて、これまで見てきたところで明らかに知られるのは、王政維新もそれから後のいろいろの事態の発展も、すべてが政治的の事柄であり、新しい朝廷が成り立ってからはすべてが朝廷から出る政令の形において行なわれたこと、その政令には諸藩に対するものが多かったこと、朝政を実際に動かしたものは主として諸藩の家臣たる武士であったこと、政治の革新の仕方が平和的・妥協的であったこと、などである。政治的であるというのは、維新及びそれから展開せられたいろいろの変革が社会的意義のものでないということである。後になって行なわれた武士制度の廃止は社会的にも大なるはたらきをするようになっていったが、廃止そのことは政治上の制度の改革であった。維新のときから経済上にさまざまの影響を与えたいろいろの施政もあったが、それは主として朝廷の財政のためであった。また地租の制度の変革は、税制を統一することが主なる目的であって、藩によって違っていた農民の負担の画一を計ることがそれに伴っていたもののようであるが、税制の統一はやはり財政上のしごとである。慶応三年のいわゆる王政復古の大号令というものに、貧富の隔たりの大きくなったことがいってはあるが、それに対する何らの政策も講ぜられはしなかった。またすべての変革が朝廷の政令の形で行なわれたというのは、民衆の要求から出たこと、民衆の行動によったものではないということであり、変革の主動者が武士であったというのは、農民や商工民のしごとではなかったということである。その武士は概していうと下級の地位のものではあったが、それは知識があり国事に関する意見をもち活動性をもっているものが、多くは上級のものでなくして下級のものであったからであるので、下級武士の上級武士に対する反抗的態度がこういう形をとって現われたのではない。

なお革新が平和的・妥協的であったというのは、幕府をなくするにも政権奉還という形をとらせ、封建制度を廃するにも諸侯の版籍奉還という方法をとらせた如く、暴力は勿論、合法的な武力をも行使しようとしなかったことをいうのである。将軍の政権奉還を承認しつつ他方においてはいわゆる討幕の企てをしたのは、一つは薩長人の幕府に対する反感の故でもあり、一つは大変革を行なうには一度は武力を用いることが必要だという意見に基づいたものでもあるが、それとても一種の妥協によって軍事行動は中止せられ、上にもいった如くトクガワ氏は諸侯の列に下ってその地位を維持することになった。武士の家禄の処置についてもまた報償を伴った家禄奉還という形がとられた。すべてが大なる変革ではあったが、それは力をもって旧制度を破壊するという方法によって行なわれたのではなかった。だから、ひと口にいうとその改革は社会改革ではなく、また勿論、民衆の行動により暴力もしくは武力によって旧秩序を破壊するという意義での革命ではなかったのである。

こういう性質の改革が行なわれるようになった事情をよく理解するには、幕府がなぜ政権を維持することができないようになったかの理由を、歴史的事実についてたずねてみなければならぬが、ここではそこまで深入りをするいとまがない。ただ直接の原因としては、日本が世界の一国として立ってゆくには、政権の所在を明らかにしなければならぬという差し迫った必要があった、ということを一言しておこう。これは幕府という実権を握っているものが朝廷の外にあって、政権の所在が明らかでない、という事実にその根本がある。幕府の政権奉還ということ、即ち王政復古ということの行なわれねばならなかったのはこれがためであって、このことは時の将軍の大政奉還の上奏にも明らかに記され、「海外万国ト可並立《ナラビタツベキ》」ことが強くいわれている。復古した新しい朝廷の責務の最も重大なものが日本を地球上の一国として、万国に対して恥じざる国として立ててゆくというところにある、とせられたことは、おりおりの詔勅や政令の上にもそれが繰り返し述べてあるのでも知られる。何事につけてもこれが最も大きな関心の問題であったのである。富国強兵ということが政治の一つの標語になってゆくようになるのもこの意味からであるので、強兵に考えが向けられるのは、一つは武士的思想の現われでもあるが、それよりもむしろ、十九世紀になってから、特に一八四二年（＊アヘン戦争）以来の東方アジアの形勢に主なる理由があり、独立国家としての自衛のために、いわゆる万国に対して恥じざる国とするために必要なことの一つがそれである、と考えられていたのである。しかしこの強兵は復古朝廷の政治における主要なことではなかったので、五箇条の御誓文にも見えていない。

封建制度・武士制度の変改も、このことにかかわるところがあるので、それは、幕府政治が継続せられたにしても、世界の一国として列国と対立してゆくには、国家の統一を完《まった》くし国民のすべてにその力をはたらかせるために、何らかの程度、何らかの形で行なわれねばならなかったことであり、現にそういう考えをもっていた幕府の当局者もあったらしく、武士制度については、事実それを崩してゆくことになる新兵制が幕府（及び有力な諸侯の藩）によって徐々に実施せられてきたのである。それとともにある場合には、幕府は諸侯に対する制御力を弱め雄藩の反幕府的行動を利するような結果となった政策を行ないもしたが、これとても見ようによっては封建制度の精神を崩したことになる。ただ実際において、それが、一時的には、諸侯をなくするのとは反対の方向に動いていったまでである。

また別の方面から考えると、封建制度と武士制度とは、そのもっている自家矛盾のために、内部的には、久しい前から次第に崩れてきたが、それが世界から離れている日本だけの事態であった間は、ともかくもその制度は保たれていた。しかし新しく世界の一国としての日本を背負ってゆくに必要ないろいろの新しい施政をしなくてはならぬときとなっては、幕府とても、封建制度と武士制度とを長く維持することができなかったに違いないので、それは財政の上からだけでもわかっていたことである。しかし、封建制度と武士制度とによって成り立っているところに本質のある幕府では、その封建制度をも武士制度をも根本的に改めることはむずかしいので、それが、一応封建制度・武士制度の上に形作られはしたが幕府とは性格の違っている、復古朝廷のしごととして初めて行なわれることになったのは、これがためである。そうして幕府でそれができないとすると、幕府政治はそのために当然みずから倒れねばならなくなるのである。これは後から考えられることであるから、幕府のなお存立していた時代には、その当局者にも世間にもそういう考えがあったのではなく、幾らかは漠然と思い浮かべられたにしても、明らかにそうとは考えられなかったらしい。ただ幕府政治を長続きさせることがむずかしいということを考えていたものは、幕府の当事者の間にすらかなり前からあったようである。それは、ここにいったようなことからばかりではなく、いろいろの方面の世の動き、幕末の日本の全体の形勢のためでもあるので、そのうちにはいわゆる志士の運動、処士横議（＊立場や身分を超えて自由に国事を談じること）といわれていた一部の知識人の言論などによって作り出された反幕府的空気の力がある。政権の所在を明らかにするについても、朝廷にそれを帰一させるという方向がとられるようになったのは、そのためである。

なおここで一言しておきたいことは、一般民衆の態度や意向についてである。上にもいったように考えが幕府の財政のことに及ぶと、それは国民全体の経済生活に密接の関係があるので、それについては諸侯や武士の困窮とともに、租税の大部分を負担していた農民の困窮ということが、おのずから考えに浮かんでくる。早く寛文・元禄の時代からこの問題は識者の間に採り上げられ、それについての改革策なり救治策なりが断《た》えず世に現われてきたが、しかしそれは封建制度・武士制度を存続させてゆこうとする限り、実行のむずかしいものであるので、幕府の当局者には採り上げられなかった。幕末になっては、別の必要から、それらの方策のあるものを実行したので、諸侯に対する制御力を失うことになったという政策もその一つであるが、それは直接には農民の生活を豊かにすることを目的とするものではなかった。そういうことを顧慮するよりも、もっと急迫した問題が幕府にも諸侯にもあったからである。そうしてまた農民自身も、一般の状態としては、おのれらの生活のために政治上の制度などの改革を要求することはなかった。

　幕府の農民に対する態度に不満の情を抱いていたものはあり、それにつれて幕府の存続を疑うものさえなくはなかったが、それは稀な例であり、またそういうものにしても、幕府政治を倒そうとするような行動をしようとしたのではない。前々からときどき起こった百姓一揆というようなものも、治民の局に当たっていた人に対する反抗であって、幕府政治そのものに対するものではなく、またそれは、事実、幕府政治の倒れる原因となったものではない。幕末におけるいわゆる志士のうちには武士階級に属しないものもあったが、それらは、農民を代表するものではなかった。このようなことをいってくると、なおいわねばならぬことが多いが、ここでは王政維新とそれから漸次に発展していったいろいろの改革が、上にいったような性質のものであることを、幕府が倒れたという側面から見て、その一応の由来を述べてみたのみである。

王政維新が民衆の起こした革命でなかったということは、新しい朝廷の当局者が民衆をどう見ていたかを知ることによって、一層明らかになるであろう。維新の後のおりおりの詔勅や政令には、民衆を呼ぶに億兆とか万民とか天下万姓とかいうような語が用いてあるが、これはいわば一般的・抽象的な称呼であるので、具体的にその身分を示すものとしては、庶民という語が五箇条の御誓文に用いてある。そうしてそこに「庶民ニ至ルマデ」といってあるそのいい方から見ると、この語には、その庶民を微賤のものとする考え方が含まれているようである。明治二年に待詔《たいしょう》局を設けて民衆の建言を受理することになったときの布令に「草莽《そうもう》卑賤」または「卑賤ノモノ」とあるのが庶民を指していったものであることを、考え合わすべきである。

人民という語も用いられているが、明治六年のキド・コウイン（木戸孝允）の建議に「上は朝廷……下は人民……」とあるのは、政府に地位をもっていないものを人民といったものらしく、従ってそれは政治上の治者の地位にあるものが被治者を呼ぶ名称としてであったと解せられる。明治七年のソエジマ・タネオミ（副島種臣）らの民選議院設立の建言書にすら同じいい方がしてあるので、全体の語調から見ると、人民は第三者の如く取り扱われている。「臣等伏して……上帝室……下人民……」といっているのであるから、臣と称している建言者みずからは人民ではないことになるようである（こういういい方は帝室と人民とを対立の地位に置くものではない。一般に民選議院の主張者は帝室の尊栄と人民の福祉とを相伴うものとし、中間の政府有司がその二つを妨げるものとしているので、その意義で帝室と人民とは同じ地位にあるものとするのであり、議院の開設は帝室と人民とを一体にするものとしている）。ところが同じ年に書かれたトサ（土佐）の立志社の趣意書には「我輩斉《ヒト》シク我日本帝国ノ人民タリ」といってあって、ここで人民がこういう政治上の活動をするものみずからの称呼となり、その頃から後にはこういういい方が幾らか行なわれてきたようであるが、しかし政府に立っているものが人民の語を用いる場合には、やはり彼らみずからとは地位の違っているもの、被治者としての一般民衆、という意義でいう傾向が強かった。

これは朝廷もしくは政府の立場から民衆をどういうものと見ていたかということであるが、こういう見方は、儒教思想に由来があるとともに、幕府時代の考えの受け継がれたものでもあって、思想的には儒教の教養をもち実際生活においては武士の地位にあったものの思想の現われなのである。しかしまた歴史的にも現実の状態としても一般民衆が政治的に力をもっていなかったからのことでもあろう。事実上民衆が力をもっていたならば、こういう態度で民衆を見ることはできなかったろうと解せられる。維新朝廷がその財政の空虚を幾らかでも充たそうとして富商の力をかりたこともあるが、これは幕府時代に冥加《みよう》金《が》を課したのと同じであって、市民が政治的に力をもっていたことを示すものではない。明治二、三年頃に諸藩で設けられた会議にはいわゆる庶民を参加させたところもあったが、それとても多くは下情上達という意味においてのことであった。庶民を会議に参加させたのはヨーロッパから得た議院政治の知識によったものであるが、それが儒教思想においての民に聞くという考えと混雑して考えられていたのである。従ってこれは、政治上における民衆の力や権威を認めたものではなかった。ただ後から見れば、それが後に起こってきた民選議院設立の運動や、実際における地方議会の開設に、あるつながりがあるように考え得られるところがあるのみである。

維新の変革は民衆の要望から出たことではなく、民衆の力なり行動なりによって実現せられたものでもなく、また民衆を背景にしたり基礎にしたりして行なわれたのでもない。一般の反幕府的空気が背景とも地盤ともなってはいるが、当面のしごとは、主として雄藩の諸侯の家臣のしわざであり、そうしてすべてが朝廷の政令の形において行なわれた。そこでこの朝政の主動者となっていたものが、皇室をどういう風に盛り立ててゆこうとしたか、ということが、この朝政の性質を知るについて大切な問題となる。それで維新及びそれから後の詔勅または重大なる政令に現われているところを見ると、何よりもまず天皇の職責が強いことばで繰り返しいわれていることに気がつく。その職責は即ち天下万民を安撫することであり、万民の安不安は天皇がその天職を尽くすと尽くさざるとにある、天下の民の一人でもその所を得ざるものがあればそれは天皇の罪である、ということを天皇おんみずからのことばとして述べてある。この意味において夙《しゆく》夜《や》億兆に慚《は》ずということもいわれている。そうしてそれがまた天子は民の父母であるといい、また民は王者の大宝であるということばとなっても現われている。これは儒教思想における帝王の道徳的任務をそのまま当てはめたものであるので、そこに当時の知識人としての武士のもっていた儒教的教養が示されている。勿論、この思想が皇室について用いられたのは、儒教が思想界に力をもつようになった昔からのことであって、いわゆる君徳の修養はいつでもそれによって行なわれてきたのであるから、これはこの時代の新しい考えではない。またこういう帝王の職責は、民衆の生活のすべてを政治によって支配せられるものとし、その政治のすべてを帝王の力とはたらきとに帰する儒教思想において、単なる思想として構成せられたものに過ぎず、決して実現せられないものであり、事実、実現せられたこともないものである。

しかし天皇が実際政治の局に当たられなかった日本においては、この思想が、権威をほしいままにする君主の実際の行動を矯飾するものではなくして、天皇おんみずからの道徳的信条としての意味をもっていた。いい換えると、天皇は権力をもって民衆に臨まれるのではなくして、民衆に対してしてしなければならぬ天職をもっておられるということが、御自身の実際の行動と矛盾することなく、信じ得られたのである。単なる主観的な御心情においてのことではあるが、これだけのことは事実である。

さて近頃、日本の思想としては、国家が倫理的実体として価値内容の独占的決定者であり、天皇がその絶対価値の体現であられるというようなことがいわれ、教育勅語の発布によってそれが知られるというようにもいわれているが、そういう考えは全く歴史的事実に背き、教育勅語に記されていることにも背いている。勅語においては、明らかにそれに示されていることを天皇みずから守ろうといわれている。天皇の上に道徳の権威が存在しているのである。教育勅語に「天壌無窮ノ皇運ヲ扶翼《フヨク》スベシ」ということがあるが、これとても皇運を扶翼することが道徳的価値の内容であるというのではなくして、道徳的に価値のある臣民となって、それによって皇運を扶翼せよということであり、また扶翼という語によって臣民に主動的の地位のあることが示されている（憲法発布の勅語に、祖宗は臣民の祖先の協力輔翼によって帝国を肇造《ちようぞう》したとあり、憲法の前文に臣民の翼賛によって天皇と与《とも》に国家の進運を扶持せんことを望むといってあることを参照。この憲法の制定者にもこういう考えはあったのである)。

明治初年の三条の教憲の一つに「皇上ヲ奉戴シ朝旨ヲ遵守セシムベキコト」(*第三条)というのがあって、このことが敬神明倫と同じ価値をもっているものとして取り扱われているが、これは、一つは、国学者や神道者の思想の現われでもあろうし、一つは、幕府や諸侯の存在した時代からの因襲としてそれぞれの旧君主に対する感情が世間にはなお残っていたために、それをなくする必要があったからでもあろうが、また一つは、君臣・主従の関係によってすべての社会が組織せられ、人はその君主の命を奉ずることが第一の務めとせられていた武士時代の思想をそのまま受け継ぎ、天皇をその意義での君主として見たためでもあろう。忠君という語が国民の天皇に対する道徳観念を現わすものとして用いられるようになったのと、同じ考え方である。すべての道徳が人とそれに対する人との関係において考えられた思想の現われである。しかし人倫は天皇に対する関係に限らないとせられたことは、その人倫がこの条とは別に記してあって、教憲の解釈者がそれを孟子の五倫のこととして説明したり忠孝が人倫の道であるといったりしていることからも知られる。

だからこれらのことは、天皇に対することが道徳の窮極であるというようなことを示すものですらない。皇運を扶翼せよというのも、これと同じである。なお明治初年には勿論のこと、教育勅語の発せられた頃でも、現代的意義においての国家という観念は、道徳を考えるような場合にははっきりしていなかったから、国家が道徳価値の決定者だなどという考えは、その点からも生じなかったのである（教育勅語は現代の国民生活に適合しないところのあるものであるが、このことについては、ここにはいわない）。

また昭和二十一年に天皇おんみずからその神性を否定せられるまでは日本人に信仰の自由の地盤がなく、従って国家を超越した道徳の基礎がなかったようにもいわれているが、天皇に神性があるという、上代の知識人がもっていた思想は、もともと現代人の考えるような宗教的意義のことではなく、また明治時代になってからは、そういうようなことは公式に宣言せられたことはもとよりなく、また一般の常識あるものの思想に存在したのでもない。のみならず、中世以後にはそういう考えは全体になくなっていた。儒教思想の行なわれるようになってからは、天皇は堯《ぎょう》舜《しゅん》の如き聖人とせられたのである。ただ皇祖を神と称することがあるために、天皇は神の子孫であられるということのいわれている場合はあるが、それは神を人と見てのことである。だから陛下がいまさら神ではないと仰せられるには及ばなかったと、わたくしは考えている。ただ近年になって、いわゆる超国家主義者・軍国主義者が、天皇を神秘化しようとしてさまざまの荒唐不経《ふけい》（＊出鱈目）な言説を立てたために、そこから天皇の神性ということがいわれるようになったかと思われるが、それは一般に承認せられたことではなく、また明治時代からのことでもない。神性についてのみならず、天皇を絶対価値の体現とするものの如く解せられるような言説があったとすれば、それもまたこれと同じである。

王政維新、またそれに引き続いて歴史的に次第に展開せられてきた明治初年のいろいろの改革の性質と意義とについてのわたくしの考えは、いま世間で多く語られていることとは遥かに違ったところがあるので、その一端を述べてみた。わたくしの見るところでは、世間で語られていることのうちには、この短い年月の間にも歴史的の展開があったのに、その展開の過程を考えずに、すべてを一度に起こった事件のように思うのと、改革を行なったものの志向とそのときの世情人心とを考えずしてその結果として後から知られることのみを見るのと、この二つから来ているものがあるらしい。また近年に至って生じたいわゆる超国家主義者の言説に現われているような思想が、明治時代から世を支配していたものであるが如く思い、それによって維新の性質を推測しようとするものもあるようであるが、さらにそれを上代以来の過去の歴史の全体に及ぼし、我が国の国家及び政治の本質がそこにあるように考える考え方さえもあるらしく解せられる。

近年のことで維新を推測し、上代を推測することは、いま、言論界にはたらいている人たちが、超国家主義の宣伝せられ、または政策の上にそれが実現せられていた時代の体験をもっているために、おのずからこうなったのでもあろう。なおそれを助ける事情としては、ヨーロッパで行なわれたいろいろの改革や革命と同じ性質のことが我が国にもあったように、あるいはなければならなかったように考えること、ヨーロッパの政治や宗教に関する知識に当てはめて我が国のことを解しようとすること、などもあるようである。政治上または社会上の特殊な主張をもっているために過去の歴史が歪んだ形で眼に映ずるということも、少なくないらしい。

新しい思想により新しい観点から、断えず歴史に新解釈を加えてゆくことは、もとより必要であるが、そういう解釈は、どこまでも事実に基づかねばならぬ。事実に背き事実を無視することは許されない。何が事実であるかは見るものの眼によって違う、ということは、もとより考えられるが、動かすべからざる事実を求めねばならぬこと、また如何なる眼から見ても事実としなければならぬもののあることも、明らかである。それがなければ史学というものの成り立ちようがない。

付記　わたくしは人名や地名をカナで書くことにしているが、人名の漢字を当ててあることばのわかりかねる場合には字音で書き、また字音は普通の発音に近いカナで記す。ただし日本語でできているものはいわゆる歴史的カナ遣いを用いる。なお名を実名によったり通称によったり雅号によったりしてあるのは、世間でいい慣れているものを用いたからである。あまりに乱雑な書き方をしているようであるが、わたくしの考えはこういうのである。

第一章　明治の新政府における旧幕臣の去就

一

フクザワ・ユキチ（福沢諭吉）がその著作の後期に書いた『瘠我慢《やせがまん》の説』は、いろいろの意味で興味のあるものであるが、カツ・アワ（勝安房＝海舟）やエノモト・タケアキ（榎本武揚）が明治政府に列して顕栄の地を占めたのを非難していることに、同感する人も少なくなかったであろう。初めて発表せられたときにそれを読んだわたくしもその仲間であったように、ぼんやり記憶している。そうしてその感じには、『瘠我慢の説』とは少し違った意味を含んでもいながら、今日においても大なる変わりはない。

しかしまた考えてみると、フクザワのとは幾らかの違いのある見解も成り立ち得なくはないので、人の出処進退を論ずることのむずかしさがそこにある。人はみなそれぞれに性格が違い境遇が違い閲歴が違い、業務も能力も知識も違い、処世観も人生観も違い、人の行動を左右する力の大きい偶然の機会とか、ある場合のふとした気分の動きとか、事のゆきがかりとかいうものもいろいろであり、そうしてそれらが互いにはたらき合っておのずから方向づけられる出処進退には、必ずしも一様な何らかの規準で是非しがたいところもあるからである。

カツとエノモトとだけについて見ても、二人は同じく幕臣であり同じく海軍で身を立てたものではあったが、幕府時代の地位も職務も経歴も同じでなく、特に幕府の倒れたときの二人の主張と行動とは互いに反対していて、薩長によって主宰せられていた新政府との関係も全く違っていたにかかわらず、後になって同じくその新政府に列するようになったのは、上記の多くの事情のいずれかに共通のところがあったからでもあろうが、しかしその心術は必ずしも同じであったには限らぬ。新政府におけるその政治的地位とはたらきと、並びにその間に処してきた態度とはもとより違っている。それらの細かいことはわたくしにはわからぬが、これだけ考えてみても、二人のことを論ずるには幾らかの別々の用意もあるべきことが、知られはすまいか。

幕府に重要な地位をもっていた旧幕臣で新政府の官職に就いたものは、幾人もある。オオクボ・イチオウ（大久保一翁）もそれであり、ナガイ・カイドウ（永井介堂＝玄蕃《げんば》）さえも僅かの期間ではあったが、新政府の官職を帯びていた。オオトリ・ケイスケ（大鳥圭介）のことはいうまでもない。このうちでオオクボやナガイがどうしてそういうことにしたのかは知らぬが、オオクボが明治時代になってもトクガワ家累代の厚恩を夢寐《むび》にも忘れなかったといわれていること、ナガイが長くその官職にとどまらなかったのは何らかの所思があったためであろうと推測せられることは、この二人の心境を知るについて注意せらるべきであろう（ナガイが官に就いたのは、エノモトやオオトリと同じ運命の下にあったのが、同じ事情で同じときに釈放せられたからのことかと思われるが、確かには知らぬ）。

タナベ・レンシュウ（田辺蓮舟）は、幕府では単なる外務事務官であったらしいが、それによって彼の得た知識と経験とを新政府が用いようとしたために、官に就いたのであろう。しかし後に『幕末外交談』の述作によって、日本を初めて国際間に一応の地位を占めさせるようにした幕府の外交上の努力苦心及びその功績と、薩長人の関与するところが少なくなかったいわゆる「尊王攘夷」運動が断えず日本の政府としての幕府の外交を妨げたがために、日本が国際的に大なる不利を招いたこととを明らかにしたのでも知られる如く、彼は幕臣であったことに誇りをもっていたと推測せられる。外交とても、薩長人が主位にあってそれを動かしている新政府に一官僚としての地位に就くことは、彼にとっては名誉とするところではなかったであろう。

だからこれらの人々の官途に就いたのが、顕栄を求めたためでなかったことは、いうまでもない。特にオオクボやナガイについては、その才器と識見と経歴と世望とからいうと、新政府における地位と職掌とは、甚だ低きに過ぎ軽きに過ぎるものであった。政治の枢機に参与し得るところでなかったことは、いうまでもない。

その他、いまはその名が概ね世間から忘れられているかと思われる旧幕臣で官途に就いた人々は多く、中にはエノモトやオオトリとともにゴリョウカク（五稜郭）に拠《よ》って西軍と戦ったものもあった。それらがどういう動機から新政府の吏籍に入ったかは知らぬが、試みに臆測をしようとするならばいろいろのことが考えられるので、為すことなくして生を送ることの無聊さに堪えず、何らかの業務に就くことが要求せられるが、それにはかつて武士の地位にいた習慣から官吏となることが最もふさわしく思われたこと、幕吏としてかつて揮ったことのあるような手腕をもう一度試み、またはもっている知識・技能と経験とを再びはたらかせてみたいという希望をもつようになったこと、禄を失ったがために生活の資を求める必要のあるもののあったこと、功名の念が消沈しきらず、そうして官途に就くことがそのために最も便宜であるように思われたこと、またトクガワ氏に縁故の深い職務であるために、地位の高下を問わずしてその任に就こうとしたこと、などがそれであり、特に、ほしいままに新政府を建ててその権力を握った薩長に対する反感が歳月の経過につれて漸次薄らいできたこと、かつてはその政府を建設したものが、幼冲《ようちゅう》の天子を擁して名を勅命にかり、あるいはみだりに錦旗《きんき》を陣頭にかざして、トクガワ氏に逆賊の名を負わせ、陰険なる権謀と武力とをもって幕府を倒したことに、憤激もし怨恨《えんこん》を抱きもしたけれども、その政府が日本の天皇の政府として国民からも列国からも認められるようになった上は、そうしてトクガワ氏が政権は失いながらも将軍家の後《うわ》としての社会的の地位を保っている上は、旧幕臣とてもおのずからその政府を日本の政府として見るようになり、時世は変わっても、その日本の政府の吏務に服することによって邦家《ほうか》のために何ほどかの力を尽くそうと考えてきたことが、人によっては重要な理由となったと推測せられる。そうして権力を握るものはその人を異《こと》にしても、皇室が昔からの皇室であられる厳然たる事実が、かかる心情の生ずる根底となったのであろう。

彼らが事実どれだけのしごとをしたか、または成し得たか、あるいはその志が酬いられたかどうか、またあるいは後になって吏籍に入ったことを悔いるようにならなかったかは別の問題として、ここでは彼らが官途に就いたときの心事をいうのである（上記のタナベが官界に入り、または幕府の箱館奉行であったスギウラ・バイタン＝杉浦梅潭が一たび新政府の開拓使に出仕した事情としては、こういうことが考えられようか）。勿論これは、新政府が政府として既に存立しているからのことであるから、薩長がトクガワ氏を打倒して新政府を建設するために種々の陰険な策動を行なっていたときに、その薩長に迎合しまたは引きずられてトクガワ氏に背いたものとは、その心術の違うことを考うべきである。

あるいはまたニシ・アマネ（西周）やツダ・マミチ（津田真道）やナカムラ・マサナオ（中村正直）などの如き学者の一群、もしくは海陸の軍人を新政府が用いたのも、彼らの知識・技能もしくは経験を必要としたからであろうが、彼らが安んじてその地位に就いたのは、やはりトクガワ政府のためにはたらいたのと同じ気分からであったろう。同じく日本の政府であるために政府の変わったことには深く拘泥しなかったのかもしれぬ。トクガワ氏を忘れたのではないが、日本のためにこれから後おのれらの為すべきことが多いと考えたのでもあろうか。

しかし、他方ではどこまでも新政府の官職に就くを欲しなかった人々、招かれたり勧誘せられたりしてもそれに応じなかった幾人かがあった。ムコウヤマ・コウソン（向山黄村）や、クリモト・ジョウン（栗本鋤雲）や、キムラ・カイシュウ（木村芥舟）や、ナルシマ・リュウホク（成島柳北）や、ヤマグチ・ナオキ（山口直毅）や、コガ・キンイチロウ（古賀謹一郎）などがそれであり、上にいったナガイも、それに准じて見るべきであろう。

明治の初年に世間に伝誦《でんしょう》せられたというクリモトの「門巷蕭條夜色悲（＊我が家の門前は寂しく夜の情景は悲しい）……白髪遺臣読楚辞（＊私は老いぼれ同じ境遇だった屈原の楚辞を読んでいる）」には、その憐れっぽい調子に、いわゆる栄枯窮通に対する少なからぬ関心が現われていて、その根底には一種の功名心の名残りが潜在するとともに、「楚辞」がもし離騒（＊「楚辞」の中でも代表作とされる詞。王に追放され、失意のあまり投身するまでの心境を詠《うた》っている）を念頭に置いていったものならば、やや倫を失するきらいがありはせぬかとも思われるが、作者が今後の栄達を断《た》っていることだけは明らかに知られ、そうしてそれは身も心も旧主トクガワ氏に捧げ尽くしているからのことと推せられる。バイタンの「閲歴滄桑六十年、此間甘苦自相憐……未死敢言名節全」の「名節（＊名誉と節操）」も、再び新政府に仕官しようとしないことをいうのであろう。『梅潭詩鈔』は通篇トクガワの世の追懐をもって充たされている。日光廟に謁して「……階前坐惹滄桑感、追憶将軍拝廟時」と詠じたのもその一つである。コウソンの「微臣何幸滄桑後……」にも同じ感慨があるが、彼は折に触れてまた「……于今旧主恩猶在、往時追尋日幾回（＊毎日何度も当時のことを思い出す）」ともいっている。

コウソンは幕末にはかなり重要なはたらきをしたので、文久三年（一八六三年）に閣老のオガサワラ・ナガミチ（小笠原長行）が兵を率いて海路西上し、一種のクーデターを行なって、「志士」と自称する浮浪の徒《と》に煽動せられ「尊王攘夷」を口にして陰険な策動を事とする一部の京紳（＊公卿）に制圧または攪乱《かくらん》せられていた当時の宮廷を一新しようとしたとき、ミズノ・タダノリ（水野忠徳）らとともにその帷幕《いばく》に参し、開国の必要を委細に述べて闕下《けっか》に奉呈すべき文案を草したという（慶応元年に将軍の辞表及び条約勅許の必要を詳論した上表を起草したのも、彼であった）。事は在京の幕府機関に抑止せられて、京師を指呼の間に望む地点まで進みながら半途にして挫折し終わったが、コウソンは後年そのことを追憶して、「慨然曾許死生同、猶憶当年意気雄（＊当時は意気天を衝くものがあった）……」といっている。あるいはまた慶応三年の正月、最初のパリ駐箚《ちゅうさつ》日本公使としてフランスに赴任するに臨みては、「柳色青々雨洗清、東風送我出江城……老去壮懐猶未滅、酔来逸気忽横生、王家大鼎依然在、不許荊蠻問軽重」と、留別《りゅうべつ》の詩を後に遺して、意気昂焉《こうえん》たるものがあった。それとともにまた、日本が列国の間に占め得た地位を確保し、さらに進んで向後それを次第に高めてゆくための基礎を築くべき自己の任務の重大なるを知って、深く慮《おもんぱか》るところがあったであろう。だから、かの地でサツマ（薩摩）藩が博覧会の出品に関し日本の国家の権威を傷つける行動をしているのを見ては、憤怒もし憂慮もしたであろうと推測せられる。「荊蠻《けいばん》」が果たしてトクガワ氏の鼎の軽重を問わんとするに至ることを感じたであろうか。かかる経歴を有するコウソンが明治時代になってからは、全く野人としてその生を終わったのであり、往事を人に語ることすら好まなかったという。「先朝白髪有遺臣、遁世優游寂寞濵、樗櫟（＊無用の人間）同迎新日月、杼樟（＊老人）尚見旧精神……」、尚ぶべき「旧精神」の輝きを彼はナガイ・カイドウにおいて認めたが、それはまた彼みずからの堅持していたところでもある。

しかし彼は徒らに慷慨はしなかった。「昔日同遊春一夢……愧我心丹漸灰冷、空将慷慨付吟哦」、日本の政府の首長たる将軍の特派大使ともいうべき任を帯びて列国の宮廷を歴訪せんとする民部公子（徳川昭武）の伝《つたい》（＊補佐）として、彼（＊黄村）とともにフランスに赴いたことのあることの旧知（＊昭武）に対しては、かかることも感ぜられたであろう。だからあるときにはまた「……誰知故我非今我、不待人憐只自憐」ともいった。ただ旧主家に対する謝恩の情はいつまでも変わらぬ彼であった。当時の人が口癖のようにいっていた「滄桑」（＊世の移り変わりが激しいこと）の感は、敗者の地に置かれたトクガワ氏の遺臣において初めて意味があるとともに、君恩のありがたさを思う心もまたこの感を伴うことによって特に深められたように考えられる。そうしてそれは、彼らが自己の境遇を旧主家に反映させ、みずから憐れむの情をそれに移入することによって、互いに相憐れむことでもあったろう（勝者の地におり新政府において栄位に上ったものは、旧藩主の恩を思うことが少なかったようである）。

幕府の倒壊が迫ってきたとき、カワジ・トシアキラ（川路聖謨）やホリ・ナオトラ（堀直虎）やヤマノウチ・トヨヨシ（山内豊福）夫妻などが自刃《じじん》したのは、当時の情勢に対する失望、薩長へ向けられた激しい憤怒、邦家の前途がどうなるかの不安、混乱せる目前の事態に刺激せられて起こった異様な心情の昂奮、などのはたらき合った複雑な心理の動きから出たことであろうが、その根底となった情念は、身を棄てて君恩の重きに報ぜんとする武士的意気であった。彰義隊の中心となったトクガワ家臣の心理と情念ともほぼそれと同じであり、ゴリョウカクに拠ったものも、別に意図するところはあったが、この点ではやはり同様であった。ただこれらは消極的な自殺ではなくして、君恩に報ずるための積極的な行動を起こしたのである。勿論それについては、手を拱《こまね》いて見ていられない焦燥の感、激したあまりの一時的な発作、あるいはまたいわゆる「志士」の徒の暴挙によっても示されたような幕末の社会の一方面における、ともすれば兵を弄する気風の影響などが考えられ、後から回想すると成算なくして事を起こしたものではあろうが、ここにいうのは当時におけるその心術なのである。幕府倒壊の際における幕臣の思想は君臣の関係にその重点が置かれ、そうしてそれが君恩に報ぜんとする情念として動いたのである（薩長の側にはこういうことがない）。

しかし時が経ってともかくも世が秩序立ってくると、当時の昂奮は次第に鎮静し、君恩を思う情は別の形において存在するようになったと解せられる。ゴリョウカクの敗戦の後に「昨在孤城

陸軍奉行、大鳥圭介

決死客、何料今日惜生人（＊昨日まで決死隊の一人であった私がなぜ今日は命を惜しむのか）……」（アンドウ・タロウ＝安藤太郎）といい、「昨日抛鞍戦幾回、如今百念冷於灰（＊昨日までは馬に乗って幾度も戦ったのに、いまはあのときの情熱が灰よりも冷やかである）」（オオトリ・ケイスケ）といったのは、世情の推移よりも自己の境遇の忽然たる転変によって急に前日の昂奮から醒めた心理がそれに見られようが、あるいはまた過ぎてまもない幾らかの前が遠い昔のように思われて、その頃の自己がいまの自己とは別人であった如き感じのせられるところから生じた気力の現われでもあろうが、それにしてもそれは君恩を思う情の薄れたことを意味するものではない。これらの詩の作者が二人とも後に官途に就いたのも、上にいったような事情のいずれかが動機となったのであって、いわば新しくなった日本のために力を致すという形で旧主の恩に報ぜんとしたものとすべきであろう。そうしてこれらの詩に現われている心理は、コウソンが今我《こんが》の故我《こが》にあらざるをいい、心丹の灰冷になったことをいったのとも、一脈の通ずるところがある。

ただコウソンにおいては、初めから一時的の昂奮に身を任せず、どこまでも「旧精神」を保持しながら「新日月」の下に生を送ることによって、いつの間にかおのずから心境の変化してきたことをみずから感じたのであるらしく、同じく君恩の篤きを思うにも、また前記の二人のとは違った道をとってそれに報ぜんとした、という違いがある。かくして彼は無官無位の身として静平な生を送ったのであろう。

同じく栄達に念を断っても、時には秘かに「……半生読書却誤我、功名無成終轗軻（＊功名は成らず不遇のまま終わるのか）……」と吟じたバイタンの如きもあり、そうしてそれには、シナ（支那）思想によって教育せられたものにはこういう語によって表現する他はなかった一種の行動欲または事業欲の存在することが認められもするが、コウソンは少なくとも自己の心情としてそういうことをいわなかったのではあるまいか。バイタンとてもあるときには「十年前夢付東流」といっているので、それにはむしろ行動欲を棄て去ったあきらめが見えるようである。「無復慨然鞍上吟、滄桑閲歴感偏深、風鬟雪虐他年夢、雨読晴耕太古心……」（ナガイ・カイドウ）にも、世事を謝し去った身の心安さが詠ぜられていて、それはまた夫子（＊本人）自身の心境でもあったろうが、このことはコウソンにおいても同じであったと考えられる。

ただナルシマ・リュウホクの如き筆硯《ひっけん》の業による収入の途はなかったように推測せられる彼は、その生活の資を何によって得たであろうか。何ほどかの財産があったであろうか。彼の悼亡（＊妻を悼む詩）六首のうちに「自操井臼不辞忙、勤苦最思貧孟光、亡後忍看箱篋裏、猶存綺縞嫁衣裳」というのがあるが、詩の作者の修辞の習いとして幾らかの誇張はあるかもしれぬけれども、その生活の質素であったことは、これによっても想像せられるようである。野にいるに安んじ得たのも、このことと関係があったのではなかろうか。しかし官途に就かないのは、彼自身のことである。この矜持《きようじ》はその子が海軍に入り、外征の役にも従い、そうしてその地位の次第に昇進してゆくのを見て、喜ぶことを妨げなかった。コウソンにおいても日本の政府はやはり日本の天皇の政府であったのである。

なおこのことについて一言しておくべきは、上に引いた詩にも例があるように、その作者がみずから「遺臣」と称していることである。この語は、王朝のしばしば更迭するシナにおいて、新王朝が起こった後に前王朝に仕えていたものがその主を失ったことを示すために用いるのが常であり、そうして前朝の遺臣の新朝に仕えないのが名節を全うするものとして賛美せられていた。しかしトクガワ氏の政権を失ったのは旧王朝の亡びたのとは同じでなく、明治政府の建設せられたのは新王朝がそれに代わったのではないから、旧幕臣が「遺臣」と称するのは実は妥当ではない。しかるにこの語が好んで用いられたのは、一つは何事についてもシナの成語を当てはめることを好む漢詩人の常套手段であるが、また一つは薩長人が実権を握っている明治政府の官職を帯びないことをみずから高しとするに似た一種の気分が、それに寄託せられていたのでもあろうか。人によってはそう明らかに意識せられてはいなかったにしても、そのかすかな影はないでもなかったろう（「明治政府に仕える」といういい方のせられる場合のあったのも、思想的にはこの語の用いられたのと関係がある。また、ここにいったことは根本的には「臣」という語の意義とその用法とにかかわりがあるから、それが実は明らかにしておかねばならぬことであるが、あまりに脇道に入るのを避けて、それは省略する）。要するにトクガワ氏の「遺臣」には、いつまでもまた何事につけても新政府に背を向けようとはしなかった人々もあるけれども、薩長人がほしいままに新政府を建設してその権力を握ったことを思想としては是認せず、また彼らに対しては、かなりの長い間好感をもたなかった人々があったのである。ただ事実において政府とその権力者とを明らかに区別して見ることはできないので、そこに人々の進退去就についての考え方のいろいろになる一理由があったであろう。

同じく官途には就かなかったが、世に処するにおいてコウソンなどともその道を異にしたものに、リュウホクがある。「片帆東去大牙傾、一夜麕奔十万兵、客子訴誰何限恨、凄風吹涙浪華城」、前将軍のひたすらなる「恭順」をば喜ばなかったらしいが、さりとて昂奮して剣を抜かんとするものにも与しなかった彼は、明治二年オオサカ（大阪）に遊んだ折にこう詠んだ。薩長に引きずられたエチゼン侯（越前侯＝松平春嶽）の態度には飽き足らぬ情を抱いていて、後年その城地の荒廃せる状を見たとき、「魯侯不問宗鼎、却挙提封付楚秦」とさえいった。日光（＊徳川家）の神恩に感佩《かんぱい》していたことはいうまでもない。

しかし彼には別に花月の癖《へき》があり、それにふさわしい詞藻《しそう》をもってもいた。かくてみずから、ともすれば起こる滄桑の感を慰めるとともに、人をして世にリュウホクあるを知らしめた。のみならず、彼は朝野新聞の記者となり、その「雑録」に健筆を揮って縦横に時事を論じ巧みに世情を風刺した。旧幕臣には言論界に入り筆陣を張って薩長政府に対抗したものが多いといい、当時の政府と在野の言論人との関係に薩長人と幕人との対抗の余勢を認めようとする如き観察は、必ずしも当たってはいなかろうが、この方面におけるリュウホクの活動が人の注目を惹いたことは、明らかである。そうしてそれが品紅評紫の麗筆と相俟って世の才人に重んぜられた。これが旧幕臣の一つの特異な生活態度であった。そうしてかかる生活態度をとるものにおいては、薩長に対する反感はいつまでもさして強く残ってはいなかったろう。新しい事件が刻々に起こってその応接に忙しく、そうしてそれには新文明の賜《たまもの》の喜ぶべきものも絡まっているとともに、花月の興はいまなお昨《さく》の如きものであって、懐旧の情をそれに転化させることができたからである。

二

ところで、幕府倒壊の際に剣を抜いて新政府に反抗したものは、おのれらの行動をどう思うようになったか。アイヅ（会津）人であるナンマ・ウホウ（南摩羽峯）は「報主寸心知者知（＊将軍に報いようとした心は知る人ぞ知る）、任他桀狗吠堯嗤、恩讐一夢醒無迹、只有桜花護断碑（＊恩義に報いるとか仇を討つとかそんなことは夢のように過ぎ去り、いまは誰も覚えてさえいない。ただ桜の花に護られるかのように斃れた男たちを記念するみすぼらしい碑が埋もれているだけだ）」（彰義隊墓銘）と詠じた（桀狗吠堯《けっくはいぎょう》とは、暴君に飼われている犬は聖帝にも吠えるの意、即ち薩長に迎合したものへの語である）。当年の心事は同情せられ理会せられながら、薩長を讐敵視していたそのときの怨恨はいまは既に一夢に帰した、というのである。これもまた主として歳月の経過のためであろう。

なお思うに、エノモトもオオトリも官途に就いているほどのこの頃になっては、「五稜城外無情の草」に埋却せられた幾多の侠骨《きょうこつ》も（オオトリの詩の語による）、もはや当時の怨魂をとどめてはいなくなったであろう。あるいはまたアイヅのことを考えてみるに、新政府のそれに対する処置には長人の私怨によるところもあったかと推測せられ、酷に過ぎることの甚だしき感を時人に与えたようであるが、戦《いくさ》敗れ力尽きて孤城遂に守る能わず、人みな争って死地に就いた悲壮なカタストロフィが、後までも世に嘆称せられるとともに、残存したものは甚だしき困苦のうちに勉励努力して、次第に世に出で、官途に就くものもその間に生じた。その一人であるシバ・シロウ（柴四朗）は、後にワカマツ（若松）城の廃墟を訪《おとな》い、「国亡家破廿余年、書剣飄零独自憐（＊勉学も剣術も枯れ落ち独りみずからを憐れむ）、宮裏無人春草乱（＊城中に人はなく春草が乱れ咲いている）……」と去りあえぬ感慨をもらしはしたが、しかしこれは、彼が秘書官として信任を受けた前の農商務大臣でありかつてアイヅ攻撃軍に参加したトサ人タニ・タテキ（谷干城）の「砲煙跡絶廿余年、残塁頽垣更耐憐（＊城内に残る堡塁と崩れた石垣が憐れみを誘う）、騒客不関往時怨（＊しかし昔の恨みなどいまやわれ関せずである）……」に和したものであることを思うと、いわゆる「往時の怨」は、ここでもまた実はようやく解消しつつあったことが知られるようである。

そうしてこれらのことは、その直接の理由としては上にもいった如く時の経過ということが考えられるとともに、また物事にしつこく執着しない日本人にありがちの気分であろうと思われもするが、その最も深い根源は、すべての国民が斉しく一系の皇位を継がせられた天皇の民であり、政府が天皇の政府として存立しているところにある。このことについてはなおいうべきものがあるが、いまはこれだけにとどめる。

ここまでいってきて冒頭のカツとエノモトとの、特にカツの問題に立ち帰りたいと思うが、あまりに紙面を費やし過ぎたから、これもまた後の機会をまつことにする。ただわたくしはカツを偉人であるが如く賛美する考えには、少なからぬ異議を抱いていることだけを、ここに一言する。なおこの小稿は、トクガワ幕府の倒壊したことの歴史的意義や明治政府の施政とかその功過とかいうことなどについていうのではなく、ただいわゆる「遺臣」の心術についての一、二の思いつきを述べたに過ぎないことを、断わっておく。先頃ムコウヤマ・コウソンの『景蘇軒詩鈔』を興味深く読んだのが、こんなものを書く動機となったのである。

第二章　幕末における政府とそれに対する反動勢力

わたくしは他日機を見てカツ・アワの人物とその行動とに関する卑見を述べてみたいといっておいた。

一

わたくしの考えは、日本の国家経営の一大転換期に立っていたいわゆる幕末の十余年間において、当時の日本の政府であった幕府の当局者が、日本の国家の進んでゆく針路を如何なる方向にとらせようとして努力したか、そうしてそれがどれだけの効果を収めその後の日本にどういうはたらきをしたか、を見るとともに、幕府のこの方針に対立して断えずそれを妨害する力、歴史的意義においては一種の反動勢力があったこと、また、後に維新の元勲などといわれた人物の思想や行動もこの反動的勢力に属するものであって、それが明治の日本にいろいろの暗い影を投げかけたことを明らかにし、カツをその間に立たせてみようとしたのである。カツをあまりにも大きく見せ過ぎることにもなるし、いまさら百年余も前の幕末時代を回顧することに何ほどの意味があるかと思われるかもしれぬが、わたくし自身には、これは興味深い問題なのである。

これまでの幕末の政治の根幹は、治安を維持することによってトクガワ家の権力を固めるところにあった。いわゆる禁教の政策だけは、世界に対して日本の国家の独立と平和とを確立するためのものであったが、それすらも上記の意味での治安の維持と絡み合っていた。ところが、嘉永・安政の交《こう》（＊変わり目）に至り、アメリカ及びヨーロッパ諸国の開国の要求に接し、親しく列国と交渉を開くようになると、交渉を重ねるそのことによって、幕府の当局者は初めて幕府が世界における独立国としての日本の政府であることを新しく認識し、おのれらが世界における日本人であることの明らかな自覚に導かれた。幕府の政治はこれまでの如くトクガワ家の権力を維持しまたはそれを固めることにあるのではなく、世界列国に対して独立国日本を立派に打ち立ててゆくこと、列国の一員として進んでその間に立ち交わり、彼らとともに盛んな活動をしてゆくことである、という根本方針が、かくして決定せられた。アベ（阿部正弘）・ホッタ（堀田正睦）の二閣老によって指導せられ、新たに登用せられた幾多の優秀なる事務官によって翼賛せられ助成せられた幕府の開国政策は、この根本方針から割り出されたものであり、それによって幕府政治の一大転換が行なわれたのである。

列国との通商条約の締結及びその実行としての貿易港の開設、批准交換使のアメリカ派遣、オランダから教師を招聘して行なわれた海軍伝習、日本の海軍軍人がその伝習の開始から三、四年の短日月を経たのみでありながら、僅々百馬力の小艦咸臨丸を運転してアメリカに渡航し、日本の国旗を初めて海外に翻したこと、西洋の学術の研究と教授とのための国立の学校たる洋書調所の開設、その後における留学生のヨーロッパ派遣、あるいはまた蝦夷地の警備及び拓殖、小笠原島の所属決定、数次にわたってのヨーロッパへの使節の派遣、後には在外公使の任命及び公使館の設置、将軍の特派大使のヨーロッパ列国の宮廷歴訪、フランスに開かれた万国博覧会への参加、なお幕府の最後の事業としてのヨコスカ（横須賀）造船所の開設、実現はできなかったけれども朝鮮の開国を勧誘しようとした新しい外交政策、およそこれらの事業は、上記の如き反動勢力の執拗なる妨害のために、あるいは態度の明徹を欠きあるいは行動の渋滞を来たしたことが少なくないにかかわらず、大観すれば、幕府が終始一貫して最初に決定した国策を遂行したことを示すものである。

この国策は、要約していうと、日本が初めて外国と正常な外交関係をもつようになったことと、ヨーロッパ及びアメリカの文明を学びとろうとしたことがあって、その外交関係は昔からのシナに対するのとは全く違っていることが注意せられねばならぬ。自国を中国とし他国を夷狄《いてき》とするようなシナに対しては、正常な外交関係は成り立たず、力に任せて他を圧服せんとするような態度をとったトヨトミ・ヒデヨシ（豊臣秀吉）の行動もまた外交ではない。日本が他国と外交関係を生じたのは、トクガワ幕府のこのときのしごとに始まるのである。

ただ外に対して国家の独立を保つには内においてその統一を堅固にすることが必要であるのに、戦国時代の遺習による世襲的封建諸侯の存在はそれを妨げるし、新しい国策の遂行には人材を要することが多いのに、世禄《せいろく》を食《は》む武士によってすべての吏僚が構成せられ、そうしてそれが一般社会組織の根幹ともなっている従来の制度においては、このことが困難である。この封建の政治制度と武士本位の社会組織とは、トクガワ家の権力の固定をその政策の根本としていた旧来の幕府にとっては、極めて自然でまた極めて重要なものであり、事実それによって幕府が存立し得たのであるが、国策に一大転換を行なった以上、それをそのまま維持するのでは、新国策が行ない得られぬ。第一、政治的勢力の上からも外国貿易に関する経済上の利益の点からも、封建諸侯が幕府の新国策を賛助するかどうかが疑問であり、また武士の制度は当時において焦眉の急とせられていた兵制の整備にすら大なる障害を与えることになる。この二つの制度は制度自身がそれぞれに大なる矛盾を抱いているのであって、多年にわたる幕府の政弊もそれによるところが多かったが、このことは別の問題としても、差し当たってここにいったような困難がある。しかしそれを改めることは幕府の根幹を揺るがすものであるから、当時の幕府の当局者も軽々しくそれに手を触れるわけにはゆかぬ。そこであるいは一種の政治道徳観から、封建諸侯をして幕府の国策に親しませることによって彼らを思想的に統一せんことを試み、あるいは人知れぬ間に徐々に直参武士の生活と目前の要求（＊兵制改革）とを調和させようとした。対外の問題について諸侯の意見を徴した幕府としての空前の処置は前者であるが、その効果には幕府の国策の執行にとって益するところはほとんどなかった。またトクガワ家の直参武士に対する方策とても、それを新しい国策に順応させるには、概していうと彼らの道徳的心情と、その生活に対するある程度の安定感と、また一種の名誉心とに委《い》する他はなかったが、幸いにこの点では幕府の苦心がほぼ酬いられた。上に記した新国策の実現としての種々の事業の企画もその遂行も、みな直参武士から選任せられた諸有司によってなされたのである。けれども封建諸侯の家臣については、少数の例外を除いては、幕府の如何ともする能わざるところであった。要するに、幕府はその新国策を実現するに当たり、封建諸侯の存在と武士というものの政治的・社会的な地位とによって未曾有の困難に遭遇せざるを得なかったのである。

二

日本の政府たる幕府は、列国と種々の交渉を重ねることによって、次第に世界の形勢を知り、そうしてそれによって日本の国家の使命と日本の政府の責務とを覚ってきたので、そのために旧来の因襲を放棄し去って新たに世界に対する日本の国策を立て、またそれに伴って封建諸侯の思想的統一と直参武士の生活の変改とを企図したことは、上にいったとおりである。ところが、儒学思想または神道思想によってその知見を養われてきた当時の知識人の中の一群は、これに反して現実の世界の形勢には眼を塞ぎ、徒らに列国をもって我が「神州」に危害を加えるものと信じ、一面ではそれに対していわれなき恐怖心を抱くとともに、他面では武備をすることが手軽にでき、従って「夷狄」を撃攘することが容易であるように思い、幕府の明識ある閣僚とそれを翼賛した諸有司とのなみなみならぬ努力と、日本をして初めて一応の国際的地位を占めるを得しめたその大なる功績とを認めようとせず、かえって外夷の脅嚇に屈服したものとしてひたすらにそれを非難し、締結せられた条約の破棄を主張するに至った。

のみならず、彼らはこれらの主張を、これまで内外ともに認めていた日本の政府としての幕府の地位を否認する思想にまで発展させてゆくことによって、日本の政治形態の問題、政権の所在の問題に転化させ、長い間政府と全く分離していて政治の上に超然たる地位にあった宮廷を、政治の世界に引き下ろした。宮廷には政治に参与するだけの人物もなく機関もないのに、急にこういう地位に置かれたために、それは結局、当時志士とか浪人とかいわれていたこれらの一部の

「知識人」の左右するところとなり、彼らによって引き起こされる政治上の紛乱に巻き込まれることになった。勅諚《ちよくじよう》とか叡慮《えいりよ》とかいう名によって宮廷から発表せられる声明が実は彼らの意向であって、政治上の紛乱はそれによって生ずるのであった。幕府の大老の地位に就いたイイ（井伊直弼）の行動も実はそれに引きずられたのであって、彼がアベやホッタによって定められた新国策を継承しまたは推進するよりも、トクガワ家の権力の維持を根幹とする幕府の旧方針を守ってゆくことに重点を置いたのでも、それは知られる。彼のこの態度はいわゆる志士や浪人の運動を抑圧する点においてそれとは正反対のように見え、事実その間に激しい衝突が起こったが、それは政権の所在を幕府とするか宮廷とするかの違いから来たことであって、問題の中心点はどこまでも国内における政権の所在であった。

かかる運動を行なった志士や浪人の間には、一方では全国的に種々の連絡が作られ、諸侯の家臣にも脱藩して彼らの群に投ずるものが多かったが、脱藩者も実は主家との関係を持続していて武士としての地位と生活とを失わないのがむしろ彼らの常状であり、それによって封建諸侯の勢力の存在が示されているとともに、他方では、彼らはもはや知識人とはいわれない暴徒と化し、暗殺劫略《ごうりやく》、凶悪の限りを尽くして世の秩序を破壊しながら、政権の根本を動かすような行動をとろうとする場合には、やはり有力な諸侯及びその家臣の力によらねばならなかった。

そこで彼らは宮廷内の勢力とかかる諸侯またはその家臣とを連結させることを努めた。ところが、諸侯をしてかかる活動をさせることは、おのずから戦国割拠の形勢を誘致するので、それは彼らの間の思想的統一を求めることによって国家の結合を固めようとする幕府の新国策とは一致しないし、またそれが宮廷内の勢力と連結せられると、それは単に思想の上においてのみではなく、実行運動として日本の政府としての幕府を倒壊せんとするようになってゆく。ただ宮廷人のうちでも意見は必ずしも一致せず、有力な諸侯とてもまた同様であるから、かかる実行運動は容易に実現せられず、特に従来叡慮の名によって声明せられていたことは、志士や浪人の煽動に基づいた一部の宮廷人の意向であって、真の叡慮ではなかったことが、一般に推測せられているのみならず、その一部分は主上（＊孝明天皇）御自身によっても明らかにせられ、キョウト（京都）の守護職アイヅ侯の手によって行なわれたクーデターによって、かかる宮廷人とそれを支持したチョウシュウ（長州）侯との勢力は、宮廷から一掃せられた。名を叡慮にかり勅諚にかりておのれらの主張を宣伝し、それによって宮廷を政治上の紛争に巻き込もうとした一部の宮廷人やその煽動者たる志士や浪人やその支持者たる有力な諸侯の、悪辣な運動は、かくして一たび挫折したが、彼らがほしいままに勅諚の名を利用したことは、日本の国家の進展のために新国策を行なおうとする幕府の行動を抑制もしくは妨害したのみならず、今日から見れば、政治上の重大なる責任を皇室に帰したことになるが、当時においても識者のうちにはそのことに思慮の及んだものがあった。

さてこのクーデターと前後して、チョウシュウの行なった外艦砲撃の失敗とイギリスの艦隊の来攻によるサツマの敗戦とは、勅諚の名・叡慮の名によってしばしば声明せられた攘夷が実行すべからざる空想であることを、志士や浪人の徒にも有力な諸侯にも覚らせるとともに、外夷は必ずしも「神州」を窺窬《きゆ》する（＊隙をうかがい狙う）ものでないこと、日本は進んで列国と親好しなければならぬことを、彼らに感知させた。

しかし志士や浪人の徒の幕府倒壊の計画は消滅せず、チョウシュウ侯の勢力はそれがために宮廷の武力的占領を企てるに至った。この計画もまた失敗に帰したが、幕府の一部にはこの機会においてトクガワ氏の権力の確立を根幹とする伝統的の政策を強行しようとする意向をもつものも生じた。けれども時勢の動きは必ずしもそれに便《びん》ならざるものがあったので、サツマを主とする有力な諸侯は、一方では列侯会議を設けて幕府を牽制せんとしたが、外交上では諸侯が列国と各別に条約を締結する権能をもつべきだという主張が、サツマの家臣の間に生じていたし、勅命の名をかりて外艦を砲撃しながらそれが失敗するや忽《たちま》ち外艦に降伏して一種の平和条約ともいうべきものを締結したチョウシュウの行動も、それと通ずるところのあるものであった。サツマ人のこの主張の裏面には、列国と親和することは必要だが、勅諚を奉ぜずして幕府が締結した条約は無効であるという考えがあるので、そこに攘夷論から継承せられたところがある。この思想は現実の情勢としては戦国割拠の状態の復活を来たすことになるので、そこにはまた日本の政府としての幕府の存立を否認し、日本の国家の統一を破壊せんとする思想が伏在する。フランスの万国博覧会におけるサツマの行動（＊幕府に対抗し「薩摩琉球国太守政府」の名で独自に物産を展示）は、この主張の実行に移されたものと解し得られよう。諸侯会議によって国政を処理せんとするのとこれとは、矛盾するもののようであるが、諸侯会議とても実は四、五の有力諸侯がそれぞれ自己の勢力を伸張しようとすること、もしくは諸侯の一人がその主導権を握ろうとすること、に他ならず、そうしてその根底には幕府否認の思想が存在するから、この二つは、形を異にして精神を同じくするものなのである。

　サツマとチョウシュウとの連合はかかる形勢の間に行なわれ、そうして宮廷の内部に起こった新勢力がそれと結びつくに至って、いわゆる王政復古・幕府征討の計画がせられたのである。この計画はかつてチョウシュウの勢力が一たび企てて成功しなかった宮廷の武力占領と、その力により勅命の名をかりた宣伝もしくは声明を行なうこととによって成立したものであるが、勅命をかりるのは、前々からいわゆる志士や浪人の煽動によって一部の宮廷人の行なってきたところを踏襲したものである。ただこのときには前主上の崩御が有力な機会となったことが、ほぼ推知せられる。しかしここで注意せられるのは、かねてから勅諚または叡慮として宮廷人によって宣伝せられた「攘夷」が、幕府の締結した条約の勅許という形において全く否定せられたことであって、これは名を勅命にかりることが精神的にその権威を失ったという重大な事実の生じたことを示すものである。かかる明白なる事実が示されたにかかわらず、王政復古・トクガワ氏の征討を同じく勅命の名をかりることによって行なおうとしたのが、一部の宮廷人やいわゆる薩長の意図であった。

　しかし実はそれよりも、薩長の軍事活動がトバ（鳥羽）・フシミ（伏見）の戦争において勝利を得たこととの方が、重要である。この戦争が薩長にとっては、昔のトクガワ氏におけるセキガハラ（関ヶ原）もしくはオオサカ（大坂）の役のはたらきをしたのである。諸侯の多数は結局勢力の強いものになびいたに過ぎないからである。チョウシュウの勢力がかつて宮廷人を使嗾《しそう》して勅命の名をかり用い、それによって幕府倒壊の運動を起こしながらそれが失敗したのに、いま薩長の連合勢力が同じことをして成功したのは、このことを証するものでなくて、何であろうぞ。

アベやホッタの指導下にあった日本の政府としての幕府が、日本に国際的地位を得させようとして定めた新しい国策は、種々の紛乱を経た後、条約勅許の名において公式に承認せられ、明治の政府もそれを継承するようになってゆくのであるが、封建諸侯の存在と、その諸侯の家臣たる武士及びそれとともに暴悪の限りを尽くして国家の秩序を壊乱させた志士輩浪《ばら》人輩の行動とは、事実において戦国割拠の形勢の復活となって現われ、日本の国家の政治的統一はそれによって破られた。これが幕府の国策を妨害し攪乱しようとした反動勢力の活動であったのである。

三

対外問題が起こってから、幕府は当時の世界情勢に対応して、日本の国家の使命を新たに認識するとともに、日本の政府としての幕府の責務を自覚し、それに基づいて開国の新国策を決定し、そうしてその実現に努力したが、一方ではそれに対する反動勢力が生じ、志士とか浪人とかいわれたものの幾群かと、それと何らかの形で何らかの関係をもっている諸藩士と、並びにそれに動かされている一部の宮廷人とによってそれが形成せられ、そうして彼らは種々の陰険なる権謀術数を弄することにより、または暴力をもって治安を攪乱することによって、断えず幕府の新国策の実行を妨害した。これがこれまでいってきたところの大要であるが、ここで少しくそれを補足しておきたいことがある。

その第一は、反動勢力という語を用いたことであるが、これは幕府の国策が現実の情勢に対応して日本の国家の進んでゆくべき針路を見定め、それがために幕府の従来の政治を根本的に改めることによって成立したものであるとは反対に、現実を無視した空疎な臆断と一種の狂信とによって、この国策を破壊せんとするものであったからである。知識人の間に歴史的感覚の発達していなかった当時においては、かかる称呼は用いられなかったけれども、事実としてそれが反動勢力であったことは明らかである（「反動」という観念そのものが本来歴史的感覚から生まれたものであるが、世を古の状態に立ち戻らせることができるとせられ、または一たび列国と通交を開きながら、それの開かれない前の状態に復帰することができるように思われていたのでも知られる如く、この頃の知識人には、反動という歴史的感覚はなかったのである）。

次には、反動勢力の活動の主なるものであった鎖国または攘夷の主張や行動は、上にいった如く全く敗亡し、幕府の開国の国策及びその国策の実現としての諸施政が一般に公認せられたが、反動勢力の活動としてはなお依然として行なわれているものがあった、ということである。それは封建の制度の上に立ち、そうしてそれを悪用し、戦国割拠の状態を再現することによって日本の国家を分裂に導き、また武士の制度の変態的現象ともいうべき暴徒化した志士や浪人の徒が日本の政治を撹乱し日本の社会を無秩序にすることによって、究極にはトクガワ氏の幕府の倒壊を誘致し、もしくは二、三の藩侯の力によってそれを急速に実現しようとしたことである。反動勢力の行動の根底には幕府倒壊の欲求の潜在していたことが、種々の資料によっても、またそれより前のいわゆる勤王論者の主張によっても知られるが、初期のうちはそれがまだ、反動勢力の主動者・参加者みずからにおいても、多くは明らかに意識せられなかった。しかるに安政の末年からはそれがかなり明らかにせられ、それから後には次第にその傾向が強められてきた。当時の時勢の動きは、幕府の国策とその実現とを除いて考えると、何らかの明確な思想が一世の指導精神となって、それが種々の困難を克服しつつ次第に実現せられてゆく、というようなものではなく、人によって互いに齟齬したり矛盾したりしている雑多の、また時によって変動常なき、いわば場当たりの思いつきと軽浮な行動欲とのおのずから重なり合いはたらき合いまたは排撃し合うところから、知らぬ間にある勢いが生じて、その勢いみずからが盲目的に動いてきたものに他ならぬ。反動勢力といったのもかかる動きを概観してのことであって、その活動に参加したものまたはある時期ある場合に主動者となったものとても、初めから一定の目的をもっていてその実現のために奮闘努力したのではなく、勢いに駆られて奔馳《ほんち》してきたに過ぎない。ただ幕府倒壊の方向だけについていうと、ほぼ上記の如き情勢となったのである。

ところが、こうなってからの反動勢力の主張は、幕府の政治・幕府の外交がよくないというのではなくして、幕府が政治をすること外交をすることがよくない、即ち幕府というものの存在することがよくない、という考えであった。彼らが幕府を非難するに当たり、具体的に事実を挙げるよりも、国民を塗炭《とたん》の苦に陥れたとか、幕吏に奸徒が多く正義が地に落ちたとか、国家傾覆して戎夷《じゅうい》の管治を受ける日が遠くないとかいうような、甚だしく誇張せられたことばで抽象的ない い方をすることに重きを置いたのも、これがためである（文久二年の詔勅の語、慶応三年のトクガワ氏討伐の密勅もほぼ同様）。

これは、武家が政権を握ったために皇室の権が衰えた、頼朝以来の将軍は皇室の逆臣だ、という、歴史的事実を無視した勤王論者のほしいままな臆断に由来があるが、こういう考え方からいうと、攘夷や鎖国の主張は敗亡しても、幕府倒壊の主張はなくならないのが、自然である。鎖国思想・攘夷思想の敗亡したのは、幕府の定めた開国の国策が日本の国家の前途のために必要と認められたからであるが、従来志士や宮廷人によって宣伝せられていた如く、攘夷や鎖国が叡慮であり勅諚の示すところであったならば、これはかかる叡慮なり勅諚なりが日本の国家のために不利なものであったこと、従ってそれをそのままに遵奉《じゅんぽう》しなかった幕府の処置は、叡慮勅諚に背くことによってこの不利を避け得たこと、少なくともそれを軽減したことを、明らかにしたものといわねばならぬ。しかし反動勢力に属するものは、そういうことを少しも考えなかった。もっとも既に述べた如く勅諚といっても叡慮といっても実は反動勢力の主動者たる志士や宮廷人の意向の仮託せられたものであったから、これもまた自然のことであろう。ただ開国の国策が公認せられた後となってはいうまでもなく、それより前とても現実の情勢と事態とを見るだけの明識のあるものからいえば、彼らがかかる仮託をしたことは、主上が不明(＊無知)であられた如く世上に宣伝したことになるので、その点でも彼らの罪は甚だ大であるが、このことをもまた彼らは考えようとしなかった。それだけの良心のはたらきが彼らにはなかったのである。のみならず、主上を欺瞞して京畿の外に鳳輦《ほうれん》(＊天皇の乗り物、即ち身柄)を移そうとしたことさえあっても、彼らは幕府を倒すためにはそれを当然の企図または行動と考えていた。それはあたかも彼らが人を殺しても世を欺しても幕府を倒すためには当然のことだと思っていたのと同じである。そうしてそれから後になっても、同じく勅命に名をかりまた宮廷及び京師の武力的占領を行なって倒幕の兵を起こし、またしても幼冲の主上（＊明治天皇）の京外移御をさえ計画したのである。

これらの事実は、トバ・フシミのトクガワ勢の敗戦の後に東帰した前将軍（＊慶喜）のいわゆる「恭順」が、実はかかる反動勢力のほしいままに朝廷の名を利用した陰険な権謀と隠密の間に準備せられた武力との前に屈服したものであることを、示すものに他ならぬ。討幕の密勅のことは前将軍は知らなかったであろうが、薩長の徒が錦旗をかざして幕兵を圧し前将軍に賊名を負わせたことは、知っていたに違いない。その直前に、当時の事態をサツマ人の陰謀から出たものとし、その罪を数えて上奏しようとしたのとは、あまりにも甚だしい態度の変わりようである。それは敗戦のときから諸侯の多くが次第に薩長政府に追従していったのと、その形跡において同じであった。

世に喧伝《けんでん》せられているカツ・アワの行動は、かかる際に行なわれたものである。

四

カツが、ナガサキ（長崎）でオランダの教師から海軍のことを伝習した最初の学生のうちで成績の優れていたものであったことは、アメリカに派遣せられた咸臨丸の艦長に任ぜられたことでもわかるが、その後文久二年（一八六二年）には当時エド（江戸）にあった軍艦操練所の頭取となり、後に軍艦奉行並《なみ》という地位に上った。しかし彼は純粋なる海軍軍人として軍務に当たったたのではなく、時事について断えず幕府の当局者に建言をしたり、知名の人々と意見を交換したりして、種々の方面に活動した。そのうちで最も注意せられるのは、文久三年から翌元治《げんじ》元年にかけオオサカ湾防備の施設に関する任務を帯びてコウベ（神戸）に滞在したとき、その地に海軍の学校を設けるとともに、一方では宮廷人の力をかり他方ではいわゆる志士輩《ばら》とも連絡をとって、日本の海軍拡張の計画を立て、みずからそれを実行しようとしたことである。

この学校は、その開設を許可した幕府の文書を見ると、カツの私塾のようであって、やや不明瞭ながらその塾に入ったものをカツが門生と称していたらしく思われることからも、そう解せられるが、しかし幕府がその経費として一定の金額を支給し、また教授操練のために幕府の艦船を用い海軍士官を教官として依嘱することを許してもいたから、純然たる私塾ではなかった。エドの官立海軍操練所の頭取であるカツが性質の曖昧なかかる私塾を設けたのは、今日の考え方からは解しがたいことである。その塾生として当時志士とか浪人とか称せられているものをさえ収容し、海軍歴史に載せてあるカツの手記によれば、むしろそういう徒輩《とはい》を収容することが学校設立の主要なる目的であったように見えるのも、また奇異に感ぜられることであって、厳格なる規律と精緻なる科学的知識との要求せられる海軍軍人が、かかる私塾によって養成し得られるかどうか、大なる疑問である。

なお海軍の拡張の如きは当然日本の政府たる幕府の任務であるのに、それを頭取に過ぎないカツが、意見として主張したり建議したりするのではなく、みずからそれを実行しようとし、しかもそれを、あるいは宮廷人の力をかりていわゆる朝命によろうとし、あるいは反動勢力の主動者たる志士輩浪人輩と謀議するに至っては、決して正当な態度とはいわれなかろう。この場合カツは、宮廷が海軍拡張の如き国政上の重大な問題について何ほどの権威ある判断を成し得ると思ったのか、また宮廷がそういうことに容喙《ようかい》もしくは関与することを是認していたのか、なお志士輩浪人輩の平素の主張や行動をどう考えて彼らとかかることを謀議したのか。またその企画というのが、海軍の兵営をコウベとツシマ（対馬）とに置き、次に朝鮮に、さらに進んでシナに置き、朝鮮・シナをして我が国と協同してともに海軍を振興させよう、というものであって、事は実は一国の国策に関することであるから、なおさらである。ツシマ及び朝鮮に対するカツの関心は最も深かったらしく、特に後者に対する企画を「征韓」と称してしばしば筆にもし、人に語ってもいる（この「征韓」という語は、上記の目的で朝鮮を誘導すること、またはそれについて朝鮮と交渉することであろうと推測せられる）。

こういう企画は、前年ロシアの艦船がツシマにおいて不法な行動をしたことに刺激せられて、カツの念頭に浮かんだもののようであって、その点は理解せられるが、朝鮮・シナに関する企画そのものは極めて茫漠たるもの何ら具体性のないものであり、当時の情勢において実現のできない空想に過ぎないものであることは、いうまでもない。そうしてかかる海軍拡張論がかの海軍の学校の設立と絡み合っていたのである。幕府が元治元年（一八六四年）の末に学校を閉鎖させ、カツの任を解いて帰府謹慎を命じたのは、当然の処置であるように今日からは考えられる。カツはその日記において、それを邦家のために尽くした至誠が俗吏のために壅塞《ようそく》せられたものとして憤懣しているが、彼が幕府の当局者を俗吏とか小吏とか小人とか奸物とかいって罵倒するのは、その日記に頻出累見《るいけん》、数うるに遑《いとま》なきほどである。

おのれらの党派に属せずして意見や行動を異にするものを奸物と称してそれを排撃することは、シナの知識人官僚などの党争において往々見るところであり、我が邦でも学問が盛んであるといわれていたミト（水戸）にその著しい例があるが、この頃の志士浪人輩にもまたそれがあるのみならず、いわゆる奸物をほしいままに殺戮してそれを誇るのが彼らの常習であって、有名無名の士人でその禍《わざわい》に罹《かか》ったものは甚だ多い。

浪人ではないが、かのサツマのサイゴウ（西郷隆盛）の如きも、チョウシュウの奸物（その実は公正達識の士）をその国人に暗殺させる、といったことがある。志士浪人の集団的行動でかかる殺戮を企てまたは行なった場合の多いことはいうまでもないが、これはヨシダ・ショウイン（吉田松陰）が半ば空想的ながら既に思いついていたことであり、上記のサイゴウにもそれがあった。こういう奸物呼ばわりとそれに伴う凶悪の行為とは、多くは、彼ら志士浪人の間に行なわれた虚伝または彼らの捏造した浮説を、自己の好むところ党《むら》するところに従って軽信し、何事に対しても真実をただそうとする用意のないことと、殺伐な彼らの気風と一種の虚栄心と、彼らの他に対する猜疑心や自己の弱小感と、一方ではそういう感じをもちながら、自己が一たび手を挙げれば事は忽ち成り天下は忽ち動くと思う誇大妄想的な行動欲と、などから出たことである。流言蜚語の乱れ飛ぶことは、通信の不便であり報道機関のなかった当時においては自然のことでもあるが、世の情勢を判断する見識のあるものは、少なくともそれに疑いを抱いて信否の判断を後日に保留するのに、志士輩にはそれができず、そうしてかかる流言蜚語によってすぐに軽率な行動を起こすのである。

さてカツはその日記において幕府の当局者を断えず罵倒しているが、それにどれだけの確実な根拠があったのか。当時の勘定奉行オグリ（小栗上野介）を大邪といっているのはフランスから金を借りようとしたためのようであるが、起債を外国においてするのはヨーロッパの一般の例であるから、カツがその方策に賛成しないならばそれは意見の違いであって、オグリの人物を邪とする理由にはならぬ。その見るところが狭小で天下の大勢に通じないともいっているが、これもまた同様であって、人によっては、オグリの遠大の識見と有為の気象とトクガワ氏に対して抱いていた熱情とを、賛美している。この方が彼の経歴と功績とから見て当たっているようである。チョウシュウ再征の役に関してオガサワラ閣老を奸物といい、それに従うものは狎邪《こうじゃ》の小人であるといい、総じて彼らを国家をあやまる童稚輩と罵るが如きは、一つはその戦功が挙がらないためでもあろうが、難事に当たって努力している彼の苦衷にいささかの同情をも寄せようとしないものではある。既に文久三年の彼のクーデターに際しても、大義に暗く奸者の企てに従って失敗を招いたのではないかと評しているが、いわゆる奸者が何人《なんぴと》であるかは明らかでないものの、もし彼の帷幕に参したミズノやイノウエ（井上清直）やムコウヤマなどを指しているならば、それはいうまでもなく、妄人の妄言である。カツは別の場合にも、オグリとともにミズノを評して大言して算なく空議因循といっているが、これほど彼を見あやまった評はあるまい。

幕府の官僚には、俗吏もあったろうし小人もなかったとはいえないから、そのしごとには因循姑息なことも少なくなかったであろう。けれども、言路を塞ぎ賄賂を貪り阿諛諂佞《あゆてんねい》なもののみが登用せられる、とカツがしばしば概評しているのに、どれだけの真実があるかは、ここに挙げた一、二の例によってもほぼ類推せられるのではあるまいか。総じてカツは世上の事態を見る目が甚だ偏僻《へんぺき》であって、いわゆるミブ浪士（壬生浪士＝新撰組）に凶行をはたらくものがあるために、京都守護職の任にあったアイヅ侯を非難していながら、いわゆる志士浪人の徒にはこの点において彼らよりも甚だしいものが多いにもかかわらず、その志士浪人の支柱となっているチョウシュウ侯の責任を問わないでいるのも、またフランス人に依頼しているというのでオグリやクリモトを非難しながら、イギリス人と何らかの連絡をもっているサツマ人の行動にはむしろ同情的の意見を述べている場合のあるのも、その例である。

幕府の要路にいるものを上記の如く罵りながら、文久三年にキョウトにおけるチョウシュウの勢力が浪人輩とともに宮廷を圧迫して事を起こそうとし、かえって宮廷から排斥せられた後、この事件（＊八月十八日の政変）についてはチョウシュウ人の罪の大なることが明白であるにかかわらず、世間ではチョウシュウの非をのみ責めるが是なるところを見なくてはならぬ、といい、再征の役の行き悩んでいる慶応二年（一八六六年）にも、長人のいうところことごとく大節を持し我が小吏の膏肓《こうこう》に当たると賛美しているし、同じ年、倒幕のための薩長連合が既に成立していることをほぼ知っていながら、何ぞ区々として薩長を悪《にく》まんと閣老にいっている（これは『解難録』及び『開国起源』による）。

カツは上に述べた如くコウベ滞在のときから志士輩浪人輩や薩長人に接触していて、彼らに対しおのずから親近の情をもっていたように推測せられるから、こういう見解も心理的にそれと何ほどかの関係があったのではなかろうか。もしそうとすれば、彼の胸裡にも志士浪人の徒と同じような心理がはたらいて、そこからかの奸物呼ばわりも生じたのではあるまいか。こう考えると、カツが慶応二年にある閣老に対し、今日幕府のとるべき第一の処置は、狎邪の小人三、四輩を戮《りく》して天下に謝することである、と進言しているのも、またそれと無関係ではあるまい。ここで「戮する」というのはたぶん刑罰として死に処することをいったものであろうが、カツが小人と称したものを死に処せよというところに、やはり志士輩の言動と通ずるものがある。幕府の当局者を奸吏と称し、そうしてそれらを誅せよというのは、彼らの従来の主張だからである。なおこの頃には諸藩においても、党派の争いから権勢を得たものが反対党のものを君命の名によって死に処することがしばしばあって、それは前々から往々行なわれていることではあるものの、やはり志士輩浪人輩の行動に通ずるところのあるものであることを思うべきである。

　カツはまた当局者の嫌疑を受けていること、俗吏・小人の妨げによって我が言の用いられざることを、ほとんど病的と思われるほどに断えず訴えているが、その反面では幕府が自分の意見を用いてくれたならばそれによって何事でもできたかのように自負することもあり、現にチョウシュウ再征の役の停滞していたとき、自分に任せてくれるならば四、五十日を出でずして事件を解決する、と揚言したほどである。かの「征韓」による海軍拡張論もまたその類である。特に彼は同僚などと虚心に合議するを好まず、他人のいうところはみな取るに足らずとして独りみずから用いようとする癖があるので、このことは日記にもしばしば記されているが、それは裏を返せば人を評して阿諛迎合の徒を好むという非難ともなる。カツは自己の言に聴従するものをば口を極めて称揚するのが常である。そうしてこういうこともまた党派心・虚栄心の強い志士輩浪人輩の心理と縁のないものではあるまい。事柄はやや違うが、カツが、往々一片の赤心は失わないとか一死をもって君恩に報ずとか、または俗吏が局に当たるがために国家将に瓦解せんとす、とかいうようなことを軽々しくいっているのも、彼らの口吻に似ていることが感ぜられる。

以上は概ねカツの日記によったものであるが、日記に記されている彼の意見には、その場合場合での思いつきに過ぎないものもあり、従って時には互いに齟齬しまたは矛盾したことも見えるので、薩長や浪人輩に関する批評にもそれがあるから、上に述べたことがカツの心術の全貌を示すものとは必ずしもいいがたいが、しかし反復して同じようなことの記されているもの、当局者に対する建言や『開国起源』などの著書のうちに見えるのと同じものなどは、彼の人物と性癖とを示すものと解すべきであろう。

ここには一々それをいうには及ぶまいが、ただ概観すると、彼は反幕府の思想が宮廷人や薩長人には歴史的由来の遠いもの、または封建制度の根本にかかわるものであることを考えずして、それを一に当時の幕府当局者の無能または奸邪の責とし、また幕府の外政に姑息なところのあることには多くの因子があって、その主なるものは外政を妨害し攪乱した反動勢力の活動であることを思わずして、やはりひとえに幕府の当局者のみを非難し、そうしてしきりに奸吏の事を用いるをいうのが、その態度である。いうこといよいよ多くしてその効果のますます少ないのは、むしろ当然ではあるまいか。彼は実に多言多弁である。しかし彼の世に遺した事業、日本の国運に寄与した功績が、どれだけあったのか。幕末十余年の間に、幕府の新国策の樹立とその実現とに大なる貢献をしたナガイ・キムラ・ミズノ・イワセ（岩瀬忠震）・イノウエ・オグリなどの業績に追従し得るほどの、建設的な基礎的な、また着実なしごとを、彼はどれだけしたであろうか。一たび任を解かれ謹慎を命ぜられた後にも、例えばチョウシュウに対する工作のために西国に派遣せられた如く、特に起用せられたこともあって、それは彼とチョウシュウ人との従来の関係が考慮せられたのと、彼の才能が当局者に認められたのとのためであろうが、そのとき彼のしたことが大局の上に何ほどの効果があったであろうか。

五

ここまでいってきて明治元年のカツの行動に立ち帰るべきであるが、これは一般に知れ渡っていることであるから、ここではただその補遺として彼の人物を知るに足るべき一、二の資料を、日記から拾い出すにとどめよう。

カツはこの場合の幕府の態度として、薩長の所為の如何によっては兵を上方に出してそれと抗戦すべきだといったこともあるが、後にはどこまでも前将軍の「恭順」の意を奉ずべきであるとして、兵を動かすを非とするに至った。幕軍の抗戦によって国内の争乱が誘致せられ、そうしてそれはおのずから外国軍の来侵を導くものである、とするところにその理由を置くとともに、エドを戦乱の巷と化することを防止して市民の生活を保護する、という意味をもたせたのである。兵を動かすのは外国軍に来侵の機を与えるというのは、夷狄をもって神州を窺窬するものとする反動勢力の前々からの主張を、そのまま襲用したことになるが、それとは別に、かかる考えからは、まず兵を動かした薩長にこそその責を負わすべきであり、またそれに対してこそ警告を発すべきであるのに、カツはそれを措いて問わず、かえって受け身となった幕府の態度についてかくいうのは、彼の偏僻の致すところとする他はなかろう。

彼が彰義隊の行動を口を極めて非難したのも、常野《じようや》方面（＊北関東）における幕兵の行動を大抵アイヅ人の煽動によるといっているのも、奥羽同盟の解体を当然視して我れ早くそれを予見したりといっているのも、エノモトらの北海行きを小節小細工の輩《やから》に鼓動せられた軽挙かと怪しんだのも、みなそれであり、特にアイヅについて「徳川氏今日のことあるも会のために誤らるるもの十にして八九、これを知らずしてみだりに干戈を起こさんとす、また危からずや」といっているのは、偏僻よりも妄断であり、ワカマツ（若松）落城のことを記して「会賊父子……謹慎蟄居」といい「会賊」の語を用いるに至っては、事実に背いているのみならず無情の甚だしきものである。

前将軍の「恭順」は、薩長政府がほしいままに彼に負わせた朝敵とか賊とかいう名を承認したもの、その意味で上にもいった如く彼らの陰険な権謀に屈服したものであるが、しかしそれにはなお天下の形勢に関するところがある。カツが他人に示すものでもない私《し》の日記にアイヅ侯を呼ぶに「会賊」の名をもってしたのはそれとは違って、彼が精神的に反動勢力としての薩長に慴伏《しようふく》したことを示すものといわねばならぬ。あるいはこれもまたアイヅを敵視していたチョウシュウ人や浪人輩が元治・慶応の頃から用いていた称呼を真似たものであるかもしれぬ。

ところで、世間では、前将軍とトクガワ家とを救護したのも、いわゆる官軍のエド城攻撃を阻止したのも、主としてカツの至誠がサイゴウを動かしたためである、といわれている。カツのトクガワ家を思い前将軍を思う衷情《ちゅうじょう》は、もとより認めらるべきであり、それがために努力したこともまた明らかである。しかしエドが兵火を蒙らなかったことはともかくとして、前将軍が「罪」を赦《ゆる》されトクガワ家が七十万石の領地をもつ一大名として存続したことが、カツの力のみであったかどうか。

カツは幕政の紛糾してきた頃から、天下の公道に従い誠心誠意であるならば天下何事か成らざらん、というようなことをしばしばいっていて、その裏面には、幕府の当局者に俗吏奸物が多くしてその処置がこの要件に背いているからこそ何事もできないのだ、という気分があるように見えるが、しかしカツの関与した事件で彼の意図の成功したことはほとんどなかったのではあるまいか。そうしてそれは必ずしも彼が誠心誠意でなかったからではなくして、他に種々の理由があり、そのうちでも、個人間の紛争を解くような場合には赤心を人（＊相手）の腹中に置くという如き態度に出ることに効果があるにしても、あるいはまたそういう争いには彼のいった如く柔よく剛を制すという如きことが勝敗を決する一つの方法であるにしても、事情が複雑でまた変動しやすい、そうして関与するものの多い、大きな政治的勢力の争いなどにおいては、かかる心情だけでそれを動かすことができないところに、重要な理由があったのではなかろうか。

カツとサイゴウとの交渉を想見すると、博徒《ばくと》の親分の間にでも行なわれたもののような観がある。しかしそういうことが行なわれたにしてもエド城とトクガワ家の旧領土とをそのまま与えられることを希望したらしく見えるカツの意図は、達せられなかったことを考えるべきであろう。トクガワ家の存続には、もっと大きな別の力がはたらいているのではなかろうかと考えられる。

カツのこの頃の行動については、なお一つ考うべきことがある。彼は前将軍の東帰の後、他の数輩とともに幕府の政府の一員となり、陸軍総裁の地位に就いたが、しばらくして海軍のことをも管治することになった。しかし彼の主なるしごとは、こういう官職とは関係なく、個人的に、あるいは私的に、トクガワ家のために画策し談論し建言し、特にいわゆる官軍の総督府と種々の交渉を重ねることであったが、幕府の上記の政府はその間にいつの間にか消滅したので、それから後はますますそうなった。ところが一方では、総督府から当時の問題であった軍艦の処置に関する取り扱いと時勢についての意見を開陳すべきことと、エド市内の取り締まりとを命ぜられた。意見の開陳は命ぜられなくても行なったし、軍艦の処置や市内の取り締まりの如きは、幕府の善後処置としてトクガワ氏のために、トクガワ氏の命によって行ない得ることであって、総督府の介入を要しないものであったろうに、こういう命を受けた。カツはかくしておのずから薩長政府の指揮下に入ったのである。翌年になってその政府の外務大丞《だいじょう》、次いで兵部大丞に任ぜられたのは（すぐに辞表を呈してその任には就

西郷、勝会見

かなかったが）その継続と見なされるし、その後に海軍大輔《だゆう》となり海軍卿となり参議となったのも、また同様である。

彼が薩長政府の顕官となったことの是非が問題となるならば、それはその地位にいたことによって国家のために如何なる事業を成し、日本の未来のために如何なる功績を挙げたかによるべきであろうが、わたくしはまたそれについて知るところがないから、この点については何もいうことができない。かつて幕府の当局者を俗吏といい奸物といって罵倒し、言聞かれず策用いられずといって憤激した、と同じ態度を薩長政府に対してとったかどうかもまた知らぬ。いまはただ、トクガワ家のために尽力しつつも幕府を倒壊した政府の指揮下に入った明治元年時代における彼のこの奇異の態度を、回想するのみである。あるいはまた、彰義隊の行動やエノモトらの北海脱走の挙や奥羽同盟やアイヅの孤城防守などに関する彼の上記の冷やかな態度は、このこととも何ほどかの関連があるのではなかろうかと思われることを、ここに付記してもよかろうか（このあたりのカツの日記には、後になってから加筆もしくは改竄《かいざん》したところもあるように思われるが、その形跡を審《つまび》らかにしていないから、一応それによることにした）。

六

幕府は倒れた。それは後から見ると、半ばは反動勢力の活動のたった一つの効果であったともいわれよう。十余年の間、世を騒がせ日本の国家の進運に幾多の障害を与えた反動勢力の活動は、かくしてここに終わった。そうしてその勢力のうちから薩長政府が生まれた。これはたぶん、反動勢力にとっては、意外なほどに容易に行なわれたことであり、困難を期して行動し始めたことが思いもよらず急速に展開してきたことに、むしろ驚かされたでもあろう。

しかし新政府が形作られてみると、初めて従来の自己の行動の浮薄であり空疎であることが、覚られてきた。反動勢力の活動も新政府の形成も封建制度・武士制度のはたらきと力とによってできたものであるが、自己の立脚地である封建制度と自己の生存の根拠である武士制度とをそのままにしておいたのでは、新政府は何事をもすることができないからである。新政府に立つものはここにおいてか自己そのものを一新し、反動勢力そのものの主張と十余年間におけるその行動の精神とを、この点でもまた放棄し去らねばならなくなってゆく。

それとは違って、幕府は、外事の起こった初めから封建制度と武士制度とが新国策の実現にとって大なる障害であることを看破していた。ただそれを変改することの困難を思い、それに対して姑息な処置をしてきたのであるが、果たせるかな、それが国策を破壊せんとする反動勢力の活動となって現われた。

互いに絡み合っているこの二つの制度の弊害を最もよく知っていたものは、幕府であった。オグリなどが郡県制度を布き、武士制度にも変改を加えようとしたのは、これがためである。しかし二つの制度の上に立ってきた幕府の手でそれを断行することは極めて困難であり、あるいは不可能に近いことが考えられねばならなかった。封建制度についていうと、幕府は倒れてもトクガワ氏は諸侯の一つとなり、エノモトなどの北海経略にも封建の形態が予定せられていたほどである。

二つの制度の廃止が反動勢力の間から生まれ出た新政府の事業として残されたのは、自然でもあり奇異でもある。自然であるというのは、反動勢力の大きな主張のうちで、鎖国攘夷のは既に全く敗亡して、反動勢力もその間から生まれた薩長政府も幕府の定めた国策を継承しなければならなくなったと同じく、封建制度・武士制度の廃止もまた薩長政府が幕府の有識者の抱いていた構想を、時はやや後れたが、やはり継承し実行したものであって、世界の大勢に対応して独立国家たる日本の統一を全くするには、幕府のこの構想を実行するより他に途がなかったからである。そうしてそれは反動勢力から生まれた薩長政府がその従来の主張と行動の精神とをみずから否定したことを示すものである。反動勢力の性質の「反動」であったことが、これによって明らかにせられた。

また奇異であるというのは、薩長政府の母体であった反動勢力も幕府と同じくこれらの制度の上に立って活動したものであるのに、幕府の成し得なかったことを成し遂げたためであるが、しかしこれは、幕府においては反動勢力が眼前に活動しているためにその勢力の根本たる制度を破壊することが困難であったのに、反動勢力から生まれた新政府の側においてはその敵視する幕府が既に倒壊し去っていたためにかかる困難がなく、そうして幕府を倒壊した余勢が制度の廃止を容易にしたからであろう。この点からいうと奇異なことが即ち自然なことであった。歴史の進行の単純でないことがそこに示されている。

ついでにいう。カツは慶応二年の頃には、封建制度が当時の形勢に適さないことを知りつつ、急に郡県制度を設けようとすることを非としたが、その理由は明らかでない。ただそれにはオグリに対する別の理由からの反感がはたらいていたらしいが、いずれにもせよ彼の意見は当時において力のないものであった。しかし制度が廃止せられた後までも、その余力があるいは政府そのものにおいて、あるいは新たに政府の反対勢力となったものの活動として、なお遺存した。カツが、後に薩長政府を去ったのは、政府における封建の余力に気圧《けお》されたことを覚ったところに理由があったかと臆測せられもする。彼の出処進退もまた単純ではなかったのである。

さらに考えねばならぬことは、幕府の倒壊の一過程としてのいわゆる政権奉還についてである。幕府が到底その政権を維持し得なかったことは、十余年間における反動勢力の活動の情勢によっても知られるが、それには、トクガワ氏が世襲的に幕府の首長たる将軍の地位を占めることに、確かな思想的根拠がなく、畢竟、イエヤス（徳川家康）の勢力が諸侯を制御し得たこととの習慣的に継承せられたに過ぎない、という事情もある。ただそれの継承せられたのは、トクガワ氏の治下に細かく規定せられたところのある封建制度が、トクガワ氏に代わるものの現われることを完全に防止し得たからであるが、文久二年の反動勢力（＊久光）の要求に抗敵することができずして行なわれた幕府の当局者の浅慮な処置（＊文久の改革）のために、制度そのものの欠陥が著しく現われてきて、この防止作用がはたらかなくなり、それとともにトクガワ氏の勢威の一般的に衰えてきたところに、トクガワ氏の政権の動揺した理由がある。

トクガワ氏の政権と幕府とは理論上区別して考えられるが、トクガワ氏に代わって新幕府を建てるものの出現は、当時の思想上の情勢において不可能であったから、トクガワ氏の政権の動揺は、究極するところ、おのずから「大政奉還」とならざるを得なかった。反動勢力の権謀から出たトクガワ氏征討のいわゆる密勅と政権奉還の許可とがほとんど同時に発せられたのは、ここに意味があろう。しかしこのことについては、根本的には皇室のあり方についての大きな問題がそれに内在するし、薩長政府のトクガワ氏に対する処置にも関連するところがあって、なお考うべきことがあるから、それをいうことは、また別の機会にまつことにする。

第二章　維新前後における道徳生活の問題

一

　幕末の日本は依然として武士中心の世界であり、彼らの道徳生活は依然として君臣の情誼《じょうぎ》がその基本となっていた。そうして君臣の情誼は依然として譜代恩顧の関係によって成立していた。勿論、農商の徒、そのうちでも農民、が種々の事情、種々の方法によって士籍に入ることは次第に多くなり、特に外国との交渉が生じてからは、それに伴って新しい学問技芸に通達し新しい業務に習熟するものが各方面で要求せられ、それがために、幕府はもとよりのこと諸藩においても、平民が新たに武士の地位を得、または諸藩士の間から幕府に登用せられるものが増加し、そうしてそれらが漸次重要な任務に就くようになってきたことは、事実である。けれども譜代恩顧の士がなお家名を重んじそれに基づく特殊の責務感を抱いていたことも、また明らかな事実である。

　だから幕末においては能力ある武士は概ね下流の地位にあるものであり、上位にあるものには無能者が多いという、明治時代から世間に喧伝せられていた批判は、必ずしも常に当たってはいない。そういう傾向は一部または一面の事実としては存在するが、すべてがそうとは限らぬ。大名などにもまた幕府の旗本の士にも、識見高きもの有能練達のものは、決して少なくはなかった。いずれの社会いかなる地位のものでも、飛《ひい》びぬけて秀でた人物は多くはなく、甚だしく劣悪なものもまた少ないので、多数は可もなく不可もない輩であるのが世の常態であるが、その社会でその地位を占めるものにおいて、何らかの事情からそれらの指導者たる人物が現われると、多数者はおのずからそれに引きずられて、いままではみずからも識《し》らず他にも知られなかった能力を発揮するようになることも、またありがちのことであり、世間の風潮などがそれを刺激する場合もある。あるいはまた凡俗の輩が同気相引き同類相求め、もしくは何らかの権力や勢利の下に互いに伝手を頼って名声を博しようとするものの生ずることも多い。だから一藩もしくは一部局の状態のみを見て、一般社会における人物の分布の形勢やその多寡などを軽率に論断すべきではない。幕末の如き人心の動揺し世情の混乱するときのこととしては、なおさらのことであったといえよう。

さて戦陣の間に発達した武士の君臣の情誼は、事ある場合に死を賭してそれに処するところにあるので、平生の覚悟が身をもって君に殉じ国に殉ずるにあるとせられたのも、それを示すものである。自刃ということが武士の生活において重要事とせられ、情誼を全くするため責務を遂げるためには身を殺さねばならぬとせられる場合のあるのも、その故であって、それは武士ならぬものには思いもよらぬことである。勿論、死はみだりにすべきものではなく、死すべからざるに死するのは愚の至りとせられているが、死すべきに死せざるのもまた武士の最大の恥辱とせられる。極端ないい方をすれば、死することによって生きるのが武士の道なのである。

イズ（伊豆）の代官エガワ（江川）氏の家臣がかつて主家のために自刃したことがあるが、その際に妻及び他に嫁《か》した女子及びその夫などに与えた遺書は、至情を極め懇切を極めていて、人をしてかくの如くにして初めて武士の本分を尽くしたものといい得られることを思わしめる。安政年間に禁裏付の任にあったツヅキ（都筑峰重、旗本）の死も自刃と伝えられたが、また病死ともいわれ、事情が明らかでないが、かかる地位にいたものが自刃することもあり得ると、一般に思われたのであろう。

これらは平和の世における武士の自刃であるが、幕府滅亡の際には、旗本のカワジ・トシアキラ、大名のホリ・ナオトラ（須坂城主）、またはヤマノウチ・トヨヨシ（土佐新田藩主）夫妻などの自刃があり、ホリのはエドの城中でのことである。自刃ではないが、オカザキ（岡崎）藩の脱走者で奥羽に転戦したものが、身を託していたショウナイ（庄内）のサカイ（酒井）家の勧告があっても、それに従わずして斬に処せられたと伝えられ、同じ藩の同じ脱走者が「千万の後の世までも我が君の御名汚さじと思ふばかりに」と詠んで、イワキ（磐城）方面で薩長政府の軍に対抗し、遂に戦死したといわれている。いずれも他人の手をかりた自刃というべきである。譜代大名の臣下がその主君をしてトクガワ氏に対する情誼を全くせしめんとして、かくの如き行動に出たのである。

これらは個人または少数反抗者の団結した遊撃隊としてのことであるが、幕臣によって編成せられた精鋭隊の士が、百名ほど城中で一斉に割腹しようとしたこともある（もっともこれは、カツに説得せられて、その企てをやめたということである）。予想しなかった大事変が急激に起こって一時的に感情が昂進し、静かに思慮をめぐらす余裕がなかったとき、またはあまりに事が重大で自己の力がそれに堪えないと思われたとき、もしくはその他の事情で君臣の情誼を全うするにはそれより他に道がないと考えたとき、あるいはトクガワ家が悲運に遭うのを見て生きてはいられないと観じたときに、自刃を敢えてしようとするのである。幕臣が武力をもって薩長政府に反抗し、勝利を得る見込みのなくなった戦場において、死を決する場合のあったことは、いうまでもあるまい。かかる場合の戦死にはその性質において自刃と同じものがあろう。ハコダテ（箱館）の戦《いくさ》の敗れたとき、エノモトが、これまで部下の士を多く死なせたから今度は俺が死ぬといって、自刃しようとしたのを何者かに発見せられて思いとどまった、という話もある。

しかし自刃はその例の極めて少ないことであって、そもそも武力をもって薩長政府に反抗したものも、僅少であった。幕士を中心とし二、三諸藩士の脱藩して参加したものもある彰義隊の行動は、隊士の首脳部の初志ではなかったようであり、アイヅの挙兵も薩長政府の陰険な策謀、その挑発的態度によって窮地に投ぜられたために起こったものと解せられ、幕士らが主となって行なったゴリョウカクの占拠も、期するところは別にあった。勿論いずれの方面でも、彼らの薩長政府に対する反感は極めて強く、戦機は既に動いていたし、勢いの激するところ、あのような情勢の展開せられるのは自然の趣向でもあったろうが、彼らがもともと事を好んで起《た》ったのでないことは、ほぼ推知せられる。ジョウザイ（請西）の藩主ハヤシ・ショウノスケ（林昌之助）がその地位と領土とを擲《なげう》って反薩長軍に加わったのを見ても、それは類推せられよう。サンタ（三田）侯クキ（九鬼）氏もほぼ同じようなことを企てている。しかし諸藩が次第に薩長に迎合するに至って、彼らの企図はすべて失敗に終わった。

諸藩においては、チョウシュウ再征のときから反幕府的態度をとっていたものが西国大名のうちにあったが、トバ・フシミの役が起こるに至っては、新たに薩長軍に款を通ずる（＊内通する）ものが生じ、ケイキ（慶喜）の東帰以後は次第にそれが多くなった。特に親藩の首位にあったオワリ（尾張）のトクガワ家がいわゆる「佐幕派」の老臣に自刃を命じ「勤王派」のものをして国政に当たらしめ、兵を出して討幕軍に参加させたこと、エチゼンのマツダイラ家も勢いに制せられて遂に薩長政府に阿附するに至り、その他、同じくトクガワ氏の一門でありながら、末家が本家に敵し弟が兄に抗するものも生じた。特にオワリ藩の行動に至っては一般にひどく非難せられ、カツさえもそれをよしとはしなかった。

オワリもエチゼンも封建諸侯としては将軍家と君臣の関係をもっているのであるから、これらはまた臣として君に抗敵するもの、君臣の情誼を破るものであった。ケイキが将軍の地位を去って諸侯の列に下ったときに、ヒメジ（姫路）のサカイ家が、トクガワ氏の宗家または諸侯の君主である前将軍家と同列にいることは、君臣の義としてできないといって、その地位を去らんことを要請したことも、考え合わされる。諸侯のある一人が、討幕の軍に参加することを薩長政府から要求せられたときに、おのれらはトクガワ氏の家臣であるからそれはできない、そういうことは人の大倫を破るものであって、事は世道人心に関する、といって拒絶の意を表したと伝えられている。

諸侯の地位のものばかりではない。薩長政府の命により朝廷に対して二心なき旨を言上した幕府の千人隊の頭《かしら》のものが、朝廷に手向かいはしないが、主家を見放して朝臣になることはできない、私どもはどこまでもこれまで通りトクガワ家に奉仕したい、といって聞かなかった、という話もある。譜代の大名や幕士ばかりではなく、テラムラ・サゼン（トサの寺村左膳）の手記によれば、土州でも全体としては倒幕の意はなく、薩州・長州ですらもそれには異論があり、全藩一致して倒幕を主張したのではなかったという。諸藩の向背は勢力ある家臣の意見によって定まるが、いずれの藩においてもそれは区々に分かれていて、従ってまた常に動揺していた。家臣の個人的志向には種々の偏向が混在していたので、人々の性癖・知識・地位、列藩の間における藩の勢力、藩の気風を指導してきた人物の違いなど、その由って来たるところがさまざまであるのみならず、一人の志向も、世の風潮や時の情勢や、もしくは自己の主張におのずから幾らかの疑惑が生じ、またはみずから知らずしていつの間にかそれに何ほどかの変化が生じている、というような事情もあり、あるいは何かの突発した事件のために動かされもして、こういうことが起こるのである。

勿論、これは人にもよることであって、頑固一徹で、一度思い込んだことはどうしてもそれを変えぬものもある。幾らかはそれに疑惑が生じても、一抹のものがある間はそれに引きずられる。おのが心情を正しいと信ずることをおのれの意見が正しいことだと錯覚する。みずから憂国の士だと思い、身を棄てて国のためにはたらくのだ、という思い上がった気分から我が意見を通さねば承知しないのである。またあるいは権力欲・勢利欲のためにある党派に与《くみ》し、そうすることによってその党派の主張を自己の主張であるかの如く思いなすものもある。ふとしたことから確かな根拠もなく何か口にすることがあると、それがもとになっておのずからそれを主張するようになり、そこに一種の自己欺瞞の情がはたらいて、おのれみずから自己の幻影を作ってそれを追いゆくものさえもある。明らかな意見も確かな操守（＊節操）ももたないためか、または知識がないからか、風のまにまに東に向かい西に靡《なび》いているものもある。家臣にはこういうさまざまのものがあった。

このようないろいろの事情があって、どの藩においても藩士の意向の一致しないことが多かったが、しかし大勢は概ね反幕の方に傾いていった。その主なる理由は薩長の勢力が強盛であるように見えたからであるが、そう見えたのは、その薩長がいわゆる名分論を振りかざして諸藩を圧服しようとしたためであった。つまり朝命という名義がいわゆる勤王派の態度を理由づけたから、別のいい方をすればそれによき口実を与えたから、であるが、口実がいつの間にかおのれらの本来の主張であるが如く思いなされるようになったのでもあって、それが即ち勢いの赴くところ、であった。

会賊または幕賊という称呼を、チョウシュウ人及びその党与の浪人輩は元治の頃から既に用いていたし、おのれらの敵視するものを一般に奸賊といい、または藩名を用いて紀賊・彦賊《げんぞく》などと称し、幕府の新撰組に属しているものを新撰賊と呼んだことさえあり（『南山踏雲録』など）、チョウシュウ人は、朝命をもってかかる「賊」を討伐すべきことを列藩に令せられんことを上奏しようとした、と伝えられてもいる（『防長回天史』）。しかしこういう状態で朝命とせられたことも、賊の行為とせられたことも、即ちいわゆる名分論のすべては、謀略の致すところであるから、それには何の道徳的価値もない。従ってそういうことに左右せられた維新当時の紛争は、ただ機先を制して戦に勝ったものが朝命を標榜し得たのみである。要するに「勝てば官軍、敗ければ賊軍」である。賊とせられたトクガワ・ケイキは、いわゆる「恭順」によって罪なき「罪」を赦され、領土の大部分を没収せられて、その家臣は飢寒にさらされるに至ったのに、政権を握って国策を決定する任務をもっていた幕府から、皇室に対する反逆の罪によって賊徒とせられながら、一たびも恭順の意を表したことのなかったチョウシュウは、維新の際に官位も領土もすべて旧に復し、忽ち官軍となって「賊徒」征討の任務を与えられた。そうしてそれが朝命とせられた。朝命の無意味であることは、これだけでも明らかである。

もっと根本的にいうと、薩長の徒は先帝（＊孝明天皇）のときに叡慮の奉ずべきを叫び、それを口実として勢力を張ったのに、その先帝の決して承認せられなかった王政の復古を主張し、罪あるものも罪を問われずして、ともに新政府を建設し、同じく維新の功臣となった。名分論そのものが名分を乱したのである。もともと名分論というのは、名のあるところに権力がなくてはならぬ、という政治思想の上の主張であるが、名はいかようにも作ることのでき、または付会することのできる抽象的の観念であるから、それには本来具体的の内容がない。だからこういうことになるのである。

君臣関係の道徳を重んじ、トクガワ家に対し武力をもって忠誠の情を致そうとしたものは、みな失敗した。君臣の情誼が名分論を標榜する新しい政治的形勢によって、破壊せられてゆくのである。政治的形勢と君臣の情誼とは、何時《いつ》もこう背反するのではないが、政治が混乱してしかもそれが強力にはたらく場合には、こうなるのである。

もともと名分論は道徳的意義を帯びないものである。「忠君」の語によって表現せられる君臣道徳は、名分論と名づけられた政治論もしくは政策論上の主張とは、本来関係のないものなのである。君臣道徳は父子・夫婦の間におけると同じく、君臣間の私的関係を規制するものであって、公的意義・政治的意義をもたないのがその本義である。ただ封建時代の社会組織・政治形態が君臣関係と関連をもっているために、君臣道徳と名分論とが結合して考えられることになり、上に述べた如くその間に交渉がある如く見えた。早くから君臣関係と幕府の政策とが混同せられてきたのはその証《あかし》であって、例えばミト人のサクラダ（桜田）の暴挙は、時の大老イイの政策とミトの烈公及びその臣下の君臣関係との、本来性質の異なるものを結びつけたことから起こったのである。幕府の開国政策に反抗してそれを妨害または破壊せんとするものが、勅命を奉じないといって幕府を攻撃してやまなかったのも、天皇と将軍とを君臣と見て、臣は君の命を奉じなければならぬという意義での道徳観念と、開国という一国の国策としての処理とを混同したものであることは、いうまでもない。後になっていわゆる王政復古の政治形態論と前将軍ケイキ及びその家臣の間の君臣関係とが互いに関連するものとして考えられたのも、やはりその例である。政府と皇室とを混同するのもまた同様であって、政府の政策に反対し政府に反抗したものを「賊」と呼んで皇室に敵したものの如くいうのも、このことと関連がある（チョウシュウ人や浪人の徒が自己の党与でないものをほしいままに「賊」と呼ぶが如きは名称の濫用であって、この例とは別である）。

ここで一言しておくべきは、幕府直属のものにおいても、有力な諸藩においても、旧式な武道の修養と新式軍隊の教練とが並んで行なわれ、それが武士の気風及び思想にも種々の影響を与えたことである。旧式の部隊運動の行なわれたところもあり、文久三年（一八六三年）に天覧に供せられた皇居（＊京都御所）におけるアイヅ藩の馬揃えという演技も行なわれたが、旧式武道の修練は多くはやはり個人的のものであり、幕府の臨時警察機関としての新撰組に編入せられたものの如きも、その例であるが、そのうちには維新の際に薩長の軍に抗敵し、幕人として盛んに活動したもののもある。

新式軍隊の編成及び教練の正式に施行せられたのは、幕府にあってもほぼ慶応年間に始まったといってもよいほどであるが、チョウシュウ再征の役においては、幕軍の別手組と称せられたこの種の部隊のよく訓練せられた行動が、特に目立って見えたという。幕軍に属する諸藩の兵の洋式教練に至っては、設備についても教練そのものについても、論ずるに足らぬものであったらしい。チョウシュウにおいては銃を持った猟師を招集して銃隊を編成する企てがあったといわれ、またヤマグチ（山口）近郊の貧民から選抜せられたものに一刀を与えて攘夷に当たらせようとしたとも伝えられているが、武士階級のものの集合であるかの奇兵隊の如きも、隊法は和流・西洋流にかかわらず、各自に（＊銃ではなく）刀を用いて、戦場に出ることが要求せられたという。後には（＊銃を揃え）軍隊めいたものが編成せられたけれども、真の訓練はさしてできなかったであろう。サツマの陸軍とても銃を放ち大砲を撃つだけが洋式で、軍隊としての教練はどれだけ行なわれていたか、いわば旧式のままであったのではあるまいか。

ところで、トバ・フシミの戦において幕軍が敗れたのは、薩軍が初めから幕軍を敵としてそれに対する攻撃の用意をなし、またいわゆる錦旗を陣頭にかざして幕軍を威圧せんとするとともに、ヨド（淀）の藩士を説いて内応させるような方策をとったのに、幕軍は戦争を予期せずして行軍し、新式の軍隊とともに接戦を主とする旧式武人の集団もあって、その間の統一が十分でなく、従って命令系統も不整頓なところに、起因があったらしい。幕府の新式軍隊も旧式武人もよく闘ったが、全体として統制のとれなかったのが欠陥であったと考えられる。軍を開戦の方向に導いてゆくかどうかの幕府の首脳部の意見も、また一致していなかったようである。例えばこのとき、戦列に加えようとした陸軍の部隊の中には、海軍の船艦に搭乗して朝鮮に渡り、当時紛争中であったフランスと朝鮮との間に武力を背景として仲裁を行なおうとする、幕府の外交上の処置に関する使命を帯びて、航海の途上、オオサカにいたものが、事態が急になったため、フシミ方面に向かうよう命じられた、と伝えられている。このときの幕軍に開戦の用意が、少なくとも整っていなかったことは、ほぼ推測せられるようである。

これらは陸軍の部隊のことであるが、幕府の海軍の主力はこのときオオサカ湾にあって、形勢の推移を静観していた。薩州の他にも幾らかの小艦船をもっている藩があったけれども、その威力が幕府のに及ぶものはなく、乗組員の訓練も、従ってまたそれによって体得せられた海軍に関する知識も、諸般の技量も、幕府のは遥かに諸藩のを凌《しの》ぎ、海軍と称し得られるものはそれのみであったといってもよかった。幕府の海軍に属するものは、日本の海軍の軍人としての意気と誇りとをもち、そうしてそれを貫くものは堅靭な武士的精神であった。明治二年の三月にミヤコ(宮古)で行なわれた幕府の軍艦回天号の敵艦に対する襲撃(＊土方歳三らによる斬り込み)は、それを証するものであって、ここにも整備せる艦隊の訓練と古武士的教養との混和せられた、必死の行動が見られる。明治時代におけるシナやロシアに対する日本の海軍の活動は、その源泉を幕府の海軍のこの意気と訓練とに発する。明治の日本の海軍には、もと幕府の軍籍にあったものもいたのである。

君臣関係については、なお臣下にしてみずからそれを断とうとするものが幕士の間に次第に生じてきたことを、注意すべきである。それはトクガワ氏の領土の甚だしく減縮せられて家臣にその生活を保持させることができなくなったことと、薩長政府の招きに応じてそれに禄仕するものの幾らかずつ現われてきたこととに、その主因があるが、前者においては農商となるもの、特にミカタガハラ（三方ヶ原）に移住して集団的に開拓に従事する帰農者のあったことが重要であり、後者においてはニシ・アマネの如き知識人のあることが問題となる。

ニシについては、オランダの留学を経て帰朝したときに将軍（＊慶喜）から国政に関して諮問を受けることを期待していたのに、そのことが急速には運ばず、フランス語を将軍に教えたり外交文書の翻訳を命ぜられたりするに及んで、やや志を得たことを喜んだ、と言われている。彼の儒者的教養がそういう態度をとらせたのであろうか。彼の京師に滞在した頃には側室があったというが、これもまたオランダ仕込みの新帰朝者には似つかわしからぬことのようである。ただ主家のシズオカ（静岡）移住後において、短い期間ではあったが、トクガワ氏の禄を食んでいたのは、君臣の義を重んじたよりも、主家の難を見て去るに忍びなかったからだといわれている。トクガワ氏の家臣には列していたけれども、本来医家出身であって武士の身分のものではなく、従って武士的意気をもっていなかったことが、これらと関係があるかもしれぬ。まもなく薩長政府に入って官に就いたのも、それがためであったろうか。

同じような態度をとったものは他に幾人もあり、そうなった事情はいろいろであろうが、主家の禄を離れれば君臣の関係もまた断絶するのは戦国時代以来の武士生活の常であった。君臣の関係が断絶するから主家の禄を失うことになるのでもあって、その間の関連は一様ではないが、要するに薩長政府の成立と次いで起こった封建制度の廃罷《はいひ》とによって、すべての武士の地位に大変動が生じたので、旧来の君臣関係は、多年の因襲によっておのずから継承せられた精神的のつながりが、人により家によって、ある期間、僅かに持続せられるのみのものとなってゆくのである。

初めから薩長政府に使役せられる念がなく、民間にあって文筆を終生の業《なりわい》としようとしたクリモト・ジョウンのような人物もあるが、しかし彼が「門巷蕭條夜色悲……白髪遺臣読楚辞」と詠んでいるのをみると、隠遁ともいうべきかかる生活は、作者においては得意の境ではなかったことが知られるようである。功名心の名残りのそれにほのめいているのが見られるからである。一たびは薩長政府の官途に就いたが幾ばくならずして辞し去ったナガイ・カイドウの詩に次韻して（＊韻を合わせて）ムコウヤマ・コウソンが、「先朝白髪有遺臣……杼樟尚見旧精神」といったのは、それとは違って、旧友の二人が依然として旧精神を失わないことに、ある自負を感じていたものと解せられる（ナガイの一たび官途に就いたのが、どういう事情からであったかは知らぬ。ジョウンもカイドウも、幕府の遺臣であることには、一種の誇りをもっていたと推せられる）。

明治時代になって新たに官途に就くのは、幕府時代に禄仕をするのとは意義が違い、何人とも君臣の約をなさず、人としての結びつきのないものであるが、しかしその初期においては、人々は旧思想を全く抛棄《ほうき》し去ることができず、特に文字あるものは、日常の言辞にも漢語風の修辞を用いる習癖を脱しきれないために、この混雑が加わるのであった。北海道開拓使の吏籍に入ったことのあるスギウラ・バイタンが「閲歴滄桑六十年、此間甘苦自相憐……未死敢言名節全」と詠じたのは、この二つの思想の矛盾をみずから解こうとしたものではなかったろうか。

武士の主人から与えられる禄が習慣上世襲となっていて、祖先から子孫に伝えられるのが原則であるとすれば、君臣関係はおのずから主君の家と臣下の家とのつながりとなるのであるが、君臣関係は封建制度とともに廃棄せられても家はそれとは別に存続し、個人の生活においても社会的にも家は重要なはたらきをする。家を形成するものは主として親子と夫妻とであるが、これは君臣とともに儒教道徳の枢軸とせられている。しかし儒教道徳と日本人の生活との間にはいろいろの違いがあるので、それについては、しばしば考えもし、いいもしたから、ここではそれを繰り返さない。ただ夫妻の関係についてはー言すべきことがある。江戸時代には夫妻の間における妻の地位は極めて低く、従って一般に徳性も知能もほとんどなかったように考えるのが明治時代の知識人の常であって、フクザワの『日本婦人論』にもそれが見えているが、こう概論するのは、上流の武士は無能だというのと同じような偏見である。妾をもつ風習がそれと結びつけて論ぜられ、『明六雑誌』にも数回にわたって妻妾論が載せてあるが、江戸時代でもこの風習は特殊の社会にのみ行なわれていたことであるから、一般的に婦人の地位などを考えるにそれをもち出すのは、見当違いであろう。健全なる社会における婦人の地位は決して低くはなく、その道徳生活も知能もまた男性に劣ってはいないので、そのことは、上にいったエガワの手代の遺書によっても知られるし、アイヅの戦に関与した婦人の行動、ゴリョウカクで奮闘した幕士の家庭に対する情懐などを見ても、後にアメリカに留学するようになった年少女子の意気にも由来するところのあったことが知られるのである。

そこで思い出されるのは、将軍イエモチ（家茂）に嫁せられた孝明天皇の皇妹カズノミヤ（和宮）のことである。夫君イエモチに対する宮の情思の美しくもまた濃《こま》やかであったことは、イエモチの薨去《こうきょ》のときに詠ぜられたという幾首かの歌にも現われていて、そのうちの一つには「みつせがは（＊三途の川）、よにしがらみの、なかりせば、きみもろともに、わたらしものを（＊渡れたでしょうに）」というのもあるが、宮の手記に成る維新の際の日記によれば、宮は将軍の夫人、武士の妻としての大なる矜持をもっておられたことが明らかに知られる。

宮廷人のあるもの及びいわゆる志士や浪人の徒が、早く文久の頃から京師に宮を復帰させようとし、維新の際にも薩長政府が同じことを計画したのは、ただに宮の徳操を傷つけるものであるのみならず、また無情の甚だしきものであった。しかるに宮は、どこまでもトクガワ家の一人としてその生を終わらんことを希望せられ、維新の後、京人の感情を顧慮せられてでもあったろうか、一たびは京師に仮寓せられたことがあるけれども、後またかつてイエモチの将軍として君臨したトウキョウ（東京）の地に帰られた。そうしてそこで薨ぜられ、イエモチの墓側に葬られたのである。トクガワ氏に嫁せられたのは宮の意志に背いて行なわれたことであるとか、幕府の奸策であったとかいうことが、将軍に対する悪声とともに、志士浪人輩またはチョウシュウ人によって盛んに宣伝せられ、宮をして憂慮せしめることが多かったが、その果ては、将軍の薨去となり、トクガワ氏の大政奉還、将軍職辞退となり、次いでトバ・フシミの戦となりケイキの東走となり、薩長政府の討幕となり、エド城及び領土の没収、トクガワ氏のシズオカ移転となり、めまぐるしい政変が相次いで生起したのを、宮は苦心惨憺その間に処し、トクガワ氏をしてそのところを得しめんがために力を致されたのである。

江戸時代の終わるに臨んでエドの婦人を代表する意義においての宮の行動は、今日から考えても、あるいは今日から考えると特に、賛嘆に値するものであった。皇妹の御身でトクガワ氏に降嫁せられ、武人の妻としてその任を全うせられたことにおいても、またそうである。宮が儒教道徳の知識をもっておられたにしても、これはそれとは関係のないことと考えられる。

旧幕士またはトクガワ氏と存亡をともにしようとした武人の心術及び行動にも、これと同じ態度がある。あちこちの戦役によって陣没した同僚や部下の将士やを思い、または戦塵の間にあって父母妻子を偲ぶ情味の濃やかさが、詩歌などの遺篇によって知られるものの少なくないことも思い出され、そうしてその間の情誼が君臣の間のと同じであることが考えられる。これらは概ね私的道徳に関するものであるが、軍隊のしごととしては、ゴリョウカクにおける東軍（＊旧幕府軍）の病院の医療の方法やその設備と、敵として戦った西軍の負傷者及び病者に対する取り扱い方の懇切であったこととは、さすがにエノモト総督の配下に属していただけに、賞賛すべきものであった。病院設立の初めに（＊西軍側に寝返った）マツマエ（松前）やツガル（津軽）の兵が侵入して傷病者を殺戮し、病院に火を放ってそれを焼くような暴虐の行をしたのは、藩の命令でしたことかどうか知らぬが、道義を無視することの甚だしきものであった。それに反してトバの戦争のときに、チョウシュウの軍から間諜《スパイ》の任を与えられて幕軍の将校の従僕となっていたものが、負傷した主人をよく看護し、絶命するに及んで、その遺骸を誠実親切に処置した、という話がある。これも長軍の命令でしたことかどうか知らぬが、個人的情誼、私的道義心のはたらきであったとも解せられる。一方では長人と結託していた志士浪人輩の暴虐を極めた行為があり、他方では軍規が整っていず、特にその兵員には藩士もあり農兵もあり種々の人物の混淆していたような場合では、善きにつけ悪しきにつけ、その道義観念の混乱していたことが推測せられるが、その間にはこういうものもあった。

ここまで考えてきたところで、江戸時代においても日本人の道徳を支えていたのは、戦国時代の習慣の間からいつとはなしに発生し、日常の生活によっておのずから具体化せられた各自の家庭の教養と、それと相伴いまた互いに絡み合っている一般の社会的風尚との力であり、そうしてそれは、人の生活の本質をなす社会性と、何らかの方式、何らかの程度での共同生活の体験とによって、徐々にまた次第に錬磨せられてきたものである、ということをいっておきたい。

こういう具体的な実生活上の教養及び社会的な風尚とは違って、儒教によって与えられたものは道徳に関する知識であり、抽象的な概念である。それは書物の中から読書人が拾い出してきたのみのもの、あるいは知識として構成せられただけのものであり、日常の生活から遊離している。従ってそこには生活による錬磨ということがなく、それによって与えられた概念はいわゆる徳目の列挙に終わるが、徳目の列挙では教養にもならず世の風尚ともならぬ。

例えば忠といい孝という徳目はそれぞれに概念として思い浮かべられるが、実生活においてはいろいろの行動が複雑な有様でつながり合い、さまざまな形で結びつけられ、そのつながり具合、結びつき様によって、多種多様な現実の生活の内容と形相とをもつ。教養として風尚としての道徳は、そういうことによって錬磨せられるところに成り立つのである。しかし概念としての徳目はそれとは違うので、孝ならんとすれば忠ならず、忠ならんとすれば孝ならず、というようなことがそこから生ずる。

忠とか孝とかいう徳目は、生活から離れた抽象的概念であり、現実の道徳生活を指導するはたらきをもたぬ。すべて生活というものには伝統がそれに内在し、それが中心ともなり基礎ともなって日常の生活が営まれてゆくのであって、伝統のない生活というものは、もともと考えられないはずである。日常の言語行動にも衣食などにもみなそれがあって、道徳もまた同様である。それが即ち一民族一国民の特異の文化を形成するものなのであるが、日本における儒教道徳の知識の如きは、そういう伝統をなさないものであるから、それは概念として人の知識に入り徳目として主張せられることはあっても、生活の姿ではなく、生活を指導するはたらきがそれにはない。これが異民族の間に発生した異国民の思想であり、儒教道徳の本質なのである。

政治道徳についても同じことがいい得られる。幕末のいわゆる志士の政治運動におけるイデオロギーの主なるものは尊王と攘夷であり、それと関連し、またはそれを包括している王政復古の主張であるが、尊王といい攘夷というのは、斉《せい》の桓公を賛美している『左伝』（＊『春秋左氏伝』）の語に起因があり、当時においてそれを実現せんとするのがいわゆる王政復古の大業である、といわれていた。尊王攘夷の語の指すところは『左伝』のとは違っているが、復古は、古の道を復興するという意義においては、儒教思想と関係があり、その点で儒教思想に一つの由来があるとすべきであろう。

尊王といわれた皇室への尊崇は、昔からの政権の掌握者が、公家でも武家でも、変わらずにもっていた政治的感情であり、皇室が権力をもたれない政治形態によってそれが示されているのであるが、トクガワ氏が政権をもっていた時代においては、それは幕府の宮廷に対する諸般の現実の施政及び態度に現われているので、幕末における皇居造営の事業にも、外交問題に起因する新しい国策について宮廷に詳細な報告と懇切な説明とを行なったことによっても、よく知られている。しかし志士と称する処士輩及び彼らに籠絡せられ煽動せられている一部の宮廷人は、それを解することができず、政治はすべて宮廷から幕府に委任してあるにかかわらず、それを無視して、幕府の定めた根本的な国策を撹乱し、その実行を阻害することに狂奔したので、それがために幕府の努力して打ち建てようとした尊王の事業は泥土《でいど》に委せられることになった。そうしてかえっておのれらの上記の如き行動を尊王のためと僭称《せんしょう》し、またその拠るところが儒教の思想であるが如くも宣伝した。

攘夷に至っては、トクガワ氏の幕府がキリシタン防遏《ぼうあつ》のために三代将軍のときから新たに採った政策に由来があり、武力をもってヨーロッパ人の勢力を駆逐し去らんとする態度の現われであって、それより前にはかつて行なわれていなかったことである。この語がやかましく宣伝せられた幕末にあっては、それは、現実の外交上の情勢において、実現し得られることでないのみならず、後になると宮廷人自身がそれを否認しなければならなくなり、幕府の定めた開国の国策を継承してそれを遵奉するより他に道がないことになってゆく。儒教思想と関係がないことは、いうまでもない。だから尊王も攘夷も、その本来の意義においては儒教思想と何らの交渉のないものであったのみならず、現実の事態、現実の情勢に背反するかかる主張を宣伝したことにおいて、書物の中から取り出した抽象的概念によってすべてを判断しようとする儒者の態度の学ばれていることは明らかである。

いわゆる王政復古とてもまた同様である。これは天皇親政の回復に伴うものとせられているが、遠い古代から天皇の親政が行なわれたことは極めて稀であり、ほとんどないといってもよいのが歴史的事実であるから、こういうことはただ学者なり知識人なりが書物のうちから採ってきた知識によって構成したおのれらの主観的欲求を思想の上で客観化した抽象的概念に過ぎず、そうしてそれには儒者の空想から出た古の道または先王の政《まつりごと》が事実として上代に行なわれていたものの如く思うことによって助けられている。要するに、尊王も攘夷もそれみずからとしては行なわるべきことでなく、その主張者の思想においても、いわゆる王政復古として総合せられ、相関的な作用をもつことによって、初めて実行し得る如く思われたものである。だから復古は復古ではなくして、実は当時の時勢に誘われて唱えられた新しい主張であり、後から回顧すれば、幕府を倒すための宣伝の用に供せられたのみのものである。

王政復古とはいわれたが、孝明天皇の崩御によって新たに即位せられた天皇は幼冲で、その親政はもとより行なわるべくもなく、政権は全く薩長政府の手に握られていた。尊王の語は声高く叫ばれたけれども、日本の政府であった幕府の手で行なわれた明らかな尊王の事跡は、暗黒のうちに葬り去られ、攘夷はやかましく宣伝せられたけれども、これは初めから実行のできないことのわかっているものであった。上に王政復古は儒教思想に一つの由来があるといったが、それは、ただ古の道を行なうという意義で復古の文字を儒書のうちから採ってきたのみのことである。

さて条約は勅許ということになったが、そのいわゆる勅許は叡慮のありのままに表現せられたものと信ぜられるので、当時発表せられた勅語には、志士浪人の徒や宮廷人の意向を顧慮したために修飾が加わっている、と推断すべきである。しかしそれはともかくもとして、条約の勅許せられたことが、国内だけの一事件ながら、ここでは重要なのである。そうして王政復古のイデオロギーとしての尊王も攘夷も、一つも実現せられなかったのである。万機を公論によって決するという政治の原則も、復古の名を負う王政の一つとして立てられはしたが、それはもともと復古とは別のことであり、天皇親政の建前とも調和しないものであるのみならず、薩長政府はじきにそれを放棄してしまった。これはあたかも儒教の政治思想としての禅譲説が何時の世にも実現せられないのと似ている（ある時期におけるヨコイ・ショウナン＝横井小楠やクリモト・ジョウンなどがアメリカの大統領の更迭と儒教思想の禅譲説とを同視したことが想起せられるが、これはアメリカの政体が儒者にわからなかったからのことであって、ここにいうのとは全く違ったことである）。

二

ここまで書いてきたところで、話をもとへ戻して、尊王論及びそれに伴う攘夷論が何のためにやかましく宣伝せられたかを、もう一度考えてみよう。というのは、尊王思想（及びそれに伴う攘夷論）は日本人の奴隷根性の現われである、というニシ・アマネの考説と、モリ・アリノリ

（森有礼）が『妻妾論』でいっているところとを互いに参照して考えると、その奴隷根性は、日本の家族生活において夫が妻を奴隷として取り扱うのと、共通の現象と見なすべきもののように解せられるからである（二つの論文は『明六雑誌』に載せてある）。

しかし家族制度における奴隷根性のはたらきと政治上の問題としての奴隷の状態とは全く性質を異にするものであるから、こういう考えはもともと成り立たないものである。明治初年の有識者として有名なニシやモリがそれを一つに見たのは不思議であるが、これは政治問題についても、家族問題についても、奴隷という語のあまりにも放漫な用い方をしたからのことであろう。皇室崇拝を奴隷根性の現われといったり、夫に対する妻の地位を奴隷と同じだといったりするのがその例であって、いずれもそれぞれ違った意味に用いた比喩の言であるのを、そうは考えずに、どの場合にも奴隷という一つの語を用いたために、それらを全く同じものとするところから、この間違いが生じている。当時における有数の学者のいうことがこういうものであった。

ここで一応考えてみる。我が国と交渉の生じた外国は、太平洋からするものはアメリカ及びヨーロッパ、日本海からするものはロシアであるが、ロシアとの境界はカラフトにあって、そこで我がエゾ（蝦夷）の地及び北満州と接触することは、いうまでもない。

ヨーロッパに対しては、幕末の頃の主なる相手国はフランスとイギリスとであったが、フランスは幕府に対して好意を示し、イギリスはむしろ敵意を含んでいたので、最初の在外公使に任ぜられたムコウヤマ・コウソンは、赴任するに当たって「王家大鼎依然在、不許荊蛮問軽重」と、イギリスに親しみをもっているサツマの態度を疑った。かかる形勢のまだ明らかにならなかった前には、事ごとに幕府に対抗する一部の宮廷人及びそれと気脈を通じていたチョウシュウ藩及びいわゆる志士輩浪人輩の宮廷に蟠踞《ばんきょ》せる勢力を打破せんがために、幕府の英邁な官僚で時の有力な老中オガサワラ・ナガミチが、兵を率いて上京し、宮廷に対してクーデターを決行しようとしながら、それが実現しなかったことがある。その壮挙に関与したムコウヤマが、後年それを追懐して「慨然曾許死生同、猶憶当年意気雄、雖有揮戈回日手、奈無錬石補天功」といい、事の成らざりしを痛惜した。もしそれが成功したならば、幕府の勢威は宮廷と浪人輩志士輩及び長人とを圧することができ、それによって政治を常軌に復する道が開かれたであろうに、それができなかったのである。これが幕府の勢威の失墜の一大転機となり、遂に政権運用の常軌に復するを得ずして、種々の紛争が次々に起こってくるのである。

チョウシュウ藩士が藩の指揮により、一部の宮廷人や志士輩浪人輩と連絡をとって、皇居及びキョウトの枢要な地域の武力的占領を企てたため、皇居侵犯の罪に問われて幕命による征討の師が起こされ、次いでその再征が行なわれたこと、将軍の政権が奉還せられ、薩長政府が建設せられて、いわゆる維新の変動の行なわれたこと、がそれである。忽ちにして将軍ケイキのキョウト退却、忽ちにしてトバ及びフシミの戦闘、また忽ちにしてケイキの東走、「片帆東去大牙傾、一夜甕奔十万兵、客子訴誰何限恨、凄風吹涙浪華城」（ナルシマ・リュウホク）。

西国諸侯の倒幕の行動、それに対抗する東北諸藩の連合、東西両軍の対立、倒幕運動に対する幕府旗本の士の反抗、幕府の艦隊のハコダテ進攻、ゴリョウカクの占拠、ウエノ（上野）における彰義隊の結成、「上野山、動かず去らで、ほととぎす、なくね血を吐く、さみだれのころ」、

「二百年恩以死報、甘為主家埋侠骨」（スギウラ・バイタン）。後にタナベ・レンシュウが「今是昨非将問誰、人生有涙感当時、可憐東照祠前路、仍旧山桜紅幾枝」と詠じたのは、必ずしも彰義隊を想起したものではないかもしれぬが、それを思い出しているナンマ・ウホウの「報主寸心知者知、任他桀狗吠堯嗤、恩讐一夢醒無迹、只有桜花護断碑」は指すところが明らかである。リュウホクが後年フクイ（福井）に旅して維新の際のシュンガク（松平春嶽）の態度や行動に不満の感を抱いたのも、この頃のことを思い出しての話である。リュウホクはまた一夜柳橋に偶然旧知と会して「一肱旧夢十余年、樽酒相逢且黯然」（＊ほんの一時の夢を見たように思っていたが、もう十余年にもなるのか。酒を酌み交わし久闊を叙していても若かった頃を思い出すと涙が滲んできて、何となく心寂しい）と吟じたが、同じく夢を見たとするにしても、これはウホウが恩讐を忘れ去って跡なきものと観じたのとは違う。

それのみならず、アイヅ人や旧幕人には恩讐二つながら忘れたものがあるかも知らぬが、薩長の政府者は決してそうではなく、明治九年の東北巡幸に当たり、幕人とアイヅ人とには少なくとも敵のおもかげを認めていたので、供奉の官吏には当時の官軍の墓を弔わせながら、十年前の讐《かたき》であった「賊」には一顧をも与えしめなかった。明治政府は維新のときにおける恩讐の別、当時の用語例においての順逆の論を、何時までもそのままに襲用していたのである。それのみではない。東照宮に対抗する意味のあるものとしての豊国神社（＊祭神豊臣秀吉）の造営についても、「太閤恩顧の諸侯士庶に至るまで寄付随意」という布令が出されたが、それは、見方によっては反トクガワ思想の鼓吹でもあるので、かかるものを何の必要があってか急に政府の保護の下に新営したのである。維新の際の官軍と賊との対立を、いわゆる招魂社の取り扱い方において継承させたと同じである、ともいわれよう。そうしてそれは政府に立って権力を握ったものと事みな志と違って為すところがすべて効なきに終わったものとの感慨の同じからざるところからきているのであろう。

同じく夢の世だと観ずるにしても、その見方がいろいろであるから、夢が夢見る人の生活の本質でありあるいはその全体であって、人は永久不変に夢の世界を離れられないというのか、世は夢であっても身は必ずしもそうでないというのか、そこに大なる問題があろう。あるいはまた夢と観ずるのは一時的の感傷に過ぎないのか、未来永劫それから離れられない運命であるというのか、そこにも考うべきことがあるべきである。夢であったとしたら、覚めたのがよかったかもしれぬが、どうせ夢の世であるとしたら、夢であっても覚めない方がよかったと思われぬこともない。夢と悟ったから覚めた方がよかったと思うのは一種のあきらめであり、あるいはむしろ迷いの夢を早く覚まさせてくれることを望むものである。日本人は一体にあきらめがよいといわれていて、物事に執着しないのを賛美するが、それは即ちこの意味のことであろう。そうしてそれは、世間の風尚が甚だしく人の情を圧迫しないからであると考えられる。ヨーロッパ人の如く宗教の圧迫、政治的権力の圧迫が甚だしくないために、それに対する反抗心が生じないので、おのずからこういう風習ができたのではあるまいか。

日本人は家においては親が子を愛し、夫が妻に自由を与え、君主が臣下を恵むのが常であり、民族間の闘争も他国との戦いも激しくはないのみならず、風土気候が概ね温和で酷烈の感を人に与えず、食物が豊かで美味であり、また山の樹木が茂り水の流れが清らかであることも、それを助けているから、日本人はあきらめがよいといわれ、どこかにおっとりとした気分があり、精神に落ち着きがあるといわれるのも、このことと関係がないではなかろう。ヨーロッパ人は全体の生活が個人主義を基調としているけれども、個人本位では国民の生活、集団の生活ができないから、そこで集団を頼り、神を頼り、何らかの頼るものを思い設けて、僅かにその生を送ろうとする。神に頼る場合には、一神教でありながら、あるいはむしろ一神教であるがために、他の宗教、他の神に対し、酷烈な、従って残忍な闘争を敢えてすることになる。これがヨーロッパ人の生活の態度である。人生を夢と観じ世界を夢幻と見るのとは甚だしき隔たりがあるのに、注意すべきである。

次に考うべきは明治の初年における家族生活及びその道徳の状態であるが、それはほぼ維新前のと大差がなかったようである。ただ武士においては、禄を失ったために、あるいは農民化し、あるいはいわゆる「士族の商法」を試みて失敗し、またはエゾ地や海外に移住し、あるいは「内職」と称せられた何らかの微職を求めて僅かに口を糊し、人力車夫となるもの浮浪者の群にはいるものさえ少なからず世に現われた。官衙《かんが》の小吏となったり民間にあって手習師匠となったりするものの如きは、よい方であったろう。

甚だしき窮迫に陥りまたは生活の能力の全くない場合には、その士女のうちには昔の浪人の跡を追うて、「妾身豈可耐滄桑」（キクチ・サンケイ＝菊池三渓）という境界に堕したものさえもあったという。だから武士に禄を給することはできまいが、何らかの方法でその窮迫を救う道があるのではないかと考えたものもあった。従ってヤマグチやサガ（佐賀）やクマモト（熊本）やカゴシマ（鹿児島）やの騒乱も、失敗したトサ人のキョウトやオオサカやに事を起こそうとした秘密の計画も、一つはこの点にかかわるところのあったことが、思いやられもする。

維新の変革の後には、諸藩の人物にも、文筆の士や農商の民にも、いろいろな移動集散が行なわれ、そのうちには薩長政府の成立に与りまたはそれに使役せられるもの、旧幕臣であって、平和の間に新秩序の形成に順応した生活をしようとするもの、アイヅ人などの如くいわゆる叛軍に属していたがために各地に移住するのやむを得ざるに至ったもの、その間にはまた、クモイ・タツオ（雲井龍雄）などの如く、当時なお旧体制の復活を夢み、機を見て事を起こさんとするものもあり、あるいは時勢の流れに掉さして得意顔をしているもの、あるいはやむを得ず雌伏はしているが何か事あれかしと秘かに世変を狙っているものもあり、さまざまの人物、さまざまの意向やさまざまの感情やを抱くものが、錯綜して世に存在した。

しかし禄を失い能力を失った武士には意気消沈して為すところを知らず、徒らに路頭に彷徨して朝夕を送迎するものもあるとともに、気力あるものは新しい生活の道を開港場を中心に展開してきた新しい事業に求め、または新しい学問の世界に求めんとし、資財あるものは旧習によって文事を修め消閑のよすがをそれによって得ようとするものもあり、この方面でもその欲するところ求むるところは多趣多様であった。新知識を得んがためにはいわゆる洋学の学校も興り、海外遊学の道も開けてきている。要するに人の希望も現実の活動も雑然としてはいるが、かなり旺盛になってきた一面がある。維新後の人心はほぼかくの如きものであった。

ただここに一言付記したいことは、武士であったものの風尚の変化である。禄を失った彼らの生活の困難が、彼らをして武士としてはあるまじき境界に堕落せしめ、遂に破廉恥の行動をなし、甚だしきは刑法上の犯罪者となったものも少なくはないが、それには、「世が世であったならば」といい、「世につれ人につれて」かかる身になったという感慨が折に触れてはその胸裡に往来することを免れなかったでもあろう。もとよりそれには、薄志弱行であり、確固たる操守をもたないものとして非難せられねばならぬような欠点を具えていたではあろうが、「世が世であったならば」、その「世」の風潮に身を任せて、ともかくもそれを渡り得たであろうに、思いもかけず維新の大変動に遭遇してそれができなかったところに、彼らの運命の拙《つたな》さがあってこうなった、ということも考えねばなるまい。こういう一面においては、彼らが為すことなくしてともかくも世に在り経た、長い平和の時代の社会組織と、その間における生活とを、不幸な記念として彼らみずからもっていたのである。権現様のありがたさは彼らにとっては、もともと分に過ぎたものであり、そこに彼らの薄命の由来があったのでもあろう。外様の藩士などにはこういう不幸のなかったことが、むしろ幸いであったかもしれぬ。

家族生活においてその根幹となるものは、婚姻による夫婦の関係であり、親子の関係もそれから派生するのであるが、これについては日常生活とそれに含まれまたそれによって表現せられる伝統の保持する家の品位が極めて重要である。しかし明治の初年にモリ・アリノリなどの主張した婚姻の儀礼に現われている思想には、こういう考えはなかった。勿論それは男女同等の義であって男女同権をいうのではないといわれもしたが（モリの弁解）、男女同等（夫妻同等）は江戸時代の日本の民衆が普通に実行していたことであるから、それについては何も新しがるに及ばぬ。ただ妾を置くことを認めるのは、同等とはいいかねるが、これは一般の風習というべきものではなく、多くは参勤交代の制度から派生した特殊のものである。一般の武士には妾を置くような家庭経済上の余裕がない。

妾の問題が明治の初年にやかましく論ぜられたのは、いわゆる志士や浪人の徒が家庭を離れていたために、性交に関して放縦になり、幕末の紛擾につれてその風習が一般の武士の間にも広まって、武士の変貌した官吏もそれを真似ることになったのと、維新の変動が武士の紀綱を乱したのと、また維新によって士民の公的区別が撤去せられ、四民平等となったために、富商や豪農などの間にも模倣せられるようになったのと、これらの事情の故に、いわゆる妻妾論が学者の間の議論のたねになった、と考えられる。江戸時代の武士は一般にはこの点について謹直のものが多かったと見なされる。フクザワやモリなどが妻妾論をやかましくいったのは、維新後の高級官吏の悪風を江戸時代の武士から継承せられているものの如く誤解したためではあるまいか。勿論、いわゆる遊里に一夕の歓を求めるが如きは、むずかしい道徳上の事態とはせられなかったので、そこに性道徳に関する別個の問題が潜んではいるが、これは特に日本人について、また武士の生活について、やかましくいわるべきことではなく、どこの国民にもありがちの話である。

当時における夫妻の関係にも、また特筆すべきほどの変化は認めがたい。家を主体とする社会組織の世であるから、父または夫が家の主人であり、母または妻はそれに従属して内助のはたらきをするのが、自然の状態とせられていた。家政のきりもりは母や妻の任務とせられ、また子女に対しては妻は父たる夫と並んで母としての重要なしごとをするのみならず、死後にもまた夫と同じ地位に置かれて、どこまでも夫と相並び相伴うものとせられる。こういう点では妻は夫と全く同等の地位にあるものとなっているし、なおその生家が外戚として親族中の要地を占めることも、また普通の習慣である。

これらは儒教の思想とは大なる違いがある。けれども妻の道徳的責務観としては、夫に対してかかる対立的地位にあることをみずから主張したり要求したりはしないのが常識でもあり、そうしてそういう謙抑の精神が道徳的には世に賞賛せられもするので、そこに現実の生活と道徳観念との間にはそれぞれの限界があることが考えられる。だからこの現実生活の状態を権力もしくは勢威のあるところを示すものとし、それに対する尊重の念を卑屈の心情から出るもの、奴隷根性の現われとし、家庭の成立の根拠を権力による秩序の表現とする儒教思想と同一視する如く解せられるモリなどの主張の当たっているかどうかは、疑わしい。よしそういう場合が世間に幾らかあるとするにしても、夫妻関係のすべてがそうであるというのは、明白な現在の事実にも背いている。

三

家族制度における奴隷論と政治上における奴隷問題との関係について明白な見解を述べているのは、ニシ・アマネの説である。ニシは日本人の皇室尊崇も奴隷根性の現われであり、維新の大業の成就も同様であるといい、そうしてそれは、孔子の『春秋』から出た水戸学の思想と、ケイチュウ（契沖）の和歌の思想の一変したノリナガ（本居宣長）の国学とから来ている、と説いているが、維新の変革を書物の中の思想に胚胎したものとし、それを日本人の一般の気風が卑屈であるからだとするのは、当たっているところもあり、いないところもある。

維新の事業を導き出した思想が政治的権力の強弱とその動向とによって左右せられ、それに追従したところがあることは事実であって、それを奴隷根性と称することには一理がないでもないが、そこにはなお有力な別の情味も思想も伴っていた。皇室が日本の国家の象徴であられ、当時の国民の暗黙の要求であった国家の統一が皇室によって初めて実現せられたことがそれであり、そこに家族制度及び夫妻関係とは全く違った点がある。だからニシの奴隷論は儒教思想から来ている誤見と断ずべきである。もともとニシやツダ・マミチの思想の一隅には唯物論的傾向があり（人生三宝説・情欲論など）、モリの主張にもそれが見えるし、フクザワの日本婦人観にも、その情欲肯定論には、理由のあることながら、それらと共通の考え方が含まれてもいて、それには肉体本位である点に奴隷論のおもかげが見える、といってもよい。婚姻について家の血統に具わる品位が重んぜられないのも、その一つであろう。

ここに家の品位といったのは、人が祖先から承けてきた血統を次第に子孫に伝え、その子孫の素質とはたらきとを次第に精錬してゆくこと、その意義で「家系」を尊重することである。「家」は現在の家族の協同生活の統一体であるが、遥かなる過去から永遠の未来につながる「家系」もまた人の生活として本質的のものであるから、これまで家系を継いできた祖先に対する道徳的責任とともに、これから継いでゆく子孫に対する責任がそれに伴わねばならぬ。家系の品位というのはこのことであって、世間的地位とか財力とかをいうのではない。もしそういうものに追従しまたはそれを誇りとして、それによって家の権威なり勢力なりを保とうとするものがあるならば、それこそは家を勢利の奴隷とするもの、奴隷根性の現われとすべきである。しかしニシやモリのいうのはそれではなく、家において夫が妻の人格を認めないことと解すべきであろう。ところが夫が妻の人格を認めないことは、夫自身がその人格を拋棄することに他ならぬのであるから、畢竟夫妻ともにその人格を失うことである。けれどもそれでは夫妻関係も成り立たず従って家もまた成り立たない。ニシやモリの奴隷論は、畢竟いい過ぎであり、幕末時代の志士や浪人輩の尊王論・攘夷論と同じほどな空論というべきであろう。そうしてその根底には一種の唯物論的思想が潜在するとすべきであろう。ニシやモリはこういう考え方によって夫妻間に見られる家族としての関係と、政治上の重要問題であって維新の変動の中心観念となった尊王思想とを、同じく日本人の奴隷根性の発現として説明したのである。

そこで問題を当時の政治上の変動に向けてみる。志士輩浪人輩の行動の主旨は初めから決まっていたので、要するに幕府を擁護するかそれを倒そうとするか、二つのうちのいずれを採るかにあり、そうしてこれまでの彼らの言動によって推測すれば、尊王思想はいうまでもなく、攘夷の主張とても、幕府を倒す方法としての謀略に利用せんとするのが主意であったに違いない。謀略を要する如く思われたのは、幕府が現存するために、言論のその存亡に触れることを避けたのであるが、それを避けたところに謀略があったと考えられる。そうしてそれを避けたのは、一つは当時の志士輩に権力争い・党派争いが多く、その争いにおいて自派の勢力の弱く見える場合には、世の批評なり藩論なりを動かすだけの権力か勢力かをもっているものが横暴残酷な処置をする習いがあったために、その害にかかることを避けようとしたからでもあるが、大局から論ずれば、幕府を倒すべき時機の来ることを予想していたためでもある。だから尊王思想の鼓吹者は、後からいえば、明治以後に実現せらるべき思想の趣向を空想としてもっていたというべきであろう。というよりも、それを実現するがために行動していたのだ、というべきである。

かつてはタカヤマ・ヒコクロウ（高山彦九郎）の如き南朝の狂信者があり、当時においてはマキ・イズミ（真木和泉）やヒラノ・クニオミ（平野国臣）などや、またはタママツ・ミサオ（玉松操）やの如きものがあったことを思うと、かかる狂信者に追従するものも志士輩浪人輩の間には少なくなかったであろう。後に思想問題としての南朝の再現を空想するようになるものもその仲間であった、と考えられる。志士輩浪人輩はかかる狂信的妄想者、それは狂信すること妄想することに興味をもっているとともに、即時にもそれが実現し得られるものの如くも思っていたものである（南北朝正閏《せいじゅん》論の如きは過去の歴史上の問題であって、事実は南北朝の合一によって遠い昔に既に解決していたことである。思想的にではあるが、いまさら南朝の復活を思うのは、過去を再び現在に見ようとするものに過ぎない。南朝は詩人の懐古で十分であり、夢に見ることによって足れりとしなくてはならぬ）。要するに討幕の主張者は南朝の思想的復活を妄想するものに他ならず、歴史の展開を全く理解しないものである、というべきである。

さてもとへ立ち帰っていうと、孝明天皇は安政年間における幕府の上記の意義での尊王の態度及び諸般の施政を嘉納せられ、志士輩浪人輩の煽動攪乱を喜ばれなかったことが、文久頃から後の御言動によっても明らかに推測せられるので、天皇は彼らのいうが如き意義での尊王及び攘夷、一言にしてこれを掩《おお》えば王政復古を欲せられなかったのである。

外交問題についていうと、アメリカとの通商条約が成立した初めからこう明らかな御考えがあったかどうかは、外間から窺知《きち》しがたいところでもあったろうが、温和な天皇の御性質から見ても、こう解せられる。かかる尊王論・攘夷論を含む王政復古論は、大政を幕府に委任せられている長い間の習慣を変更せんとするものであり、またその尊王は天皇親政の意義での王政復古を実現せんとするものであるが、天皇にはそういう御考えは全くなく、王政復古は欲せず大政は幕府に委任する、と明言せられていたのである。それにもかかわらず、志士輩浪人輩及び一部の宮廷人はかかる意義での尊王が叡慮であるが如く世上に宣伝することを努めたが、当時の宮廷の組織及び宮廷人の状態において、どうしてそういうことが実行できるのか、もしそれを実現せんとして、例えば天皇がいわゆる攘夷の意見を有せられ、攘夷の勅命を発せられるようなことがあるならば、それは日本を亡国の域に陥れるおそれの多いものであって、いわゆる攘夷を（＊外国船に対して）実行した長藩の敗戦はそれを証するものであるが、もしそれが勅命によって行なわれたとするならば、それを命ぜられた天皇の責任のいかばかり重大であったかは、いうまでもあるまい。幸いに天皇は無謀の攘夷はすべきでないとしばしば仰せられていたが、この叡慮を解するものは、志士輩にも浪人輩にも一部の宮廷人にもなかったのである。だから、マキやヒラノの徒の無謀の攘夷論及びそれに伴う王政復古論が志士浪人の間に横行したのであるが、実は攘夷論はそのすべてが無謀なものであって、有謀な攘夷論というものは当時には存在しなかったのである。従って攘夷がもし叡慮であるとしたならば、それは叡慮を本来無謀なものとすることを示すに他ならなかったのである。

攘夷がそうであれば尊王もまた同じであって、上記のマキやヒラノやその他、長藩人及び浪士輩の言動のすべてがそうであり、元治年間における長藩兵の皇居乱入の企てはそれを明示するものであった。後に政府を建設して政権を握るようになった薩長人は、国策としてはこれら無謀の徒の行動を抑制した幕府の開国及び尊王の国策を実行したものであり、それによって政府を建立し、その実権を握り、維新の経綸を行なうことができたのであるが、思想的にはいわゆる王政復古の意義での尊王の主張に追従し、それに伴う無謀な攘夷の実行を宣伝して、それによって世に勢力を得たものである。空言を弄して徒らに大声疾呼したものが政府の実権を獲得したのである。

彼らが国賊と呼び極悪無道の朝敵として甚だしき悪罵を加えた幕府の定めた国策を遵奉することによって、明治の新政府を立て新政権を握ったものが、彼ら薩長人であった。幕府の定めた国策を攻撃して悪罵しておきながら、事実においてそれを遵奉したからこそ、彼らはその地位を得その権力を得たのである。孝明天皇に政治上至重至大の責任を負わせ奉りながら、一方ではこういうことをしたのが、薩長人であった。日本人はこのことをどこまでも銘記しなければならぬ。

いわゆる王政の復古は現実には行なわれなかったが、しかし皇室による国家統一の要望は暗黙の間に国民の間に生じ、人知れぬ間にそれが次第に実現に向かってきた。戦国割拠の空気がようやく世に広まり、国家の統一がまさに崩壊せんとする情勢の間にかくの如き要望が具体化せられんとするに至ったのは、矛盾のようであるが、そこに皇室がおのずから有せられる精神的権威、国家統一の象徴としての権威が、何人にも明らかに意識せられないながらに、はたらいてきたのである。幕府の力によって長い間維持せられた国家の統一がまさに破壊せられんとするに当たって、否むしろそれが破壊せられんとすることによって、皇室による統一が漸次成立の勢いを示してきたのでもあり、破壊せられんとしたことが成立の勢いとなって更新したのである。そうしてそれは日本の国家統一の真の精神の現われであった。

いわゆる王政の復古は幕府の権力を破壊して皇室に政治上の権力をもたせようとする主張であったが、それは事実上実現せられず、また実現し得られることでもなかった。そうして皇室が、政治的権力者ではなくして、国家統一の象徴であられるという、上代から継承せられてきた思想に立ち帰ったところに、当時の政治家にも国民にも十分に理解のできなかった新精神、むしろ上古から持続せられてきた旧精神が、昔ながらにはたらいていたのである。

ところが、よし明らかな意図がなく意識せられた政治運動でないにせよ、国民をしてその向かうべきところに向かわせるには、時勢の趨くところを見抜く明識と、真に国を憂うる誠実なる心情とを有する優れた思想家、その意義での一世の指導者がなくてはならぬ。けれどもそれは容易には求め得られぬ。フジタ・トウコ（藤田東湖）やサクマ・ショウザン（佐久間象山）や、またはヨシダ・ショウインの如きが、多くの書生輩に指導者として仰がれていたようにも見えるが、彼らは、あるいはあまりにも偏狭なシナ式慷慨家であり、あるいは功名心に富んだものであり、またいずれも時勢を達観する思想の深さを欠いていた。

やむなくんばアベやホッタの如き幕府の当局者、もしくはそれらに信任せられ重用せられて、国家の枢機にも参じ世界の形勢をも知っていた有力な事務官たちを挙げねばならぬが、しかし彼らの多くは幕府の重要な地位にありそれぞれの職務をもってもいて、静思する遑がない。要するに彼らは時務には通じ政治上の形勢に対する識見をば豊かにもってはいたが、思想家としての日本の指導者たる資質には幾分の欠けているところがあった。

そこで世の中は磁針のない船の如く風向き次第でどちらにも動くか、また国家を盲目な志士の徒の暴動に委するか、の他はないような情勢になった。多くの武士をも含めて一般の民衆は、知力が足らず識見もなく、志士輩の宣伝に乗せられたり、世間の噂話に動かされたりするのみであったから、思想上のよき指導者がない限り、彼らみずから健実な世論を打ち建てることができなかったのである。

マキやヒラノや、サツマのサイゴウ及びオオクボ（大久保利通）やチョウシュウのカツラ（桂小五郎＝木戸孝允）や、彼らの行動が、如何に軽浮であり無思慮であったか、また彼らが幕府とその政治とに対し、何事についても甚だしき猜疑の目をもってそれを見ていたか（これは小人どものすることである）、あるいはまた一部の宮廷人が安政年間に開港はキョウト付近を避けよといったり、文久年間に老中のオガサワラが兵を率いて上京しようとしたときにそれを阻止しようとしたり、アイヅの武士が御所で旧式の訓練を行なって天覧に供したときに発砲を禁じようとしたり、チョウシュウの兵のキョウトに乱入したときに慌てふためいて御所を逃げ出そうとしたり、そういうことをしたのでも知られる如き怯懦《きようだ》の言動、またはマツダイラ・シュンガクの宮廷に対する曖昧の態度などを知るものは、上記の推測に誤りのないことを感ずるであろう。なお志士輩が「鎖開和戦紛紛議、多在偎紅倚翠中（＊多くは偎紅倚翠《わいこういすい》の中に在り。偎紅倚翠とは、遊女と戯れること）」といわれたのも、または私刑を加えて殺害したものの耳や腕を斬り取ってそれを政敵と思ったものの家に送致するような残忍なことをしたのも、彼らの人物の如何に低劣であったかを示すものである。

しかし世間の情勢がこういうものであったにもかかわらず、それによって国家の大本を誤ることが少なかったのは、上にも述べた如く皇室のおのずから有せられる精神的権威の故であった、と考える他はあるまい。昔から幾たびも皇室の内部に種々の紛争が生じ、時には兵乱となるようなことがあり、または天皇もしくは上皇の播遷《はせん》もしくは幽囚というような異変があったにしても、皇室の地位にも声望にも毫末の動揺がなく、かかる異変もいつとなく人の記憶から失われて、皇室は昔ながらの皇室として国民の尊崇の対象であったのも、このことと深い関連がある。

ここで一応日本の国学のことを考えてみよう。マブチ（賀茂真淵）、ノリナガ、アツタネ（平田篤胤）、及びそれらの門下から出た人々は、皇室尊崇の思想を鼓吹したが、如何にそれを尊崇すべきかには多く注意せず、そうしてまたトクガワ氏歴代の将軍をば、政権の掌握者として深くそれを敬重した。しかし皇室とトクガワ氏との関係については、明らかな考えをもっていなかったように見える。

彼らの最も重きを置いたのはシナ思想、特に儒教思想の排斥であって、儒者が道として説くことは真の道ではなく、王室に易姓革命の行なわれるのがその明証であるという。真の道は我が国の皇祖から神代のままにいまに伝えられているものであり、その意味でそれが神の道であるといわれたが、それを具体的に説くことはほとんどせられていないので、その点では儒教道徳の思想と同じく抽象的概念に過ぎず、従って現実の国民生活を指導するはたらきのないものである。国学は種々の面で儒教の影響を受けているが、ここにもその一つがあるといってよかろう。

シナの儒者は、儒教思想におけるかかる抽象的概念を、一方では単なる文字上の知識としてそれを語りそれを論ずるけれども、実生活はそれとは別のものとして取り扱う場合と、それとは反対に、概念をそのまま現実の生活に当てはまるものと思ってみずから欺いている場合とがあるが、それとともに、他方ではかかる概念にも実生活に何ほどかの由縁《ゆえん》のあるものもあって、政治上における王室の易姓革命や家族生活における大家族的風習の如きがそれであるとし、そういうものにおいては概念そのものがそのまま現実の生活を示すものではないにしても、心理上それを連想し得る点があると見る。ところが日本の儒者は、シナの社会において実生活上の根拠のない、もしくは甚だ少ない概念を、シナ人の現実の生活を表示しているものの如く思いなすことが多く、国学者の儒教排斥にもそれが少なくない。そうしてそこからこういう排斥にはいろいろの錯誤が生ずるのである。

しかし国学者の意向は、マブチやノリナガの主張したような意味での儒教主義でもなく、ノリナガのいうような平安朝式「もののあはれ」でもなく、政治思想としてのトクガワ氏賛美でもなく、またアツタネ流の世界包容の思想でもなく、当時の政治問題としての王政復古の主張などとも連結の少ないものであった。いろいろの世情の動きや政治的勢力の盛衰や権力者の権力の趣向や一般の思想界の情勢やに引きずられて、彼らの思想そのものが混乱もし動揺もし、畢竟は時の権勢に左右せられていたのである。要するに復古でも維新でもなく、はっきりした志向をもたないものが国学者には少なくなかった、というべきであった。国学者というものの性質上、王政復古を喜ぶ傾向があったことは事実であろうが、こういう思想は水戸学のものものもっていたから、必ずしもいわゆる国学者に特有のことではなかったようである。

こういうようにして儒教の道徳論にもそれを排斥する国学者のにも多くの錯誤があるが、ヨーロッパやアメリカから伝えられた道徳思想についても、またそれに似たことがある。フクザワは、西洋からは書物によっていろいろの新知識を得たが、ただ修身を教え道徳を説いた書物はまだ見たことがなかった。ところが、明治元年に慶應義塾の人が偶然書肆《しょし》の店頭でアメリカで出版せられたウェーランドという人の編纂した修身書を見つけ、こういうもののあることをいままでは知らなかったといって、さっそくそれを求め、塾の教科書としてそれを使うことにした、ということをいっている。

フクザワの書き方で見ると、人の道徳は家庭の教養や世間の風尚やによって、つまり日常の生活によって、自然に養われてゆくものとは思わず、やはり書物によって教えられる知識として考えていたのではないか、少なくともそういう傾向が、たぶん無意識の間に、彼の思想の一隅にあったのではないか、と感ぜられる。道を教えるものとしての儒教の書物などを読み慣れていた彼には、そういうところがあったとしても不思議ではないであろう。ウェーランドのこの書は今日いう倫理学を講じたものでも研究したものでもないが、題号を道徳学としてあるのでも知られる如く、単なる教訓の書ではなくして、ある程度に体系を整えて一般道徳の要綱を述べたものであるから、こう考えられたことにも一理由はあるけれども、それればかりではないように思われる。なお西洋の道徳の書がどのような形で日本に入ってきたかについては、別に述べる機会があろう。

第四章　トクガワ将軍の「大政奉還」

一

　老中ホッタの明識と有能な外交官たるイワセ及びイノウエの努力とにより、ハリスの好意ある態度もそれを助けて商議決定せられたアメリカとの新条約は、大老イイがホッタの事業を承認することによって、公式に成立した。しかしイイは、一方では幕府の権威と一般の政治的秩序を維持するために、それと、それとともに起こった将軍の継嗣に関する幕府の処置とを妨げるものと見なした二、三の諸侯及びその家臣と一部の宮廷人とを罰し、またいわゆる志士の徒、特に宮廷人と連繫のあるものを厳刑に処するが如き強硬政策を採ったが、他方では宮廷に対して他日攘夷を行なうべきことを具申した。宮廷に対するイイのこの態度が如何なる意図から出たことであったかは知らぬが、ホッタが、日本を世界の一国として立ててゆくには開国によらねばならぬことを率直にまた明白に説いて、宮廷人の蒙《もう》を啓《ひら》こうとしたのとは違って、イイのこの行動には術策を弄した観があるのみならず、政府の定めた国策を否認する意向を示した宮廷人の歓心を求めんとする心弱さが、それに認められる。が、それよりも重要なのは、イイのこの態度は、政治に関与すべからざる地位にある宮廷がそれに関与することを、政権を委任せられている日本の政府としての幕府みずからが、承認したことになる点である。宮廷に対するイイの上記の行動は、これから後の幕府の政治を困難にしたのみならず、幕府の存立の根本を揺るがせたものであり、その意味において尊王論を呼号する志士輩浪人輩の妄動と同じであったといっても過言ではあるまい。イイ自身はこういうことには気がつかなかったに違いないが、今人《こんじん》の目にはそう映ずる。

イイの強硬政策は、ミト人をしてサクラダの暴挙を起こさしめたのみならず、かの志士の輩浪人の徒を刺激して彼らの幕府に対する反感を強めるとともに、彼らの群に入るものをますます多からしめ、尊王攘夷論の叫びがそれによっていよいよ声高くなり、それがまた宮廷人に反響して、宮廷と幕府との摩擦はますます甚だしくなった。カズノミヤの降嫁もそれを緩和する効果を生ぜず、降嫁そのことは、カズノミヤの決意と七代将軍イエヅグ（徳川家継）との婚約の成ったヤソノミヤ（八十宮）の先例とがあるにかかわらず、浪人輩はそれを幕府非難の具とし、または幕府が廃帝を企てた（＊孝明天皇を除こうとした）という如き虚説を捏造して無知の世人を欺いたので、それを軽信しまたはそれを利用した浪人輩のうちには幕府の老中を要撃して負傷せしめ（＊坂下門外の変）、甚だしきは武力による幕府倒壊の空想を抱くものが生ずるほどであった。これが万延から文久元年（一八六一年）を経て二年の初めにかけての一般的形勢であった。チョウシュウ侯とサツマのシマヅ・ヒサミツ（島津久光）とが、それぞれ違った意図と方策とによる宮廷と幕府との調和を試みたのは、これがためであって、これはまた外様大名が幕政に干渉する道を開いたものでもある。前の方は藩内に異論があって失敗したが、後の方はシマヅの武力が宮廷を制圧して一応それを成功させた。

　ここにおいて宮廷は、勅命の名によって幕府の政事総裁及び将軍の補佐として、かつてイイに罰せられたマツダイラ・シュンガクとヒトツバシ・ケイキ（一橋慶喜）とを任命することと、従来の内外に対する幕政の方針を一変すること、特に攘夷を実行することとを強要した。いわゆる勅命は、その政治の方針においては概ね志士輩浪人輩の主張に従い、その他の点においては主としてシマヅと宮廷人との意向に従ったものであるが、これは名義の上では宮廷が全般的に幕政に干渉することを示したものである。もし幕府がそれを容認するならば、政府と宮廷とが厳に区別せられていた日本の政治形態は、それがために破壊せられることになるので、幕府の首脳部は、勅命の名によるとともに諸侯中の有力者がその背後に動いているかかる宮廷の干渉を喜ばなかったが、幾多の躊躇の後、遂にそれを容認した。

そうして新総裁の下に置かれた幕府は、ホッタによって定められた国策をみずから否定して、ホッタ及びイイを追罰したのみならず、三代将軍イエミツ（徳川家光）のときから大名を制御し封建制度を維持するために設けられた規定（＊参勤交代）をも、手軽く放棄し去った。総裁は個人としては開国の必要を知っていたのに、攘夷論を固持する如く見える宮廷の意向に盲従したのみならず、イイを追罰したことによって、彼を殺害したミト人の凶行を是認したことになるので、それはまたおのずから志士と称する暴徒の暴行を一般的に是認することにもなってゆく。幕府は、その力によってともかくも保たれてきた政治的秩序を破り一般の治安を乱したものを、むしろ賞賛する地位に立たせられたのである（イエミツのときからの大名制御法の可否やイイの政策の巧拙はここでは問題外におく）。そうしてこれは日本の政府としての幕府の地位と権威とが宮廷及びその背後のシマヅによって甚だしく傷つけられたことを示すものである。

こういう形勢の下において、幕府の有能の官吏として一家の識見をもっていたオオクボ・イチオウがこの頃、幕府は攘夷の非なることを明らかに宮廷に具申すべきであり、そうしてもしそれが聴かれないならば、トクガワ氏は委任せられている政権を奉還して諸侯の地位に下がるがよい、といったのは、この形勢の改まる見込みがないと考える限り、当然のことである。ただ奉還した後がどうなってゆくか、それによって生ずるであろう政治上の混乱を何人が如何にして収拾するか、新たに政権を握るものが生じてもそれが外政について如何なる方策を採るか、あるいはまたトクガワ氏の旗本の士が政権の奉還を容易に承認するであろうか、これらのことについての一応の見通しでもオオクボはもっていたかどうか。それがわからぬ以上、彼の意見に大なる価値を認めることができないのではないか。後に政権の奉還が現実に行なわれるときになってみると、あるいは行なわれた後になって回想すると、彼に先見の明があったと考えられるでもあろうが、時勢は常に動き日々に変わるからそれに反対する判断もそれにどう処するかの方策も、いつも同じであるべきではあるまい。文久二年の当時においては、政権を奉還することがよしトクガワ氏を安全にすることになるにしても、果たして日本のためになったかどうかは、問題であろう。

そういう変革の実現せられるには、そうなるまでの時勢の動きを経なくてはなるまい。日々に発生する幾多の事件によって次第にそこまで追い詰められてゆく過程がなくてはなるまい。当時幕府の内部において彼の意見が全く顧みられなかったらしいのも、それを考慮するまでに時勢が切迫していなかったことを証するものであろう。時未だ至らざるに事をなすのは、徒らに世の混乱を甚だしくするのみであった、と考えられる。さりとて、「政権奉還」の語を、あまりにも無識であまりにも独りよがりな一部の宮廷人に対する一種の威嚇として用いようとするような意図は、幕人にはなかった。幕人は、かかる政略を弄するには、あまりにも正直で、あまりにもつつましやかであった。だから宮廷人から攘夷の如き無法なことを強要せられても、国内の政務については、列国と親交を結んでいる新情勢に適応する施政をしなければならぬことを、将軍の名によって官僚に訓示し、外国に対しては、どこまでも条約上の義務を守り、また留学生をオランダに派遣したのでも知られる如く、西洋の文明を摂取するための用意を怠らず、これらの点においては、決して宮廷人の意を迎えるような態度をとらなかった。国内においては種々の事情が紛糾して幕府の権威が傷つけられても、外国に対しては幕府は日本の政府としてすべきことをしていたのである。

のみならず、国内においても騒ぎ立てるのは、志士または浪人と称せられている暴徒と、野心ある外様大名と、それらに利用せられている一部の宮廷人と、だけであって、彼らが勅命を名として幕府に臨んだために、幕府はその名に圧せられたのであった。その実、いわゆる勅命は天皇の御意志でなかったことが、今日ではよく知られている。またよし御意志であったとするにしても、日本の政府としての幕府はそれを顧慮すべきではなかったのである。天皇に対してその非なることを諫奏すべきであったという考え方もあるようであるが、諫奏してその御意向を改められんことを欲するのは、宮廷と政府とを厳に区別してあり、一切の政務を委任せられている幕府のとるべきことではない。天皇の御意志の改まらんことを期待してそのために何らかの方策を講じようとするのは、天皇を政治上に責任のある地位に置こうとするものに他ならず、その意味において尊王論者の主張と同じであるからである。

しかし幕府が上記の態度をとったに乗じて、浪人輩及び彼らに煽動せられている一部の宮廷人は、幕府与しやすしと見て、ますます攻勢を強めてきた。宮廷人の間にも王政復古を口にするものが生じた。志士の徒・浪人の輩は種々の方面でますます凶暴を逞しくし、明らかに幕府打倒の意を示して憚らないものも現われた。こうなると政事総裁のシュンガクも黙視することができず、宮廷が政治を幕府に委任することを改めて明示するにあらざれば、幕府は政権を奉還するだけの決意をもたねばならぬ、といい、またいまの状態ではその職を辞せられる他はないと将軍に勧告した、と伝えられている。将軍の職を辞するというのが政権奉還の義であるかどうかは知りがたいし、これらの伝説がよし事実を語ったものとして信じ得られるにもせよ、シュンガクの真意がどこにあったかもまた問題であるが、ともかくもかなり強硬な言辞が用いられたではあろう。ケイキが主上に拝謁して親しく万事委任の勅命を拝したのは、これと関連のあることであったらしい。ただこの詔命には攘夷はせよということが伴っていたから、文字通りの万事委任ではなく、そこに曖昧な点があった。むしろ詔命そのものが矛盾を含んでいるものであった。宮廷人の間に存する攘夷論者を抑えきれない宮廷の悩みが、それに現われていたのであろうか。これは文久三年の春のことである。

けれども一部の宮廷人は委任の詔命の下されたのを喜ばず、チョウシュウ侯の勢力に支持せられている浪人輩とともに、主上を擁し、攘夷の名によって事を起こそうと画策した（宮廷人はおのれみずからに力がないから、諸侯の力によって何事かをしようとする。ところが野心ある諸侯は実は逆に浪士をも宮廷人をも利用せんとする。そうしてその浪士はまた宮廷人を利用せんとする。宮廷人の幕府に対する態度には、いままで強い力をもっている幕府に制圧せられていたと思っていたのが、幕府を弱いと見るところから逆にそれを制圧しようとする気分があるが、それが彼らの浪士や諸侯に利用せられる所以である。王政復古を叫ぶものにはこういうような心理がはたらいていることを、知らねばならぬ)。

ところが幕府においては、要路に立つ有司からも、将軍に対して、あるいは攘夷論をもって宮廷人を煽動するものに対して厳格なる処置をすべきこと、あるいは宮廷から攘夷を強要せられるならば将軍は職を辞せらるべきことを進言し、次いで閣老オガサワラ・ナガミチは一種のクーデターを行なって宮廷を粛清しようとして、兵を率いて上京したが、いずれも実現ができなかった。しかしチョウシュウ侯の勢力を背景にしている浪士輩《ばら》と一部の宮廷人との行動はますます陰険になり、過激になり、勅を矯《た》め主上を欺き、攘夷のための親征という名によって幕府打倒の兵を挙げようとするに至ったので、皇族及び宮廷の首脳部はこの状態を憂えて宮廷の刷新を企て、京都守護職であるアイヅ侯マツダイラ・カタモリ(松平容保)の力によって行なわれたクーデターによって、一部の宮廷人とチョウシュウの勢力とは宮廷から排除せられた。いわゆる七卿がチョウシュウに逃竄《とうざん》したのは、このときのことである。そうして主上は、「近頃勅諚として宮廷から世に発表せられたものは、我が意から出たものでない」と仰せられた。宮廷はかくて一たび粛清せられたのである。浪人輩が起こし一部の宮廷人のそれに利用せられたヤマト(大和)及びタジマ(但馬)の兵乱も平定せられた。

ここで注意すべきは、尊王の志士といわれたものや王政復古を主張した一部の宮廷人は、その行動から見ると、皇室に対する尊重の念をもっていたとは思われない、ということである。敬虔の情に至ってはなおさらである。彼らがその主張によって幕府を牽制せんとするに当たり、叡慮勅諚などの名をかりたのは、安政の頃からのことであり、文久二年のにもそれがあるが、これは彼らが主上を利用したものというべきである。このとき勅使オオハラ・シゲトミ（大原重徳）が、エドにおいてチョウシュウ侯の世子のもたらし来たった勅諚の文字を（＊同行の久光に遠慮して）秘かに書き換えて幕府に提出したことがあるが、これは宮廷人の勅諚というものに対する態度を示すものであろう。幕府に伝達せられた勅諚の主旨を幾らの時日も経たぬうちに変更して幕府に迫ったり、攘夷を強要するために、叡慮は「皇国を焦土に致し候とも厭わぬ」御決意であるといったり、そういうことをしたのも、勅諚を秘かに改めたのと同じである。皇国焦土云々が主上の仰せらるべきことばでないことは、いうまでもあるまい。

浪人輩に至っては、御製や勅書を偽作して流布したことが少なくなかったらしく、真偽不明の勅書というものを彼らがもち歩いたことを、チクゼン（筑前）侯が明白にいっている。虚説を構造して宣伝の用としたのと同じ心理からであろうが、尊王を標榜しているものがこうして主上の名を利用したことは、見逃せない。幕府を倒すためには如何なる凶行をしてもよく、王政復古のためにはこういうことをするのも当然だ、というのであったろう。

宮廷人や浪人輩ばかりではない。シマヅやモウリ（毛利）の諸侯とても、また同様である。シマヅ・ヒサミツは当時明らかに開国の当然であることを知っていたが、勅使のもたらした攘夷の詔命については黙して語らなかった。この狡猾な態度は、直言すれば、主上を欺いていたのである。攘夷論を高唱して一部の宮廷人や浪士輩の策謀の本拠となっていたチョウシュウ藩が、外艦と戦って敗れたときの降伏の辞に、チョウシュウは外国に何の恨みもないが、宮廷と幕府との命によって外艦を砲撃したのだといっているのは、宮廷を動かして攘夷の令を発せしめた自己の責を、宮廷（と幕府と）に転嫁したものである。のみならず、攘夷を標榜しつつその家臣をイギリスに留学させたのを見ると、攘夷論の主張そのことに宮廷を欺瞞する意味が含まれていたといってもよいかもしれぬ。この頃に攘夷を主張していたものには、そのことの非理と不可能とを知りつつ、幕府を攻撃するために、または俗衆に非難せられることを恐れて、なおそれを口にするものがあったので、宮廷人にも浪人輩にもそれがあったが、しかしまた無知であり頑冥であるがためにその可能を信じ素朴な気分でそれを主張していたものもあって、その間の関係はかなり曖昧でもあり入り組んでもいるから、チョウシュウの攘夷論を単純にこう評してよいかどうかも問題であるが、こういう見解も成り立つではあろう。浪人輩や宮廷人とても、宮廷の名を利用したことは同様である。

こういう情勢の下における政局の推移はかなり複雑であった。政治は幕府に委任せられたことになってはいるが、宮廷の命でシュンガク、シマヅ、及びヤマノウチ・ヨウドウなどの五人の有力な藩主またはその藩の実権を握っているもの（シュンガクの他の四人はみな外様）が招集せられた如きは、宮廷みずから委任の叡慮に背くことを行なったものである。なお宮廷人の間には粛清（＊八月十八日の政変）の一たび行なわれた後になっても、王政復古を主張するものがあった。しかし主上は王政復古の如きことを欲せられず、万機はどこまでも幕府に委任せられる御考えであったことが、当時の宸翰《しんかん》によって明らかに知られる。特に主上はアイヅ侯カタモリを厚く信任せられ、御内書を賜わってその意を示された。カタモリは感激してそれを拝受するとともに、

孝明天皇

政治上重要なる意見を内奏した。その要点は、天下の万機はすべて幕府へ委任せられ、宮廷人は禁中の式事を行なうことのみをその職務とし、国事には一切携わらない方が皇国のためである、政令の二途に分かれないようにするにはこれより他に方法はない、というのである。ひと口にいうと、政府と宮廷とを厳に区別してあった幕府の旧来の慣習を、どこまでも守るべきであった、ということである。主上はそれを嘉納せられたに違いないと推察せられる。これは元治元年（一八六四年）の春のことである。前年に招集せられた五藩主は幾度かの会談を行ない、五人は政治に関する宮廷の議にも幕政にも与るべきことを主張し、宮廷は彼らに参与の職名を与えたので、もしそれが実行せられると幕政は宮廷と諸侯との干渉を受けることになるが、この会談も参与の職名も、この年になってから、何の効果をも見るに至らずして、いつとなく消滅した。

　この会談にはシマヅがおのずから主導権を握るようになり、シュンガクもそれに引きずられていたが、そのシマヅもそれ以上に力を揮うことができなかった。チョウシュウ侯が前年の勢力を回復して再び宮廷を圧せんがために、浪人の徒とも連絡しながら、重臣の指揮する有力な軍隊を上京させて、皇居及びキョウトの武力的占領を企て、いわゆる蛤御門の変を引き起こしてまた失敗したのも、当時の情勢を知るに足るものである。ただこのとき、サツマ人がアイヅ人を主とする皇居の防衛軍に参加し、それがチョウシュウ兵敗衄《はいじく》の一つの力となったことは、注意せらるべきである。チョウシュウ侯はこの事件のために朝敵とせられ、罪を謝して幕府の征討軍に降伏した。

けれども、これは必ずしも宮廷と幕府との間柄が十分に融和したことを示すものでもなく、また幕府がその権威を立て直したことを証するものでもなかった。閣老の一人は、天下の形勢を考えるに幕府はもはや長くその地位を維持することはできまいと思われる、しかし決めることは決めねばならず、それで倒れるならむしろ本望である、と語ったと伝えられている。事実、幕府の障害は相次いで起こってくる。そうしてそれには宮廷の関与するところがある。チョウシュウ人の間には、藩政府が幕府に降伏したことを喜ばず、どこまでも幕府に対抗せんとして、それがために種々の行動を起こすものがある。こういう形勢の下においては、幕府は手を拱いてその成り行きに任せていることはできぬ。チョウシュウの再征はここにおいて企てられた。幕府に反抗するチョウシュウ侯に一大鉄槌を下して幕府の権威を固めようとしたのである。慶応元年（一八六五年）の初めのことである。

このことについて宮廷が幕府に対し指令めいた勅諚を下したために、幕府では万事委任の主旨に背くといって抗議したので、宮廷がそれを撤回したことがあったが、これにも幕政の障害の一つが現われていた。ところが軍事がまだ緒につかないうちに、外交問題がまた起こって幕府を悩ました。各国公使が共同して軍艦をオオサカ湾に進め、ヒョウゴ（兵庫）の開港を迫ったのである。

このとき宮廷ではこのことに関する幕府の二閣老の処置が宜しきを失したというので、宮廷の命令によって職務を免じ官位を奪った。宮廷は幕府の閣員の任免権をみずからもっているが如き行動をしたのである。その通知が幕府に達したので、かくては将軍（＊家茂）は辞職する他はないということになり、宮廷に辞表を提出してケイキを後任とせられんことを請うとともに、幕府が諸外国と締結した条約を勅許せられることが必要である理由を詳説した文書をそれに添付した。宮廷では大いに驚いて善後策を講ずるとともに、在京の諸藩士を召集して条約問題についての意見を徴したが、その結果、遂に幕府の主張に従って条約は勅許せられることになった。将軍は宮廷の慰諭《いゆ》に応じて辞表を撤回したが、閣老の罷免事件はそのままにせられた。列国の強硬策と、間接にはそれに誘発せられたところのある幕府の一種の決意とが、多年にわたって日本の政府としての幕府の定めた国策の実現を妨げ民心を擾乱させ、それによって国家の不利を招いた攘夷の思想を、宮廷から一掃したのである。

ただこの勅許にはヒョウゴ開港の一事が除外せられているし、また条約には改訂を要するところがあるという条件がつけられたので、そこになお問題の残されているところがあるが、これは国際条約というものの性質を解しない宮廷人と、それを主張したと考えられるサツマ藩士との、浅見の致すところであった。

けれども概観すれば、安政五年の締結以来、事実としては実施せられていて、対外的にも効力をもっている条約が、国内に対しては、このとき初めて宮廷によって承認せられたことになったのである。実は、宮廷の態度如何にかかわらず条約は実施せられていて、列国に対しても国内においてもそれは十分にはたらいているから、宮廷人の独りよがりの心情を慰めただけのことである。

しかしまた幕府についていうと、この間、幕府の首脳部は、イイの誤った態度を継承してそれを改めなかったのと、儒者風の名分論に迷わされて皇室尊崇の道徳的心情と政府としての責務を全くすることとの限界を立てることができなかったのとのために、宮廷に対してその所信を率直に披瀝することをせず、なお武人政治の因襲的な欠点ではあるけれども、国民に対し、日本の国家の進むべき針路を明示してそれを理解させようとする努力をせず、これらの点において叡智と勇気とを欠いてもいたため、識見に富んだ諸有司が幾度か、また種々の方面から進言したにかかわらず、明快な処置をすることができなかったのを、ここに至って初めて列国の間に立って日本の国家の進むべき正常な道に立ち帰ったのだともいわばいわれよう。これは勿論、困難に処しながら事実において行なってきた十余年にわたる幕府の外交上の施政と事業とが、知らず知らずの間に国民の知見を養ってきたためであるが、チョウシュウ及びサツマにおける外戦の経験にも助けられて、一般的に海外に関する知識の加わってきたからでもある。

しかし長い間の国内の騒擾の根本であった外交問題が、幕府の閣老の任免権に関する宮廷との紛議を通して、また直接にも公式的にも宮廷と交渉をもつようになった諸藩士の意向によって解決せられたことは、幕府の権威の失墜を証するものではあった。日本の政府としての幕府の任務である外交が宮廷の許容を待って初めて公認せられ、そうしてその宮廷の背後に諸藩の力、むしろ諸藩士の力が存在したとすれば、それは幕府が政府としての権威を失ったことを示すものだからである。万機は幕府に委任せられるという宮廷の方針は、事実上かくして放棄せられたのである。が、それはまた宮廷に権威のないことを明示するものでもあった。宮廷は諸藩士の力によらねば、これだけのこともできなかったからである。これまで宮廷を動かしてきた浪人輩の活動は、諸藩とその藩士とのに吸収せられまたはその支配下に置かれるようになったのである。

もっともこういうのは、一面においては、後からの観察であり、一種の推論にとどまることでもあって、幕政の現実は必ずしもさほどに壊頽《かいたい》してはいない。将軍は薨じてもケイキが職を嗣《つ》いで、宮廷のそれを遇することは従来の例と異ならず、慶応三年にはその奏請により、やはり諸藩の意向を聞いた上でのことながら、宮廷は前年の勅許において除外せられたヒョウゴの開港を承認し、付けられた条約改訂の条件を撤回した。幕府はその前後から、新たなる構想によって対外的に活発な動きを見せるとともに、西洋の文明を摂取せんとする態度を事実によって明らかにした。幕府の外交はかくして他の牽制を受けることなく、自由に行なわれるようになった。この意味においては、万機の幕府への委任が、外政に関する限り、事実上行なわれたのである。

けれどもまた別の方面を見ると、幕府の勢力の衰頽が当時の現実の情勢によって示されてもくる。幕府のチョウシュウ再征を非とする諸侯があり、サツマの如きは、再征軍に参加すべき幕府の命を奉じないことを公然表明しているのみならず、裏面においてチョウシュウとの連合が両藩の藩士の策動によって漸次形成せられてゆくし、戦闘においてはチョウシュウ軍の勢力が有利に展開し、付近の藩国にはそれぞれに圧迫せられそれぞれに追従するものも生ずる。だから、少なくとも関西方面には幕府の威令の行なわれないところがあちこちにあり、この意味で日本の統一が失われ戦国割拠の形勢が再現したといってよいような形勢になった。

また外交に関しては、内地でも海外でも、サツマが種々の陰険な策動を行なって幕府及びそれによって代表せられている日本の権威を傷つけることが多かった。サツマは封建諸侯としての地位と勢力とを利用して、ほしいままに外国と直接の交渉を行ない、または行なわんとし、政府としての幕府のもっている外交権を害し、日本の国家の外交を撹乱しようとしたのみならず延いては国家の統一をこの側面から破り、戦国的状態を実現させようとしたのである。この頃になると、幕府打倒運動の主位に立つものはサツマであった。

宮廷においても、人々の意向は常に一致を欠いていて、そのうちにはチョウシュウに同情するものもあり、また首脳部の勢力にも動揺があって幕府に対する態度にもそれが現われていたが、慶応二年の歳末における主上の崩御は一層それを甚だしくした。宮廷人の一部に浸潤してきたサツマの勢力が、それによって盛んな活動をするようになり、またそれを通してチョウシュウの力もはたらくことになる。そうしてこの薩長と密接に結びついた幾人かの宮廷人が宮廷の新勢力として現われてきた。

ところが幕府においては、みずから政務を主宰している将軍ケイキが、賢明ではあるが、勇気と気魄と忍耐とに欠けたところのあるその性質と、前将軍の補佐としてのその経歴とから、紛糾せる時局に処してトクガワ氏の権威を維持してゆくには困難なところがあるのと、閣老に力強く将軍を補佐するほどのものがないのと、親藩の間にも往々感情の疎隔があるのと、また西国の諸侯に幕府の命を奉ぜざるものが生じたのと、これらの事情のために、将軍は上記の如き宮廷の情勢を明らかに察知するに至らず、宮廷の命によって召集せられた諸侯を指導することもできず、サツマの兵が入京するのを阻止する力すらなかった。そうしてかえって宮廷に勢力を得た一部の宮廷人と薩長との行動に抑制せられ引きずられてゆくのであった。これらは究極するところ封建制度とその上に立つ幕府そのものの本質とに由来があるが、直接には十余年来宮廷の名を利用して幕府を倒そうとした浪人輩志士輩の行動の効果であるので、薩長の勢力は要するにそれがこの二藩の下に吸収せられ組織せられたものであり、その継続である。そうしてそこにまた幕府の立っている武士制度のはたらきもあるのである。

武力的討伐による幕府打倒と幕府の政権奉還との相反する二つの運動が、一つは楽屋での秘密計画として、一つは舞台上の演奏として、相伴って行なわれることになったのはこういう情勢のためであって、後の方のは前の方のような事態が起こって、そこから大乱の生ずるのをあらかじめ防ごうとしたのだと伝えられている。国民の心あるものは、この奇怪な現象が、同じく王政復古の旗幟《きし》を掲げて世に現われたのに驚かされ、如何にそれに処すべきかに困惑した。また幕府にとっては、十余年の前に日本の政府の責務として新たに定めた国策が、多年の擾乱を経た後、いま初めて実現の機を得て、困難を期しながらも希望の光を前途に認めようとしたときに当たり、かえって急にその地位を失わんとするに至ったことには、無限の感慨があろう。宮廷とてもまた、ここまで追い詰められてきた時運の大勢を、明らかに意識しなかったに違いない。ここに叙述したのは、その経過の大要であるが、次にはかかる経過をたどって行なわれるようになったこの変革の思想的意義とその効果とを考えてみよう。

二

トクガワ氏の政権奉還は、当時における王政復古の主張と関連して行なわれたのであるが、王政復古という語は、文久三年の頃からは、宮廷人も、シマヅの如き当時特殊の地位にあった大名も用いるようになり、主上の宸翰にも現われている。そうしてそれは政権を幕府に委任することに対立する意義をもつものであるが、主上はかかる王政復古を好まれず、皇族も宮廷の首脳部にあるものも、それを現実の情勢に適応しないことと思っていた。しかし尊王家をもってみずから任ずる浪人輩や志士の徒の間には、その前年から既に幕府の武力的討伐を画策するものがあったから、この語もまた彼らと彼らに煽動せられ利用せられた一部の宮廷人とによって既に用いられていた、と推測せられる。

この頃では王政復古の実現には幕府の討伐を要するものとせられ、三百年近くもの間委任せられてきた政権を将軍みずから奉還することによって行なわれる、というようなことは、考えられていなかった。その頃公武合体という語によって表現せられていた時務策が、浪人輩及びそれと気脈を通じまたは行動をともにしていたチョウシュウまたはサツマの策士によって排斥せられていたのも、王政復古と幕府討伐とが同じことのように考えられていたからであろう。公武合体論はむしろ政権奉還に一筋の糸を引くものと見られる（オオクボ・イチオウが政権を奉還せよといったのは、その成り行きとして王政復古の行なわれることを予想してであったかどうか、明らかでない)。だから慶応三年十月に至り将軍が宮廷に対して奉還の意を表明し、それを奏請したのは、宮廷人においても多くは意想外のこととして感ぜられたであろう。それと相並んで幕府討伐の陰謀が薩長二藩の策士と一部の宮廷人との間に行なわれ、奉還の奏請とほぼ同時に討幕の密勅が二藩に下されたのはこれがためである。

実は将軍のこの奏請は、薩長に討幕の計画のあることを察知し、日本の平和のためにそれを阻止せんとして、トサのヤマノウチ・ヨウドウから将軍に勧告したことによって、行なわれたのである。しかし武力的討伐による幕府の打倒が王政復古を実現する方法とせられたことについては、次のことをも考えてみるべきであろう。

王政復古という概念は、思想的には、儒教の名分論と、一種の神国主義と、武門政治の否定とを基調とするものであり、従って最初にその主張の目標とせられたのは、武家がまだ政権を握るようにならなかった王朝時代、即ちいわゆる公家政治の時代への復帰であって、攘夷論が起こらなかった頃の勤王論者に思い浮かべられたのはそれであった。しかしどうしてそれを実現するかは、具体的には何人にも思慮せられなかった。もし強いてそれを求めるならば、公家（宮廷人）が学を磨き徳を修めることによっておのずからそういう時が来る、という説の如きを挙げるべきであろう。政権を失ったのは公家であるから、公家の力でそれを取り戻すべきである、というのであるらしい。が、これは実は、君主が徳を修め古の道を行なえば天下が平かになる、という儒教の君主道徳説の少しく形を変えたまでのものである。こういう王政復古が単なる夢想であることはいうまでもあるまい。

ところが攘夷論が盛んになって、それが尊（勤）王論と結びつき、幕府の立てた国策に反対してその行動を罪悪視するものが生じ、一般に人気《じんき》が荒々しくなって、いわゆる志士や浪人の徒がほしいままな「実力行使」をするようになると、彼らは一たびカマクラ（鎌倉）の武家政府を討滅した建武の業を想起し、さらに新たな京の武家政府を倒そうとした南朝側の武士の行動を模倣しようとするに至った。武力によってエドの幕府を倒し、それによって王政を復興しようとするようになったのである。しかしこの場合に復活すべきものとしてのいわゆる王政は、王朝時代のそれであったかどうか。もし建武の政治に関する知識を討幕の主張者が幾らかでももっていたとするならば、そうは単純に推測しがたい。それよりもむしろ幕府に代わって宮廷がみずから政権を行なうもの、いい換えると宮廷が幕府の地位をも併せもち、その点では武人を統制して幕府の執った如き政務をも執るもの、即ち武門政治をその一要素として包含するもの、として考えていたのではあるまいか。しかし彼らが建武の政治に関する知識をどれだけもっていたかわからぬから、この推測は当たらぬかもしれぬ。

なお最後に宣伝せられたらしいのは、神武創業の昔に返れという標語である。これにもあるいは武力的討伐の意が託せられているかとも思われるが、それよりも復古の「古」を遠く建国の初めにまで遡らせて、あらゆるものを創始しようとする意気を示そうとするところに、主旨があったであろうか。そうしてそれには、あるいは一部の国学者の思想の影響が認められるかもしれぬ。ただそれが何らの具体性のないものであることは、初期の思想と同じである。

こう見てくると、王政復古の実現について具体的な方法の考えられていたのは、ただ建武の事業の再興があるのみである。けれどもこの方法は冷静な思慮によって案出せられたものではなくして、志士の輩・浪人の徒が、権謀術数を行なうを憚らず、みだりに凶器を弄してしばしば残虐の行をなす彼らの習気から、王政復古のために幕府を討伐しようとするに当たり、建武の事変を想起してそれを模範とすることを辞柄《じへい》（＊口実）とし、あるいは彼らみずからの兵を用いんとする心事をそれに仮託したまでのものではなかろうか。南朝の失敗の歴史が彼らの行動の反省の資とならなかったらしいことも、またこの推測を助けるものと見られよう。このことは、一部の宮廷人と結託した薩長の策士の企てた幕府討伐の計画とその実行の跡とによって、明らかに知ることができる。宮廷人を利用しおのれらの主張を宣伝しまたは実現させるために詔勅の名をかりることも、おのれらの敵視するものをほしいままに賊と呼びなすことも、鳳輦を地方に誘い出すことまたは叡山行幸（＊吉田松陰の発意）を計画したのも、皇居及びキョウトの武力的占領を行なうことも、次にいうように幕府を責めるに誣妄《ふもう》（＊作りごと）の言をもってすることも、みな文久・元治の頃における浪人輩及びそれを使役しまたは支持したチョウシュウ人の企て、またはいいふらし、または行なったことであり、その中には浪人輩が安政の末年に早く既にそれを思いついたこともある。あるいはまた地方に兵乱を起こさせようとしたことも、エドの藩邸で暴徒を使用して市民を騒がせたサツマ人の行動も、早くから浪人輩の実行しまたは計画したことである。

　さらにいおうなら、トバ・フシミに幕兵を要撃したことは、浪人輩が個人的に暗殺や残酷な私刑を行なったのと同じ精神の現われではないか。一方では将軍の罪悪を責めてそれを極悪無道の賊となし、そのために幕府討伐の密勅というものを薩長の二藩主に下し、それに応ずるための軍事行動を起こしながら、他方ではそれと同時に将軍の政権奉還の奏請を容れ、それに対して優詔を下すが如き権謀を行なったのも、また浪人輩の行動または彼らの種々の企ての常とするところであった。薩長の策士が、おのれらの構想しおのれらの主張を内容とした詔勅をおのれらの藩主に賜わる、という形をとって軍事行動を起こそうとするに至っては、世を欺き人を欺くことの大なるものであるが、これもまた攘夷に関し浪人輩と連絡してチョウシュウ人の既に行なったことである。志士の徒・浪人の輩は薩長人の権力下に吸収せられたと上にいっておいたが、その行動もまた薩長人によって継承せられたのである。

ここまでいってきたついでに討幕の密勅の内容における欺瞞性について一言を付加しておこう。その勅語には、ケイキが「妄りに忠良を賊害し、しばしば王命を棄絶し、遂に先帝の詔を矯めて懼《おそ》れず、万民を溝壑《こうがく》に擠《お》れて（＊野垂れ死にさせて）顧みず、罪悪至るところ神州将に傾覆せんとす」とある。何の必要があってか、これは漢文で書いてあって、その点で文久二年の幕府に対する詔命と同じであるが、内容にもまたそれから継承せられたところがある。漢文にありがちの甚だしき誇張の言や空疎な文字のあることはしばらく措いて問わぬにしても、先帝の詔を矯めたというのは何事を指すのか。そういう事実はケイキは勿論、幕府には豪末もなかったから、これは全くの誣妄の言であるのみならず、それはかえって志士輩浪人輩、従ってまた文久三年頃から後のチョウシュウ人にこそ、適切に当てはまることである。また王命を棄絶したというのが、もし幕府が外国条約の不承認もしくは攘夷という宮廷の意向に従わなかったことをいうのならば、その意向は、後になって宮廷みずからがそれを改め、条約を承認して、幕府の定めた国策に従わねばならなかったほどに不法非理なものであり、日本の国運の発展を阻害するものでもあったから、従わなかったことは日本の国家にとって幕府の功績であるはずである。なお討幕はもとよりのこと、王政復古とても先帝の叡慮には全くなかったことであり、それに背くことでもあるから、今上《きんじょう》（＊明治天皇）の詔勅が先帝の遺志を継承せられたものとして世に示されたとする以上（密勅には、ケイキを討つのは先帝の霊に謝する道であるようにいってあるが、これはこの意義のことと解せられる）、この密勅そのものが実は先帝の詔を矯めたものである、といっても誤りではあるまい。

さすれば、密勅の内容は真偽是非を顛倒《てんとう》したものであり、多年浪人輩の宣伝してきたことをそのまま繰り返したに過ぎないものであって、忠良を賊害したというのも、凶行をほしいままにし国家の秩序を乱した彼らを幕府が処罰したことをいったものと解せられ、従って彼ら凶悪の徒を忠良として賞揚したものである。要するにこの密勅は幕府を討伐する辞柄として甚だしき誣妄の言を連ねたものであるが、詔勅の名によってかかるものの発せられたのは、今日から考えると驚くべきことである。しかし文久二年の幕府に下された詔命にもほぼ同じようなことが含まれていたことを思うと、浪人輩志士輩の心術態度を継承した薩長の策士が一部の宮廷人と結託してかかることをしたのは、怪しむに足らないでもあろう。

反幕府的行動をとるものによってそれに類することのしばしば行なわれたのが、当時の状態であった。ただ詔勅としてはあるべからざるかかる誣妄の言を詔勅の名によって示すことが、王政を復活するに必要であったとするならば、かかる方法による王政復古には、初めから濃き暗影が伴っていたに違いない。あるいは不純な分子が含まれていたとしなければならぬ。もう一歩進んでいうと、王政復古はかえって幕府討伐の名義とせられたようにさえ見えるのである。

ところが討幕の兵を起こそうとした薩長二藩の策士の計画のうちには、やはり浪人輩の行動を継承した建武のときのの模倣が含まれている。叡山行幸の企てがそれであり、討幕軍の起こされてから皇族がその将軍とせられ、宮廷人が地方に派遣せられ、天皇の親征の声明せられたことも、また同様である。もっとも叡山行幸の企ては僧徒を頼るためではなくして、敗戦の場合を慮って京地を避けられるようにしたためであり、主上の御考えから出たことではなくして、薩長人の計画したことであるし、皇族や宮廷人の上記の任務も単なる名義上のことであるが、ともかくもその形跡は似ているので、その点に模倣の意味がある。密勅を地方の武士に下されたことも、また建武のときのの再演といい得られよう。根本的には、トクガワ幕府に対する武力的討伐によって王政復古を行なおうとすることが、建武の例に従ったものだ、と見てもよかろう。しかしそれは、あるいは根本の方針、あるいは表面に現われた形跡だけのことである。ただその形跡を模倣したのが、彼らが、浪人輩とともに、クスノキ（楠木正成）やニッタ（新田義貞）の如き勤王の士をもってみずから任じた（あるいはむしろみずから欺いた）ことを示すものではあったろう。

けれども彼らが復活しようとした王政の如何なるものであるか、いい換えると彼らが幕府を討滅し得た後に王政の名によって如何なる政治形態を現出させようと企てていたかは、明らかでない。事実、討伐が果たして実現せられるかどうかの確かに予知せられない前においては、そういうことは具体的には考えがたかったでもあろう。ただ漠然ながら天皇親政の形をとろうとしたことだけは、叡慮に仮託し勅命の名をかりて事をしようとした浪人輩の態度からも、密勅を下すという謀略を用いたことからも、ほぼ推測せられよう。そうしてこのことについては、政権奉還の側面からかえって重要な意見が提出せられている。それは将軍ケイキの政権奉還を奏請する文書（＊大政奉還上表）に記されていることである。

この文書にはまず、王綱の弛緩《しかん》したのは、昔相家（＊藤原氏）が権を執ったに始まったとし、その後政権が武門に移ったことと、トクガワ氏の祖先が政権の委任を受けてそれが子孫に伝えられてきたことをいってある。委任を受けたとは書いてないが、奉還の語の用いてあることから、そう解せられる。王政復古という文字も見えないが、ヨウドウの奉還の勧告書には明らかにそういってあるから、その勧告に従ったケイキの奉還には王政復古の意味が含まれているものと見なされる。

ところで、ここに注意すべきは、初めの頃の勤王論者が武家政治の前の公家政治に復帰することを主張したのとは違って、この文書ではその公家政治をも非としていることである。しかし建武の政の如きことの再現を望んでもいないことは、建武の政治の一要素としてそれに包含せられていた幕府政治即ち武門政治の精神を非としたことから知られる。従ってこれは宮廷が幕府に代わり、武人政府である幕府の地位をも併せもつことを、非としたものである。そうして、公家が政権を握ったことも武人がそういう地位に立ったことも、ともに非とする考え方には、政権奉還の後に、当時の宮廷人が政局に当たるようになり、または武人である諸侯や同じく武人であるその藩士の輩やが政府の要地を占めるようになることを望まない、という意向の潜在することが、推知せられるのではあるまいか。少なくともこの二つが我々には連想せられるようである。ケイキがそういうことを明らかに意識していたかどうかは知らぬが、文書の内容と当時の情勢とを対照して観察すると、こういう解釈ができないでもなかろう。しからばケイキはどういう政治形態の樹立されることを欲したであろうかというと、それを考えるにはヨウドウの勧告書（＊起草者は後藤象二郎）に記されていることが、重要なる資料となる。

この勧告書には、「天下の大政を議定する全権は朝廷にあり」というとともに、「一切万機必ず京師の議政所より出づべし」といってある。この二項がどう関係するかは明らかでないが、当時の人の考え方は全体に粗笨《そほん》であり、従ってその表現も今人から見ると曖昧なところが多いから、この場合でも、前の方のは王政の意を述べたもの、後の方のは政務はすべて議政所の議決による同意を要する、というのであって、両方を併せ考えると、議政所の議決したものを「朝廷」で裁可し執行する、ということらしい。王政復古は天皇の親政に復することではあろうが、その親政は無条件なものではなく、国民全体の意向に従って行なうべきだ、というところに、「古」にはなかった新しい意義が加わっていて、その点では「復古」ではないことになる。ここに国民全体といったのは、議政所について「上下《しょうか》を分ち、議事官は上公卿より下陪臣庶民に至るまで正明純良の士を選挙すべし」と記されているからである。

ところで、議政所というものはヨーロッパやアメリカの立憲政治の機関としての議院に関する貧弱な、また誤解の伴っている知識によって思い浮かべられたものであって、そういう知識を日本人がもつようになった径路については、既に憲法史家ともいうべき学者によって研究せられている。ところがこういう知識の歓迎せられたのは、一つは、外交問題が初めて起こったときにアベ閣老が諸侯に意見を徴した如く、事に臨んで衆議を聞くとか衆知を集めるとかいう漠然たる考えが早くからあったのみならず、文久の頃からは、幕府を牽制せんがために、列藩並びに草莽の士の意見を聞き天下の公論に従え、という声が浪人などの間から盛んに起こり、それに刺激せられてか、将軍は諸侯及び宮廷人と会合して国事を議せよ、ということが宮廷から詔命の名によって幕府に伝えられたり、宮廷の召集によって四、五の有力諸侯の会談が行なわれたり、後には外交問題に関し諸藩士を宮中に召して意見を聞いたり、そういうことが行なわれたとともに、一般に公議公論という語がいいはやされたことが、誘因となったらしい。もっと遡ってみるならば、幕政、または幕府の容認した制度・風習には、民主的または自治的ともいうべきもの、または会議制・選挙制などのあったことが考えられるが、いまはそこまでいうには及ぶまい。勿論、アベのときのは、幕府の参考に資するため、諸侯に文書で意見を具申させたのであって、会議を開いたのではない。後の有力諸侯の会談は幕政改革についての意見を求めるためのものであったが、それも単なる会談であって、一定の方法によって決議の行なわれる会議ではなく、従ってそれは、そのうちの有力者または野心家に引きずられるか、しからざればまとまりのつかぬものになってしまうかだけのものであるし、またその諸侯の選定にも何らの規準がなく、召集者の恣意に出たものである。だからこれらは立憲政治における議会とは似もつかぬものであり、ただ衆知を集めるという主旨または政府を抑制せんとする意向に、一脈の通ずるところがあるのみであった。

しかしオオクボ・イチオウが文久の頃に既に公議所の設置を考え、慶応になってから中央に大公議会を地方に小公議会を開くべきことを主張し、幾らかはその会議法にも触れているのは、ヨーロッパなどの議会に関する知識によったものであろう。その他にもこれに似た私案をもっているものはあった。これらが当時において実行し得られるものであったかどうかは、問題であり、オオクボのいっている大小公議会というものが封建制度の下においてどうして構成せられるかも疑わしいことであるが、ともかくも慶応三年の頃にはこういう風潮があったので、将軍ケイキもそれに関心をもち、ニシ・アマネに西洋の憲法政治について諮詢したこともある。ヨウドウの政権奉還の勧告に従ったことには、このことも思慮せられたと解せられる。

こう考えると、奉還奏請の文書に現われている王政の意義が上記の如きものであったことはここからも推測せられるので、形式上の規定として天皇の親政が考えられてはいたであろうが、その親政は事実においては専制的のものではなく、国民の意向に従うことがその条件とせられたものであったろう。文書に「天下の公議を尽くし聖断を仰いで同心協力皇国を保護する」といってあるのは、公議の語の意義が曖昧ではあるが、このことを示すものとして解せられよう。

ただこういう条件がつけられ、公議所の議決または公議が重んぜられるとすれば、それは天皇のはたらきを制限することになるが、そういう制度が普通の用語例における親政、また王政復古という場合の王政であるのか。よしそう解することができるとしても、宮廷人や復古を唱えたものがそれを承認するであろうか。なお公議所の組織などはおいおいに定められてゆくとしても、そういう機関によるものとは別に、あるいはその素地となるものとして、一般に公議または世論といわれるもののあることも考えられたであろうが、それが何によって知られるか、またそれが果たして正しいものであるかどうか。多数人のいうところによるということも考えられようが、そういうものは多くは付和雷同の声であり、従ってまたそれには取るに足らぬもの取るべからざるものが多いことは、今日でも明らかな事実である。当時においては、かつて浪人輩志士輩の相呼応して物騒がしく叫んでいたことが、彼らみずからの自称していた如く公論といい得られるものでなかったことは、ケイキの十分に知っていたことであろう。しかし当時においては、広い意義でいう公議と公議所の議決とが、漠然混同して考えられていたかもしれぬから、こういうことを考えるには及ばないでもあろうか。

なお上記の如くケイキが天下の公議をいい聖断を仰ぐをいい皇国の保護をいっていることにも問題がある。政権を奉還した後の彼にどういう職責または職権があるものとしてこういったのかが、わからないのである。将軍の地位と諸侯の首長として彼らを統御するその任務とは、依然として彼の手に残されていて、それによってこういうはたらきをすることができる、と考えたのではないかとも思われるが、政権をもたぬ将軍にどうしてこういうはたらきができるであろうか。実際の政情として、戦国的形勢の現われてきた当時においては、なおさらである。だからこの推測が当たっているかどうかは疑問である。そうして彼はまもなく将軍の職をも辞した。あるいは辞さなくてはならなくなった。政権の奉還とこの辞職との聴許せられた後になって、ケイキを新政府の要地に就かせようとする意見、または就くであろうという期待がある方面に生じたが、奉還の奏請に当たって彼がそういうことを予想してはいなかったろうし、よしその脳裏に何らかの漠然たる希望に似たものがあったとするにしても、それによって奏請の文書にあのようなことを記すはずはない。さすれば上記の疑問は依然として疑問である。政権奉還には少なくともこれらの点で、明快を欠くところがあったのではなかろうか。

しかしこれはむしろ当然のことであった。何よりも王政復古ということをいい始めたものの「古」が、事実上の存在としてのではなくして、思想上の仮構に過ぎないものであったから、この頃になって現状変革のための標語として盛んに用いられてきた王政も復古も、それによって具体的に如何なることが思い浮かべられていたかというと、それが一定してもいず明らかになってもいなかった。また復古ということが、もともと歴史の過程を無視した空虚な概念であって、決して実現し得られるものでないことを、当時の復古をいうものは明らかに認知していなかった。儒者が先王の道を何時でも行ない得るもののように説き、国学者のうちにそれを真似て、いまの世を上《かみ》つ代《よ》のさまに返すことがたやすくできる如くいうもののあったのが、復古の思想の発生と流行とを助けたかとも考えられるが、書物の中から取り出され書物の上で構想せられたこういう思想が実現すべからざるものであることは、いうまでもない。

公議所のこととても、書物から得た知識であることはこれと同様であるのみならず、何故に西洋において議院政治が行なわれるようになったか、また何故に議院の組織が当時我が国にも知られていたようなものになったかの歴史的由来を、それぞれの国民の民族生活、特に政治生活に徴して討尋し、そうしてそれが歴史を異にし従って政治の状態をも国民の生活感情をも異にする我が国において、特に当時の情勢において、行ない得られるかどうか、また行なうべきかどうかを考慮することをせず、現在の制度としての議院に関する極めて浅薄にしてまた僅少な知識によって、すぐにそれを模倣しようとしたものである。そうしてそれと関連させて国家の大事を決定しようとしたのは、今人にはむしろ滑稽にさえ感ぜられる。政権奉還に用意の足らぬこと主旨の明らかでないことの伴うのは、当然であろう。

もう一つ考うべきことがある。奉還奏請の文書に、「皇国時運の沿革を考へ」「朝権一途に出る」ことの必要を感じて奉還の決意をした、といってあるが、それには、相家や武門が政権を握ってから王政が衰えたという意味において、政治的には後世を衰頽の時代とする一種の歴史観と、宮廷と政府との分離している政治形態を非とする考えとが含まれている。これもまた一、二の学者の著述の中から得た誤った知識を強いて現実の状態に当てはめようとしたに過ぎないものであり、日本の政治におけるトクガワ幕府の国家に貢献した業績とその地位とを否認するものであるが、王政復古を実現させるべき立場に置かれたケイキがこういったのは、その意味においてやむを得ざることであったろう。ケイキは今日の形勢に至ったのは自己の薄徳の故であるといって、すべてを自己の責に帰しているが、これは一種の儀礼的言辞でもあるとともに、またそれをトクガワ氏歴代の将軍の責ではないとするのでもあろう。のみならず、「今日の形勢に至った」というのは、政権を奉還しなければならないような、切迫した状態になったという意義であろうから、こういういい方には、実は、奉還をすることがトクガワ氏の将軍としては欲するところでない、あるいは遺憾である、という気分が潜んでいよう。

しかしここに宮廷と政府との分離している政治形態を非とすると書いたのは、やや妥当でない書き方でもあるので、いわゆる朝権（政令の義であろう）の二途に分かれたのは、政府たる幕府またはかかる政治形態の責であるよりは、無責任の地位にあって政治に容喙しようとした宮廷の責であり、幕府は宮廷に対してこの形態の精神を貫徹することを憚った点にその責があるのみである。

宮廷は幕府の存立を認め、あるいはそれに依頼しながら、その幕府をして自己の命に従わしめようとしたが、これは幕府に国政に関し独自の識見をもって独自の国策を行なうことを許さず、従って幕府を無責任の地位に置こうとするものであるから、日本の政府として政治上の全責任に負うている幕府は、もとよりそれを欲しなかった。ただ宮廷の地位に対する道徳的感情がその態度を明らかにしかねていたのみである。けれども宮廷はどこまでも無責任の地位にい、そうしてそれでありながら、幕府に命令し、または幕府とは別に政治上の行動をした。政令はそのために二途に出ることになったのである。その責のあるところは明らかである、といわねばならぬ。けれども、ケイキがそうはいわなかったところに、あるいはそう明らかに考えなかったところに、彼の心情と当時の形勢とがあったと考えられる。宮廷と政府との分離している政治形態を非とするといったのは、ケイキのかかる心情を忖度しての言である。

最後にいうべきは、この奏請のうちで、外国との交際の日に盛んになった今日、政権の奉還によって日本の海外万国と並立すべき機運が進められることを信ずる旨の、明らかにしてあることである。これのみは、十余年の前から、いわれなき非難や攻撃や妨害を諸方面から受けながら、努力して事に当たり、そうしてともかくも列国の間における日本の独立国としての地位を明らかにし、さらに進んで広く世界に活動すべき素地を作った点において、そうしてまた、それを実現するに足る国民の能力と意気との養われたことには、トクガワ氏の治下に保たれた二百六十余年間の平和が与って力のある点において、そのトクガワ氏の最後の将軍が自信と誇りとをもって公言し得るところであった。これは文字の間から求めてきた知識ではなく、幕府の達識ある当局者の現実の事業と体験とが生み出したものであった。そうしてまたこれは決して復古ではなく、昔の王政には見ることのできないことであった。

将軍ケイキの政権奉還はこういうような意味のことと考えられる。彼がその決意をするまでに多くの思慮を費やし、シュンガク及びその他の要地にある諸侯などの意見をも聞いたことはいうまでもないが、王政復古によって世が平穏になる確信がもてないとともに、急迫した時勢は到底トクガワ氏の政権を維持してゆくに堪えないことをも知らねばならなかったので、遂にヨウドウの勧告に従ったのであろう。諸侯のうちには、いわゆる王朝以後の長年月の間に行なわれてきた時勢の変化を思わずして王政の復古を行なおうとすること、また軽々にヨーロッパの制度を模倣せんとすることに危惧の念を抱くものもあったが、これは当然であろう。ただ前の方のは何を王政とするかが明らかでないことにも、こういう憂慮の生ずる一理由があったらしい。一般の知識人においても、王政復古の声がしばしば耳に触れるようになった慶応の初年頃から、皇統の連綿たるは国政を武家に委任せられたからであるといい、または政権を皇室に帰するのは皇室を危うくするものであるといい、クマザワ・バンザン（熊沢蕃山）以来、明識ある幾人かの学者のかつて説いたところ同じような意見を述べたものがあった。

三

上記の如く幕府の側には種々の反対説もあった。けれども奉還は遂に奏請せられた。ところが、薩長の策士と結託して討幕を計画した一部の宮廷人は、サツマ及びそれに引きずられた五藩の兵の皇居戒厳の下に宮廷の実権を握り、旧官制を廃していわゆる三職の任命を行ない、次にチョウシュウ侯の旧官位・旧領土を復してその兵を入京させ、そうしてそれとともに他方では、ケイキの官位を降し領土を削減することを図った。天地位を易《か》え冠履《かんり》忽ち顛倒した（＊地位や価値などの順序を乱した）というべきである。薩長の策士は思いきって賽《さい》を投げ、ヨウドウやシュンガクの反対を押しきって、新政権の建設を試みたのである。

京師は薩人を主とした、そうしてまもなく長人も加わってきた軍隊に占領せられ、幕軍はその陥穽《かんせい》に投ぜられてトバ・フシミの戦争となり、ケイキは錦旗に抗した逆賊と称せられるに至った。それから後のことは、ここにはいわぬ。幕府は薩長の武力行動によって崩壊したのである。政権奉還はそのことみずからにおいては何らの進展もなく、ただ討幕の挙に機会を与えたのみであった。新政権の建設前においてケイキは既に一部の宮廷人及び薩人輩から「反省謝罪」を要求せられ、罪人視せられていたのである。舞台演奏は終局を見ずして雲散霧消し、別に楽屋のうちで秘密に脚色せられたことが急に表面に出て花々しく展開したのである。平和の裡《うち》に、また衆人環睹《かんと》の間に、公明に実現せらるべきものと信ぜられた王政復古が、少数者の陰険な策謀と血なまぐさい戦闘とによって行なわれたことは、ケイキにとっては遺憾の極みであったに違いない。

しかし、かくして回復せられた王政は、果たして予期せられた如きものであったか。予期せられた王政の精神は天皇の親政にあるので、将軍の政権を行なうことを非とするのも、この精神に背くものと解せられたからであろうが、討幕の挙はいうまでもなく、今度の変革のすべてが、事実において、主上の親政でないことは明らかであるから、王政を実現したそのことが王政の精神に背いた行動によったのである。この状態がなお継続せられてゆき、そうしてそれが王政と呼ばれるならば、それは王政の概念が変質したことを示すものである。また外交は新政府によって行なわれているから、神道者風・国学者風の神国思想は権威を失ったし、薩長人が勅命の名をほしいままに用いて幕府に臨んだことは、事実において儒者流の名分論を蹂躙したものであるから、これらの点から王政復古の思想的意義もまた空虚に帰した。

トクガワ氏を賊とすることは、かつて皇居を武力によって占領しようとして失敗したチョウシュウ人及び浪人輩が、幕府の当局者と職責によって皇居を守護したアイヅ侯とを秘かに幕賊・会賊と称したのと同じく、ただ皇居及び京師の占領に成功した薩長の勢力がそれを公式に襲用したのみのことであるから、この点でもまた名分は破壊せられている。名分論をかりたことが、根本的には名分を乱したこととなるのである。

なお武力を嫌った公家や勤王論者によって唱えられた王政復古が武力によって実現せられたことも、また王政復古の変質とすべきであり、特に討幕によって王政の復古を行なおうとしたものは、薩長の封建的勢力でありそれに属する武士であるから、それによって成立した王政がいわゆる公家政治でないことは明らかである。事実当時の宮廷人は、薩長人と結託していた、むしろ彼らに利用せられていたイワクラの他には、新政府に重要なはたらきをしたものはほとんどなく、それだけの能力のあるものもなかった。が、それはまた封建制度のまだできていなかった時代の建武の政治の再現でもないことを示す。だから、こういう政治形態を王政というならば、その王政はすべての点において変質したものというべきである。なお議院制度の模倣は幕府の武力的討伐を実行した新政府でもまたそれを行なおうとしたから、それもまた王政を変質させたことになる。

要するにいわゆる王政復古は、政権の所在からいうとキョウトの新政府がエドの幕府に代わっただけのものであり、そうして新政府の実権は薩長人の手に握られたのであるから、その性質はやはり一種の武人政治である。ただ違うところは、幕府時代には、宮廷と政府とが分離していたために、政治の全責任は政府たる幕府にありその首長たる将軍にあったのに、新政府は、名義上天皇の親政とせられ、政令の基本的なものは勅命の名によって示されるから、この二つが混一せられ、従って理論上、おのずから天皇がすべての政治の最高責任者となられることになったのと、政府が将軍の如き一人の主宰者の下にあるのではなく、少なくとも薩長の二藩人、もしくはそれの包含する多数人、またはそれに従属する諸藩人、及び僅少の旧宮廷人などによって構成せられているために、その間に方針の一致しない場合があり、また施政上の責任の帰するところが明らかでないのとの二点にその重要なものがある。

こういう違いがあるが、それは決して新政権の長所を示すものではなく、特に天皇の親政ということは現実の状態と一致しない名義上のものであるとともに、名義上そうせられることによって、天皇に政治上の責任を帰することになる点において、皇室にも政治上にも大なる累を及ぼすおそれがある。そうして現実の政治の情勢から見ると、いわゆる王政復古は、この語の本来の意義においては、単なる夢想に終わり、または名義上の仮託に過ぎなかったことが知られる。要するに王政復古のイデオロギーは一つも実現せられず、ただその名によって幕府が顛覆せられたのみである。歴史を無視し時勢の変遷を無視した王政復古、本来空想的の概念に過ぎなかった王政復古の実現しなかったことが、これによって証せられた。「神武創業の始に原《もと》づき」という語が、いわゆる復古の大号令というものにも用いられているが、それはもとより現実的意義のないものである。

こう考えてくると、王政復古といわれた国政上の変革は、政権の所在の動かされた点から見れば、畢竟、トクガワ氏の幕府を倒しただけのものであることが、知られたであろう。それは現状の変革を欲することであるのみならず、当時の情勢では王政復古は幕府討滅の異名であったからである。そうしてそのことは、薩長二藩の策士どもが安政の末期頃から、いわゆる志士輩浪人輩と気脈を通じて意図し計画してきたことであって、その根本は二藩の幕府を敵視する情にあったであろう。そう考えなくては、彼らが何につけても幕府の施政を曲解し、浪人輩の放つ悪声のみを信じ、または彼らとともに同じような悪声を世に放ち、そうして幕府の政治の真相を知ろうともせず、鎖国や攘夷の非なること不可能なることを覚った後になっても、開国の国策を定めた幕府の功績をすら認めることのできなかった心事が、解せられぬ。

ところが、かく幕府を敵視したことの遠き由来は、トクガワ氏が戦国の紛乱を終結させて一統の治を開いた当時の情勢にあるのであろうか。それはともかくも、慶応の頃になっては、二藩はそれぞれその封建的勢力を根拠とし、戦国割拠の形勢を誘致することによって、幕府を倒そうとしたのである。この行動は、宮廷人や浪人輩にとっては建武の事業の再演と観ぜられたかもしれぬが、薩長人においては元亀・天正の時代（＊信長・秀吉の世）の復活であった。

儒者のいう名分論は抽象的観念であるから、現実の事態とは関係なく、時の権力者または有力な党派などによってどのようにも付会せられる。今日の民主的とか進歩的とかいうのと同じである。安政の末年以後の約十年間は、後から回想してその大筋をつかんでみると、この戦国的形勢を誘致または推進しようとする力と、統一政府たる幕府の権威を維持しようとする力との、間断なき衝突の行なわれた時期であって、どう帰着するかの予想ができず、いずれも時勢の趨向を暗中に模索しながら、また二つの力が互いに一進一退しつつも、前者が次第に後者を制圧して、遂にそれを克服するに至った過程なのである。

かかる戦国時代の再現せられたのは、幕府の政治形態の包蔵する根本的自家矛盾、諸大名の戦国的欲望を弱めんがために幕府みずから戦国的態度をとらざるを得なかった矛盾、の現われとしての封建制度・武士制度の故であって、特に封建制度に関しては、幕府の戦国的態度を抑制することによって、野心ある大名の戦国的欲望を強めた文久二年の幕政の変革が、薩長を利したのである。しかし戦国時代の諸大名の行動は、戦乱の情勢の間において自家の勢力を拡大しようとするのであったのに、このときの薩長のは、幕府によって形成せられた一統の世の政治形態の下における封建諸侯の地位にありながら、新たに戦乱を起こすことによってその形態を破壊し、少なくとも一たび戦国の世を復活せしめんとしたものである。諸藩の多数がトバ・フシミの戦争のときから次第に薩長に加担するに至ったのも、また強者に依付した戦国的風習の復活であって、セキガハラの役によって諸侯がトクガワ氏に服属したのと同じである。

当時、個人としても藩としても、対立せる二つの勢力のいずれに依付するかに迷い、藩によってはそのために党派が生じ、種々の紛争の生じたところもあるが、大勢は薩長に加担するに傾いた。これには思想的にいわゆる「順逆」の論が有力なはたらきをしたのでもあるが、その順逆論は薩長がいわゆる名分論を利用して将軍を逆賊と宣言したからのことである。戦国割拠の形勢を誘致しながら名分論を武器とするのは矛盾であるが、これも実は、戦国的形勢の間に優位を占めて戦勝者となろうとするために、宮廷を利用したのであった。ただこれはトヨトミ氏の如く既に権勢を得たものが宮廷に地位を得たのとは違って、新たに権勢を得んがために宮廷の精神的権威をかりようとしたのである。だからこれは、本願寺の勢力に対するノブナガ（織田信長）の態度にややその形跡の類似するものがあった他には、昔の戦国平定の際には行なわれなかった新しい行動である。薩長によって王政復古の名の用いられたのもそれと同じである。さて薩長が名分論を振りかざしたに対し、幕府に同情するものは、トクガワ氏とその譜代の臣との関係における君臣主従の道徳的情念をもって自己の立場を説明したので、その方が思想的にも正当であり、心事としても純粋であるが、薩長は皇室と諸侯との関係を君臣とする詭弁をもってそれに応酬した（これは当時においては必ずしも詭弁とのみは思われなかった。このことについては別に考えねばならぬ）。これもまた薩長人がその戦国的行動に皇室の名を利用したのであるが、彼らが王政復古を口にしたのもまた同じである。

さて薩長をしてその幕府倒壊の事業に王政復古の名を用いさせたのは、当時の一種の風潮をなしていたいわゆる勤王の思想がそれにはたらいていたためであることは、疑いがない。王政復古の主張は一つの思想であるが、思想の力によって政治形態の変革を行なおうとしたのは、我が国ではこれが最初である。そうしてそれは、トクガワ治下の長い平和の時代に民衆の知識がおのずから増進してきたために生じたことである。この知識には、今日から見ると、偏狭なところもあり多くの誤謬を含んでもいるが、ともかくもそれは、知識というものの本質として、封建制度にも武士制度にも拘束せられることの少ないもの、従ってそれから生じた思想の動きは全国を通じてまた民衆のはたらきとして、行なわれたものである。

いわゆる志士輩浪人輩の間に王政復古を唱道し宣伝するもののあったのは、彼らの世に現われたのが、もともと民衆の間、地方人の間から身を起こし、そうしてその間におのずから一種の連絡の生じていた一般知識人の風習を継承したものであることと、深い関係がある（志士輩浪人輩は後には過激化し暴徒化したけれども、その初めは必ずしもそうではなかった）。従って王政復古の主張は、少しく無理なところのあるいい方ではあるが、封建の藩籬《はんり》を超越しまた民衆的性質を帯びた運動によって世に知られた、といっても甚だしき間違いではあるまい。

けれどもこの王政復古の要望は、浪人輩の宮廷人に接近することによって強められ、また薩長などの諸藩の策士と結託することによって、それが実行的意味を帯びてきた。浪人はその性質としては封建制度の反抗者であり、少なくともその埒外にあるものであって、いわゆる脱藩の士が、半ばは名義の上だけのことながらそれに加わったのもそのためであるが、実際に何らかの行動をするには諸藩、特にその有力者に依頼しなくてはならなかった。そこで戦国的情勢を展開させようとしている薩長の徒が、統一国家の予想の上に立たねばならぬ王政の復古を主張することになる。奇怪なことであるが、これもまた幕府を倒壊させるところに薩長の意図の主なる動機があったからだ、と推せられる。王政復古が上に記した如く種々の意義において変質したのは、王政の概念がもともと曖昧であり、また復古ということが本来実現すべからざるものであって、復古をいうことは実は変革を欲することであったからであるのみならず、その主張者・推進者の態度の純一でなかったことにも、よるところがあろう。

けれども薩長人とても、単に王政の名、皇室の名を利用ばかりしたのではない。利用したには違いないが、利用したそのことが、国民のすべてがもっている皇室尊尚の念の強いことを知っていたからであり、そうしてそれは彼らみずからもその心情においてかかる国民と同じもののあることを自覚していたからだ、といわれよう。ただその行動がこの心情の純一なる発現でなかったのである。それとともに、王政復古の思想の曖昧であり、またその実現すべからざるものであることに気がつかなかったほどに、彼らの知識が幼稚であったのである。そうしてこれは宮廷人でも同様であった。浪人輩に至ってはなおさらである。

実は時勢の真の要求は別にあったのである。それは、戦国割拠の形勢が次第に現われ、国家の統一が失われてきて、この意味においてトクガワ氏の幕府の日本の政府としての実力が甚だしく弱められたために生じたことである。これは幕府に対する薩長の勢力が優勢になったことを示すものであるが、そうなった原因がどこにあるかは別問題として、事実がそうである。政府としての幕府は、この形勢を急速に一転させて統一を回復することができない限り、旧来の地位を維持することはむずかしかった。そうしてそれはおのずからかかる形勢の進展を阻止するを得なかった政治上の責任を負うたことにもなる。日本が世界の一国として列国に対立することになった当時においてはなおさらである。

そこで新たな統一がそれにつれておのずから要求せられる。王政復古の主張は、これとは全く違った意味において、即ち宮廷と幕府との対立関係の問題、政権の所在の問題として起こされたものであるが、時勢がこう展開してくると、それは、皇室がこの新しい国家統一の中心としての新たなる地位に就かれることの要望に転化する可能性をもつものである。皇室は日本の政治的君主であられるけれども、遠い昔からいつとはなしに生じた習慣として、みずから政治の局に当たることをせられず、その時々に実力があって顕要の地位にいるものが政権を行使してきた。これはずっと古い時代からのことであって、歴史的事実、その反映としての神代の物語、また令の制度などによってそれは知られるが、それの最も著しくなったのは平安朝からのことであり、初めはフジワラ氏が、後には武家が代わる代わる、その地位にあった。これらの諸家は、いずれもその地位を世襲することになっていたが、時期に長短はありながら、どの家でもそれが永続しなかったのは、実権を行なうものにおのずから政治の責任が帰することによってその地位を失う場合があるからであって、政治に携わられず、従ってそういう責任を負われない皇室は、しばしば変更する権家の上に超然として、祖宗から伝えられたその地位にあられたのである。上に述べた如く、武家に政権を委任せられたために皇統は無窮に伝えられる、という考えがトクガワ氏治下の学者の間に生じたのは、この事実が知られていたからである。

このようにして、皇室は国家とともに永久であり、戦国時代の如く政治的に日本がほとんど分裂していた世でさえも、皇室の存在によって日本の一国であることが日本人のすべてに覚知せられていたのである。そうして国民がかかる皇室の存在を誇りとし、それを永遠にもち続けてゆこうとするのであるから、現代の用語では、皇室は永遠の生命を有する国家の象徴であられ、国民の独立と統一の象徴であられ、また国民精神の象徴であられる、というべきである。これが、昔から長い歴史の進展につれて、皇室の本質となってきたことであって、政権をみずから行使せられることが本質であるのではない。かえって、政権を行使せられないことがこの本質の永遠に保たれる所以であって、それは歴史的事実の示すところである。これは久しい前から、折に触れてわたくしのいってきたことであるが、いまここでまたそれを繰り返すのは、王政復古のことを考える場合、特にその必要を感ずるからである。

なお付言すべきは、皇室は政治に関与せられなかったから、時勢によって変遷する政治形態や社会組織の如何にかかわらず、よくそれに順応しまたそれを容認して、いつも変わらずに国家の象徴、国民精神の生ける象徴としてのはたらきをしておられた、ということである。国民が皇室を敬愛するのは、皇室と国民とのこの意味での結合が遠い昔から後世まで続いてきて、互いに離れがたいものとなっている歴史的感情が、そのもとになっているのである。

即ち皇室と国民とのつながりは建国の初めからのことだからである。それはシナ風の名分論の如きものの故でもなく、遠い上代人のように、また最近一部の知識人によって非難の意味をもってしきりに宣伝せられているように、天皇を神として見たからでもない（ここで付言しておくが、王政の復古をいうものも神武創業を標語とするものも、天皇を宗教的意義において神視することはしなかった。天皇が神であられるという考えは幕末にはなかったことである）。

ただ幕末において幕府の施政に反対するものは、幕府からその政権を奪って宮廷をしてそれに代わらしめることのみを考え、そのために王政復古ということを主張し、天皇の親政を実現させようとしたのであるが、これは天皇の上記の本質を知らないからのことであった。幕府が政権をもっていた時代においても、天皇の上記の本質は決して失われはせず、むしろ何時の世よりも明らかにせられ、皇室の精神的権威がそれによって最も強められていた、というべきである。ただ幕府がその政権を維持することの困難になったほどに、事実上、戦国割拠の状態が現われてきたために、国政を革新する何らかの方法を講ぜねばならぬ形勢となった当時においては、皇室が新たに国家の統一の中心としてのはたらきをせられることが要望せられた、と今日からは考えられる。そう明らかには意識せられなかったであろうが、ケイキの政権奉還にも、薩長の討幕にさえも、それが潜在していたのであろう。しかしどういう形でそれを実現するかが問題なのであって、天皇の上記の本質を保ち、政権をおんみずから行使せられないようにしながら、かかるはたらきをせられる政治形態を構成することは、よし名義の上でのこととしても天皇親政の制を立てようとしているほどの当時の一般の知識の程度においては、むずかしかったであろう。天皇の本質が政権を行使せられることにあるのではない、ということを理解することすら、困難であったと考えられる。

ケイキの政権奉還奏請の文書によって推測せられる彼の意図が、もし実現せられたならば、幕府に代わって政権を行使する新機関が設けられ、それによってかかる政治形態が構成せられたでもあろうが、その実現は甚だおぼつかないことであった。何よりもその要素たるべき議院制度が果たして確立しまたその機能を発揮し得られるかどうか、甚だ疑わしいのが、当時の日本文化の状態であり政界の情勢であったのみならず、ヨーロッパに特殊な歴史によって形成せられ、ヨーロッパ人に特殊な生活感情と思想とが根幹となっているこういう制度を理解するだけの知識すらも、当時の日本人にはなかったからである。奉還の挙がうやむやの間にその効果を失い、討幕が行なわれて、薩長人がみずから戦勝者と擬し、戦勝者の威をもって戦勝者として新政府の政権を握るようになったのは、おのずからそれを示すものともいわれよう。

もっとも、戦国的形勢からいえば、薩長が優勝者になった以上、トクガワ氏を倒してそれに代わるのは、トクガワ氏がその昔トヨトミ氏を倒して政権を握ったのと同じであり、そうして政権の掌握者は古来幾たびも変わったのであるから、これは怪しむに足らぬ。トクガワ氏が世襲的に政権を保持すべき思想的根拠は何もない。諸大名を圧服するだけの実力があったために政権を掌握し得たトクガワ氏は、その実力がなくなったときが来てそれを失うのは、自然であろう。

ところで、かかる場合に優勝者が種々の無理をするのも、時の情勢によってはやむを得ざることでもあって、トクガワ氏のトヨトミ氏に対して行なったことにも、またその甚だしいものがあった。いわゆる昇平（＊平和）の三百年はイエヤスを神化したので、それにはそれだけの理由があるけれども、衷心それに服せざるもののあったことも、また事実である。だからトクガワ氏が薩長の悪辣な権謀によってその政権を奪われたのも、一面の意味においては、おのれから出たものがおのれに返ってきたのである。

ただ薩長が勅命の名をかりてケイキを逆賊としたのは、そうして王政復古の旗幟の下に幕府を倒し、天皇親政の名によってほしいままに政権を掌握したのは、トクガワ氏の行なわなかったことを行なったのであった。こういう薩長人の態度がおのずから皇室に政治の責任を帰することになり、皇室の本質を傷つけるおそれのあるものであることは、この頃には人の多く注意しなかったところであろうが、事実はそうである。この点から見ると、トクガワ氏の幕府が宮廷と政府とを厳に区別し、みずから政府としての全責任を負うたのは、日本の国家に尽くしたトクガワ氏の大なる功績である。

これに反して、幕府を倒した薩人も長人も、また彼らの先駆となり彼らとともに活動した志士輩浪人輩も、決して国家の功臣ではなかった。彼らは、しばしば述べた如く、日本の国家の進運を阻害し国民の生活を甚だしく傷つけたものだからであるのみならず、国家の象徴であられる皇室に大なる累を及ぼすような政治形態を構成したからである。彼らは維新の功臣と呼ばれることになったが、よし維新といわれた当時の国政変革のためには功臣であったとするにしても、永遠の生命を有する国家の功臣ではなかった。そうして真に国家の功臣たる幕府の達識ある当局者や諸有司の大なる功業は、その陰に隠されてしまった。一時的の権力者の自己称揚や浅慮にして軽浮なる衆人の評判は、概ねかくの如きものである。

しかし天皇親政の名の用いられたことも、当時の思想からいうと全く無意味ではなかった。維新以後の政府の局に当たったもののうちには、よしその前身が志士や浪人の徒であり、または彼らと行動をともにしたものであったにせよ、一たび政府に立つと、おのずから責任の重きを感じ、その知能を尽くして国家のために努力するようになったものがある。そういうものは、その後に至って初めて国家の功臣と称し得られよう。そうしてそれには、政府が天皇の政府であること、彼らが直接に天皇を戴いていることによってその心情が浄化せられる、という理由もはたらいていたらしく解せられる。

彼らは皇室の名を利用したけれども、利用したそのことに皇室尊重の念が籠っていた、ということは既に上に述べた。かのケイキに対しトクガワ氏に対する処置にも、このことが現われているらしく考えられるので、それには討幕密勅の降下を計画したときの考えとは違ってきたところがあるように推測せられる。ともかくも新政府のトクガワ氏に対する処置には、その昔トクガワ氏がトヨトミ氏に対して行なったのとは同じでないところもある。これには時の政治上の情勢や諸大名の心事態度の違いにもより、また長年月の平和を維持したトクガワ氏に大なる功績のあったことにもより、なおその他にも種々の理由が挙げられようが、そのうちでも、政府が天皇の政府で

幕府瓦解後の慶喜

あることが、よし明らかに意識せられなかったにしても、大なる力となったのではあるまいか（アイヅに対する処置の如きはチョウシュウ人の私怨もはたらいたのではないかと臆測せられもするし、人によっては急に顕栄の地位を得たために専恣《せんし》な行動をしたものもあるが、他面においてはこういうことも考えられる）。

トクガワ氏の宗家が後になって五摂家などと同じく華族としての最高の地位を与えられ、ケイキの家もまたそれと同様の待遇を受け、また皇族とケイキの家との姻親が結ばれたことは、明治の世になってから歳月の経過したことにもより、国民が一般に旧将軍家及び将軍に対して親愛の情を抱いていたこととおのずから相応ずるところがあったのでもあるが、政治の形態は変わっても皇室が昔からの皇室であって、何人も等しくその栄光を仰いでいるところに、重要な理由があるのではあるまいか。カズノミヤがどこまでも故《さき》の将軍イエモチの夫人として、トクガワ家の一人として、その一生を終わられたことも、このことについて考え合わさるべきである。これは文久二年の頃から維新のときまでの勤王論者や政府者のこの宮に対する態度が変えられたことを示すもののようである。

こういう状態から見ると、天皇親政の名が、理論上、天皇に政治の責任を帰することになるにかかわらず、政府の当局者は、その親政の名によって行なう彼らの施政が国民の幸福を期せられる天皇の叡慮に適《かな》うようにする道徳的責任のあることをば信じていたと考えられる。そうしてそれとともに、彼らの施政がもしそれに反する場合には、国民は政府者が天皇親政の名に隠れてこの責任を空しうすることを難ずるのであった。そこで事実上、天皇は政治の上に超然たる地位におられ、それによっておのずから国家の象徴としてのはたらきをせられることになっていた。このことは憲法制定の後においても同様であるが、ただ憲法には、帝王と国民との闘争によって発生したヨーロッパの法制思想、特に帝権の強いドイツのそれが取り入れられ、それによって天皇の大権ということが規定せられたとともに、天皇親政という幕府討伐・王政復古当時の思想がそれに遺存し、それらが奇異な形において結合せられているために、この点において曖昧なところがあったと考えられる。そうしてそれは皇室を累するおそれのあるものであった。トクガワ氏の政権奉還を回想するにつれて、思いのおのずからここに及ぶことを避けがたい。

第五章　維新政府の宣伝政策

一

慶応三年（一八六七年）の冬、将軍の政権奉還及び将軍職の辞退の上奏が行なわれた後でも、宮廷ではその善後の処置について明らかな意向をもつに至らず、おのずと幕府に対する処置にも平和の気が漂っていた。ところが、当時の宮廷と複雑な関係（＊孝明天皇毒殺説など）があり、その頃には過激な意見を抱くようになっていたイワクラ・トモミが革命的行動を企てるに至って、それが一変した。

イワクラは薩人（及び間接に長人）と密謀を凝らし、また一部の宮廷人と秘かに連絡して、将軍の政権奉還と同日に、既にケイキ討伐の密勅というものを薩長の二藩主に伝えさせ、幕府を倒すには武力によらねばならぬと主張したのである。ところが、彼はその後さらに一歩を進めて、御所戒厳の下にクーデターを行ない、宮廷の権力を握って、王政復古の大号令と称せられるものを発布させた。そうしてそれとともに、彼の党与となった数人の宮廷人、四、五人の諸侯またはその代理者、及びその家臣どもを宮中に召集し、その席上で、君臣の大義・上下の名分を乱したものとして、幕府及びケイキを烈《はげ》しく非難した（『岩倉公実記』）。そのいうところは甚だしく事実に背いたものであり、空漠たる放言に過ぎないものでもあったが、語調は極めて矯激であった。

例えば「嘉永癸丑《きちゆう》（＊一八五三年のペリー来航）以来、勅旨に違背し、綱紀を紊乱《びんらん》し、内は憂国の親王公卿侯伯を幽囚し、また勤王の志士を残害し、外は擅《ほしいまま》に欧米諸国と盟約を立て貿易を許し、もって怨を百姓《ひやくせい》に結び禍を社稷《しやしよく》に貽《のこ》す、その罪甚だ大なり」というが如きがそれである。

これは、志士とか浪人とかいわれたものが数年前から虚偽の言により最大級の形容語を用いた誇張のいい方によって幕府を攻撃したのと同じであり、畢竟それをそのまま踏襲したものであった。「嘉永癸丑以来、勅旨に違背し」というのも、「親王公卿侯伯を幽囚し」というのも、勅旨と称せられた一部の宮廷人の意向（その多くは志士浪人の煽動によったもの）を用いなかったことをいい、また極めて一小部分のものに対する処置を全体に対して行なわれた如く、あるいは謹慎を命じたことを幽囚と称する如く、誇張していったものである。「欧米諸国に対して貿易を許し、怨を百姓に結び」云々というに至っては全く誣妄の言であり、「盟約を立て」というい方も、通商条約の締結を何らかの特殊な政治的意味を有することの如くいいなしたものである。特に「勤王の志士」の語は、彼らみずからを誇らかに宣伝したその称呼をそのまま用いたものであることが、明らかである。かかる志士浪人の徒である、または彼らと気脈を通じている薩人（及び長人）の代弁者としてイワクラは、こういうことをいったものと解せられる。かくして明治元年における いわゆる討幕の軍が起こされるようになってゆくのであるが、それは武力によって幕府を倒そうとするために薩長のかけた「罠」に幕府がかかったのであって、ケイキは詐謀を抱いてオオサカに下り兵をもって闕下を犯そうとした、と薩長政府から宣言せられ、大逆無道と目せられたのである。ケイキは襲職の初めから皇室に対しては臣と称していたし、またみずから進んで三百年近くも宮廷から委任せられていた政権を奉還し、次いで将軍の職をも辞し、そうすることによっておのずからいわゆる王政復古の業を誘致しまたは翼賛することになったのであるから、どの点から見てもいわゆる名分を冒涜した形跡はなく、そう評せられる如き行動をしたことはない。

これが虚偽の宣伝であることは、いうまでもない。

ところがトクガワ氏の処置が片づいた後、翌明治二年の初めになると、諸藩をしてその版籍を朝廷に奉還させよという議が薩長政府の内部に起こって、まずそれを薩長の二藩主に勧誘し、次いでその他の諸藩にも半ばそれを強要し、それによって郡県制度の建設に一歩を進めた。その主旨は、諸藩の版籍はみなトクガワ氏の将軍から与えられたものとなっているから、将軍と諸侯とはおのずから君臣の観をなし、日本の全土を有せられる皇室を蔑視したことになる、名分の乱れこれに過ぐるはない、それを正す途は諸侯が版籍を奉還するにあるのみである、直截にいうと、封建制度を廃止することによって、皇室と諸侯との間柄を規定する君臣の義が明らかにせられ上下の名分が正される(『木戸孝允公伝』)、というのである。

封建諸侯の力によって幕府政治を顛覆し、アイヅやハコダテ(＊五稜郭)の「賊」を掃滅した薩長政府は急にかかることを主張するようになり、名分論が空漠たる放言から一転して、現実の政治形態をどうするかの具体的の問題となってきたのである(もともと名分を正すというのは、「名」と「実」とが一致していないために生じたことであるから、それを一致させるようにするのが名分論の主張せられる意味であろう)。実はかかることが問題とせられたのは別に大なる政治上の理由があったので、そのことは後にいおうと思うが、名分論をそれに結びつけたところに、当時の思想と現実の政治上の要求とが現われている。ところでかかる意義での名分論もまた「天皇親政」の名義とともに、あるいはトクガワ・ケイキを大逆無道の「叛賊」とすることと同じく、すべて当時政権を握っていた薩長政府の虚偽の宣伝に過ぎなかったことは、あまりにも明白な事実である。

天皇の親政も、名分を正すために王政の復古をしたということも、政権行使の現実の情勢からいうと虚偽の宣伝であるが、実はかかる宣伝は、昔からの皇室の地位と性質とまたそのはたらきとに背くものであった。当時の人々には理解のできなかったことであろうが、遠い昔から日本の天皇はおんみずから政治の局に当たられなかったので、それが日本の国家の統一及び独立の象徴であられ、またその永久性の象徴であられる皇室には、最もふさわしいことであった。稀に天皇がおんみずから政権を行使しようとせられた場合があっても、それは概ね皇室にも国民にも不幸をもたらすことになった。ある一人の親政というのは、よしその一人がどれほど英邁《えいまい》であっても、事実行ない得られないことであり、もし強いてそれを行なおうとするならば、例えば寵臣《ちようしん》などが生じてその英邁を覆うことがあるように、または側近者もしくは時の権力者が親政の名に託して自己の主張を政治の上に実現しようとすることがあるように、必ずそれに伴う弊害が起こるからである。「幼弱」の天皇の親政はなおさらであろう。

また王政の復古というその「古」は何時の如何なる時代を指すのか。慶応四年のいわゆる億兆安撫の宸翰というものに、「朝政衰へてより武家権《ちから》を専らにして」といってあることから考えると、朝政の衰えと武家の専権とを同じことをいったものとし、全体の主旨は、武家の政治の興ったことを非とし、それより前を王政の時代、即ち「古」の時代としているように見えなくもないが、行文（＊文脈）の上からは、それよりもむしろ「朝政」の衰えは武家政治の始まらぬ前からのことと解すべきもののようであって、復古の目標は武家政治の興ったよりも古いところに置かれているらしくも思われ、「古」の指すところが明らかでない。これはこの宸翰の筆者といわれているキド・コウインが歴史の知識に乏しかったためか、文辞が拙かったからか、またはその両方であったのか、いずれにしても今日から見ると、「復古」という場合の「古」の概念が曖昧であったことを示すものであるが、ただ「古」には天皇おんみずから政権を行使せられたものと思い、そういう時代の状態に復帰すべきである、という幕末の志士浪人の宣伝した一種の主張が、薩長政府によって継承せられ、彼らもまたそれを宣伝しようとしたことは、ほぼ知り得られる。

しかし実は「古」においても天皇がおんみずから政権を行使せられなかったので、そこに皇室の安泰であった理由の最も重要なものがあるから、こういう宣伝は皇室にも国民にも有害にして無益なものであった。トクガワ氏による幕府の政治がなお続き得るものであったかどうか、また続けさせるべきものであったかどうかは、このこととは別の問題であるが、幕府政治の時代において、日本の政府と宮廷とが明らかに区別せられていて、天皇がおんみずから政治の局に当たられなかったことは、宮廷の委任を受けて政治の衝に当たり政治上の全責任を負うていたトクガワ氏の幕府が、国家に尽くした至大の功績である。昔フジワラ氏が摂政もしくは関白の名によって政権を行使し、天皇の親政でないことを明らかに世に示したのは、その先駆として賞賛せらるべきである。薩長政府が全面的にそれを否認し、曖昧な知識によって思想の上でみだりに構成した天皇親政の時代の古にあったことを宣伝し、それとともに当時「幼弱」の天皇の親政が現実に行なわれている如き印象を国民に与えようとしたのは、いわゆる勤王論者の無知と浅見とに誘発せられた大なる過誤であった、といわねばならぬ。

また上に引いた宸翰に、「往昔列祖万機を親《みずか》らし、不臣のものあれば自ら将として之を征したまひ」と書いてあるのを見ると、昔は政権の行使とともに兵馬のことも天皇おんみずからそれに当たられたように、当時の政府者は思っていたであろうし、その根底には幕府否認の思想もはたらいていようが、そういう事例は事実として歴史上にほとんど見当たらぬ。神武天皇のいわゆるナガスネヒコ（長髄彦）征討とか『日本書紀』にのみ見える景行天皇のクマソ（熊襲）征討とかいう話がそれについて思い出されたかもしれぬが、これらは史書に記されている稀有の例である。しかしかかる文書がそういうような史学的考証を経て作られたとは思われぬ。たぶんライ・サンヨウ（頼山陽）の『日本外史』の巻頭の総叙の如きものを妄信して書かれたのであろうから、そういうことを一々詮索するには及ぶまい。その代わり、こういう文書によって宣伝せられた上代政治観、従って王政復古の思想、の無意味なものであることも、また明らかである。

しかし天皇親政や王政復古の宣伝が如何ようであったにしても、封建制度や郡県制度の問題は、直接にはそれと深い関係がない。それにもかかわらず封建制度の廃棄によって名分が正されるようにいわれたのは、日本の全土は皇室の所有であるということが「普天の下王土にあらざるなく率土《そつど》の浜《ひん》王臣にあらざるなし」（＊すべての土地は皇帝のもの、すべての人民も皇帝のもの）というシナの古典に見える辞句を、そのまま日本の昔からの状態に当てはまるものとして考えたところから生じたものである。建国の初めから日本の土地と人民とはすべて皇室の有であって、尺《せき》土《ど》も一民もそうでないものはなかったから、復古の事業の一つとして、この建国の体制に復すべきである、というのである。こういう体制があったというのは勿論、事実ではないが、いわゆる王政復古の初めには、かかることが一部の知識人によって唱えられていたものと見え、地方官の民衆に対する告諭や復古賛美の宣伝文書にも記されている（この考えは後には一般人民の土地所有を認めることを非とする思想となって現われる）。

どうしてこういうことが主張せられたかというと、日本の土地人民がトクガワ氏及びその旗本の士や封建諸侯に分有せられているのでは政府を財政的に維持することができなかったからである。だからケイキが政権を返上し将軍を辞退したときから、イワクラや薩人の輩は、それを虚名を棄てたに過ぎないものとし、トクガワ氏の領有している土地人民を朝廷に没収しなくては、新政府では何事もできないから、武力を用いてもそれを実現する必要があると考えた。ケイキを討伐するという政策の主要な意味はむしろここにあったと推考せられ、討伐のことを宣言した文書にも、それが暗示せられている。勿論一方においては、幕府を倒すには武力によることが必要だという考え方もあって、それとこれとが伴っていたではあろう。だから、どの意味においても、ケイキ討伐の理由としてその大逆無道をいい立てたことは、やはり虚偽の宣伝であり、政府の造作したことであった。日本の全土は昔から皇室の有であったというのも、今日から見れば、また同じく虚偽の宣伝であったといわねばならぬ。ただ一般に歴史の知識の乏しかった当時においては、宣伝するものも必ずしもそれを虚偽だとのみは考えなかったでもあろうが、宣伝である以上、真実と思っているにしても虚偽の構造であるにしても、その効果は畢竟同じことである。

ただしこの場合に没収しようとしたのがトクガワ氏の直轄地民の全部であるかどうかは知りがたいが、当時の情勢から推考するとたぶんそうではなかったであろう。またよしそれがその一部分であったにせよ、没収せんとしたものがトクガワ氏の直轄地民に限られたのか、または諸藩主がトクガワ氏から与えられて領有している地民を含んでいたかも、問題であろうが、それは明らかに前の方であり、従っていわゆる版籍奉還もしくは封建制度廃棄の如きことには、当時ではまだ考えが及んでいなかったであろう。新政府の存立に必要な経費をトクガワ氏の領土から徴収するか、または諸藩主からも提供させるかについて朝廷で行なわれた論議においても、甚だしき偏《へん》頗《ぱ》の処置ながら、前者が採用せられたのである。封建制度の上に立っている新政府が武力をもって幕府を倒すには、封建諸侯の力によらなくてはならぬからである。トクガワ氏の処分が片づいた後になって、初めて版籍奉還を諸侯に勧誘しまたは強制することになったのは、これがためであろう。トクガワ氏の領土の大半を没収して、僅かに駿遠《すんえん》七十万石を与えたのは、その多数の旗本家人《けにん》から衣食の途を奪ったものであるとともに、かくして没収した地民だけでは新政府を維持するに足らないことは明らかであるが、これは一つには戦勝者の戦敗者に対する態度から出たことであろう。トクガワ氏に対する戦争は行なわれなかったけれども、キョウトには戦勝の気分があったと推測せられる。

さてこう見てくると、日本の土地人民はすべて皇室の有であったというような言は、強いて造作せられ案出せられた、無理な辞柄に過ぎないことが、おのずから知られよう。

いわゆる億兆安撫の宸翰というものを初めとして、この頃のその他の詔勅にもしばしば語られている、天皇は民の父母であるということも、またシナの古典から取られたこの成語が、そのまま日本の現実の状態を示すものであると考えて、それを薩長政府の宣伝の用に供したものである。

勿論これは、天皇が民衆に対してかかる責務感を抱いておられるということをいおうとしたものであって、天皇がシナ思想における聖天子の資質を具えておられる、ということをこの語によって表現したのではあるが、「幼弱」の天皇おんみずからの言としてかかることを声明したところに、一種の誇張の言と見られる点があり、そうしてそこに宣伝の意味があるのである。

また同じ宸翰に「天下億兆一人もそのところを得ざる時はみな朕が罪」ということがあり、その他にもそれに似たことのいわれているものがあるのみならず、明治二年正月の勅語には「朕否徳」（＊私には徳がない）という語が用いてあって、これらもまた天皇がおんみずからその職責の重いことを述べられたことにしたものであり、そうしてこれにもまた誇張の言があるが、「民の父母」といわれたというのとは、少しくその気分が違う。それは抽象的・一般的のいい方であって、例えば昔の花園院がその『宸記』に記されているような具体的の事実についての自責の情とは同じでないにせよ、書き方の上でとにかくこういう感じがせられる。ただ抽象的概念としてでもこういうことのいわれているのは政府にいる何人かのもっていた一般的な帝王観の現われであるには違いないので、これらの言のシナ思想から来ていることが明らかにそれを知らせる。そうして一方においては、上にいったように政府の造作した誣妄の言によってみだりにケイキを責め、それについてはいささかもここにいってあるような気分が見えないところに、政府者の意見によって詔勅の作られたこと、従ってそれに宣伝の意味のあったことが証せられる。

さて宣伝の言に誇張したいい方の多いのは自然の傾向であるが、全体に当時の詔勅や政府の声明には、甚だしき誇張の言が少なくないので、例えば祖宗の先蹤に従われることをいうについて、言を「神武創業の始め」にかりたのも、その一つである（いわゆる王政復古の大号令）。復古をいおうとして日本の最古の事例を挙げようとしたのでもあろうし、それによって百事維新の意味を示そうとしたのでもあろうが、神武創業として如何なる事例が想い起こされたかというと、それは実は何もなかったに違いない。過去の事態として当時の政権を握るようになったものの想い起こしたことは、戦国の形勢、元亀・天正の世相であり、せいぜい古いところで建武中興の跡であった。神武創業をいうのは誇張の甚だしきものとしなければならぬ。

あるいはまた外国との交渉をいう場合には、しばしば「国威を海外に輝かさん」とか「万里の波濤を凌ぎ身をもって艱苦に当たり、誓って国威を海外に振張し」とか、または「一身の艱難辛苦を問わず、親ら四方を経営し、汝億兆を安撫し、遂に万里の波濤を拓開し、国威を四方に宣布《せんぷ》し」とかいうような語が、慶応四年の正月ないし三月の詔勅または宸翰というものに記されているが、これでは天皇がおんみずから海外に進出してその経略の任に当たられる意気込みをもたれているように見える。もしそうならばこれもまた当時においては誇張の言といわねばならぬ。しかしこれはあるいは幕府に対するいわゆる親征の挙を指しているのかとも思われるが、もしそうならば、それはまたその意味で甚だしき誇張の弁であろう。

ここまでいってきたついでに、外交の問題に関する政府の態度を一応観察しておこう。このことについては、慶応三年十二月に既に政府によって「癸丑以来朝廷固く鎖国攘夷の説を執らせられ、満朝の人みな欧米諸国を目するに醜夷を以てしたりと雖も、先に徳川慶喜の奏請により、兵庫開港の条約を許し、朝議既に和親に帰せしこと、其の跡掩ふべからず」と宣言せられていたが、慶応四（明治元）年正月に至り、列国の外交官をヒョウゴに召集して王政の復古を告げ、同じ月になお政令を発して「外国の儀は先帝多年の宸憂に在らせられ候処、幕府従来の失錯《しっさく》により因《いん》循《じゅん》今日に至り候折柄、世態大に一変し、大勢誠に已むを得させられず、此度朝議の上、断然和親条約取結ばされ候、就いては上下一致疑惑を生ぜず、大に兵備を充実し国威を海外万国に光輝せしめ、祖宗先帝の神霊に対答遊ばさるべき叡慮に候間……」（＊開国の詔）と一般に告示した。十二月の宣言は、その前に行なわれた宮中におけるイワクラの言（前に引用）とはその精神とするところが反対であり、志士浪人輩のいうところを踏襲したイワクラの放言が、如何に恣意なものであったかを証するものであるが、しかし政府の宣言も、また正直に事実を語っているのではない。癸丑以来朝廷では固く鎖国攘夷の説を執っていたというのも、満朝の人がみな欧米諸国を醜夷と思っていたというのも、みな虚偽か甚だしき誇張かである。朝廷の全部が鎖国攘夷説で固まっていたのではないから、これは一部分のことを全体であるようにいいなしたものである。

　また慶応四年正月のは、いうところが極めて曖昧で、何をいっているのか全くわからないようなものである。「幕府従来の失錯」というのは何事を指しているのか解しがたいが、「因循今日に至り候折柄」世態が一変したため断然和親条約を結ぶことになったというのを見ると、因循今日に至ったというのは和親条約が結べないでいたという意義のように解せられるが、もしそうならば、幕府の失錯というのは条約の締結を幕府が妨げていたということになろう。事実とはまるで反対のことをいっているではないか。また世態が今日大に一変したというのは何事を指していうのか。「世態」は世界の状態、世界の形勢、ということかと思われるが、それは「今日」になって急に変わったのではなく、少なくとも嘉永・安政以後にそういうことは起こっていないではないか。あるいはこれは国内情勢が一変したこと、具体的には王政復古が行なわれたことをいうのかとも考えられるが、国内情勢が一変したからやむを得ず外国と和親条約を結ぶというのも解しがたいことであって、これでは国内情勢の一変は喜ぶべきことではないはずである。なお大勢まことにやむを得ずして和親をするというならば、外国との和親は望ましからぬことと思われているように見えるが、それならば、上にいったような意味での幕府の失錯は実は失錯にはならぬのではないか。こういうことが一応考えられるようである。

しかしこれではあまりにも当時の実際の情勢と一致しないところがあるので、さらに考えてみると、翌二月の政府の布告に、近代は万里の波濤も比隣の如くに往来するといい、それを受けて「一時幕府の失錯とは申しながら、皇国の政府において誓約有之《これあり》候事は、時の得失に因って其の条目は改めらるべく候へども、その大体に至り候ては、妄《みだ》りに動かすべからざること、万国普通の公法にして、今さら朝廷においてこれを変革せられ候時は、却《かえ》って信義を海外各国に失はせられ、実以て容易ならざる大事に付き、止《やむ》を得させられず幕府において相定め置き候条約を以て、御和親御取結びに相成候」といってあることを思うと、幕府が締結した条約の中に改めねばならぬような条項があるので、そういう不完全な条約を締結したことを幕府の失錯といい、それが改められずにあることを「因循今日に至り」といったものと解する方がよかろうかとも考えられる。けれどもまた、それでは、「幕府従来の失錯により」とあるいい方にふさわしくないし、「世態大に一変し」云々の語にも意義が続かないことになるのみならず、朝廷では癸丑以来鎖国攘夷を主張していたという見解によれば、本来外国と和親し条約を締結したのがよくないことであって、条約中の一々の条項の如きは問うところでなかったとしなければなるまいから、そう考えてよいかどうかも疑わしい。

あるいはまた次のようにも解せられようか。それは、幕府の失錯とは、開国の方針を立てて外国と条約を結んだことをいうのであって、これは本来間違ったことであるから、是非とも鎖国攘夷をしなければならなかったのに、それをせずして今日に至ったけれども、世態（その意義は何であるにせよ）の大に変化した今日では、朝廷でもやむを得ず断然和親政策を執ることにした、という意義と見ることである。しかし、こう解したところで全体の文意はよく通じない。のみならず、朝廷が外国に対して和親の態度を執り幕府の結んだ条約を承認したのは、幕末のことであるから、こういういい方をするのは事実にも背いている。要するに慶応四年正月の告示は解しがたいものである。

ただ何らの点かで、また理由にならぬ理由を強いて造作してでも、幕府の処置を非難しようとしていること、また朝廷の主張であった鎖国攘夷の思想も正しいし、今日となっては外国と和親することも正しいとして、反対の態度を両方ともに肯定し、また一方では和親は真実には望ましからぬもののような考えをも暗示するとともに、他方では世界万国に交わって国威を輝かせるというような希望もあるらしくいおうとしていることが、これらの文書で知られるように見える。

慶応三年十二月の政府の宣言に癸丑以来朝廷は鎖国攘夷を固執してきたといって、先帝の叡慮もそれであったらしくほのめかしながら、慶応四年二月の布告では「和親の事は先朝において既に開港差許され候につき、皇国と各国との和親ここに相始まり居候」といって幕府の締結した条約の先帝によって勅許せられたことを明言するとともに、「外国の儀は先帝多年の宸憂にあらせられ」といったのみで、その宸憂が開国か鎖国かのいずれの方向にあったかをいわないことにも、あるいは同じような考えが含まれているのかもしれぬ。もっと直截にいうと、政府者の前身たる浪人の徒が先帝が攘夷を主張せられる如く宣伝していたために、それに対する自己弁解としてかかるいい方をしたのでもあろうか。なお上記の二月の布告には「皇国固有の御国体と万国の公法とを御斟酌採用に相成候は、是れまた已むを得させられざる御事に候」という一節があるが、これには正月の告示にいってあることとは一致しないところがある。なおことばの上だけのことながら、正月の告示に、このたび「断然和親条約を取結ぶ」というのもおかしないい方である。主要国との条約の締結は幕府が十年前に既に決行していることではないか。だから「和親条約を取結ぶ」といってあるけれども、これは外交のことを知らない政府の作った文書のこのいい方がよくないので、実は、幕府に代わって新たに外交の事務を取り扱うことになった宮廷が、改めて列国に対し和親の意を表した、という意義であろう。慶応三年十二月の政府の宣言に、朝議が外国との和親を決定したことをいうについて、「兵庫開港の条約を許し」たことのみを挙げ、それより前にヒョウゴの開港を除いた通商条約の勅許があったことをいわなかったのも、またこれに似た粗漏である。

もう一つ、ついでにいおうなら、和親条約のことから突如として兵備を充実し国威を世界に輝かすことに転じているのも、奇である。これは当時にあっては甚だしき誇張の言であり、そうしてそういう誇張をしたのは、それが宣伝的意味をもっているからのことであろう。宣伝の相手は、この頃にもなお残っていた攘夷論者や、半ば過去のものとなっている志士浪人の徒がその主なるものであって、明治政府の力でも彼らの空想していたようなしごとができるといおうとしたのであるらしい。あるいはまたこれらは、先帝が攘夷の思想をもっておられたようにほのめかしたためにそれに対していったものであるかとも解せられようか。またこの正月の告示には、幕府の締結した条約の条項の中で弊害のある件々は利害得失公議の上改革あるべし、と付言してあるが、これでは条約の規定を日本の政府だけの考えで変改することができるように思っていたらしく見える。一方では同じ付言のうちで外国交際については宇内《うだい》の公法（いわゆる万国公法のことであろう）によって取り扱うといいながら、こうもいっていることに注意すべきである。これは当局者の知識の欠乏から来ているであろうが、世人をしてかかることの可能を思わせるところに、やはり宣伝的効果を狙った意味があろう。

二

新政府の宣伝しようとしたことにおいて思想上重要な意味のあるものに、祭政の一致と政教の一致とがあって、それが詔勅の形によって告示せられている場合もあった。これには水戸学の主張であるアイザワ・ヤスシ（会沢安＝正志斎）の『新論』の語を用いたものが主となっており、それにヒラタ・アツタネの徒の宣伝した惟神《かんながら》の大道の説、なお皇道という名を用いる考え方などが混和せられていて、論理的に一貫しない曖昧なものであるが、要は民心を一に帰して朝廷に奉事させようとするところにあり、そこに政府の政治的意図があったらしい。神祇官《じんぎかん》に宣教のことを掌らせ、宣教使を置いていわゆる大教の宣布を行なわせることにしたのも、そのためである。古制では神祇官は全国の主要な神社を統轄し、神の祭祀の儀礼を行なう任務をもっているのみであったのを、復活した神祇官には上記の如き特定の思想をもって国民を教化させようとしたのである。

さてまず考えねばならぬのは祭政一致である。『新論』でしばしば祭政維一《いいつ》という語が用いてあるが、それは祭と政とは本来一つのものであるという思想から来ている。政治は天皇が天の神たる御祖先の事業を継承せられることであり、そうしてそれは即ち御祖先に事《つか》えられることであるから、畢竟天の神に対する祭祀である、というのである。いわゆる神道家は、祭（マツリ）と政（マツリゴト）とが同じ語であるという理由で祭政の一致を説いたが、『新論』は孝道を説く儒教思想によって、政といい祭という語にこういう特殊の意義を与え、それを天皇における孝道の実現と見たものである。祭政一致の語にはこういうようにして、道徳的意義が与えられている。

しかしこの孝道の説き方には大なる誇張が含まれている。なお天皇の祀られる神は御祖先たる天照大神が主であるけれども、もとよりそれには限らないから、その点にもまた誇張がある。明治元年十月のトウキョウで発せられた詔勅に、政教の基本として祀典《してん》を興し祭政一致の道に復することが述べてあり、そうしてこのときのトウキョウ行幸を機として天皇がヒカワ（氷川）神社の親祭を行なわれたのであるから、政府の意図は必ずしも『新論』の見解には従っていなかった。

のみならず、祭政一致とはいいながら、事実としては、政治上の一つのしごととして国家の儀礼たる神の祭祀をする、あるいは神の祭祀を政府で管理する、というだけのことであるから、このいい方にもまた誇張があるといわねばならぬ。『新論』の説は事実に基づいた考えではなくして、儒教思想によって構成したアイザワの主張なのである。

なお明治四年七月に大教宣布の御沙汰書というものが発表せられていて、それには教によって人心を正しく導き政によって民を治め、政と教と相須《あいま》って民心を朝廷に帰向させることが説いてあって、それを政教一致の御趣意だといってあり、ここで明らかに政教一致の語が現われているが、これもまた祭政の一致と関連させて『新論』に説いてあることであって、政と教とが本来一つのものであることをいったのである。その教は天皇の御祖先の立てられた忠孝の道であり、そうしてそれがそのまま政である、というのである。この考え方にもまた大なる誇張があるが、それはしばらく措いて、御沙汰書のこの「教」には宗教的意義がないように見え、ただ神明を敬することが説いてある点に少しくそれと縁があるのみである。しかしこれが大教の宣布についていわれているのを見ると、そうばかりはいいきれないかもしれぬ。

ところが、ここに引いた詔勅などを互いに対照して見ると、祭政一致と政教一致とが曖昧に結びつけられ（『新論』の思想では祭政教の三つが一つのものとなっているが、政府の発表した文書では、必ずしもそれに従ってはいない）、また例えば「教」の語の意義の如く、同じ事柄についてもいうことがまちまちになっているが、これは、祭政維一とか政教一致とかいうことばがあるためにそれらが用いられているけれども、これらのことばがもともと誇張せられたいい方によったものであり、現実的意味のないものであり、ことばのままでは畢竟空虚の観念に過ぎないものであるために、こうなったのであろう。そうしてそれにはシナ語の構造にも由来するところがある。なお「教」を説くことが場合によってまちまちになっているのは、あるいは道徳的意義を強調せんとし、あるいは幾らかの宗教的意義を含んでいる神ながらの道を張揚せんとし、またあるいは政治的要求を表面に立てようとするように、いろいろの思想的傾向が政府者の間にあったからでもあろうし、思想の違う事務官や献策者の種々の意見が混合して文書に現われている故でもあろうし、根本的には政といい祭といい教という概念が明らかになっていなかったためでもあろう。

かの皇道ということばにも意義の同じでない場合があるので、上に引いたところによれば、皇道において主要なことは祭政一致である如く解せられるが、明治元年五月の太政官の布告に「皇道新に復し国是漸《ようやく》に定まり、万機御親裁に出で百事将に備はらんとす」といってある場合の皇道は、王政というのと同意義であるらしく、明治二年五月に東征の軍の勝利（＊五稜郭陥落）を得たことを「皇道の衰へを復し……汝有衆の力によつて威を遠方に宜ぶ」といってあるのもほぼそれと同じく、また九月に「皇道復古、朝憲維新、一に汝有衆の力による」といって有功の諸臣（＊岩倉、西郷ら）に賞典禄を賜わった場合の皇道も、朝憲の語に対応するもののようである。同じ皇道の語がさまざまの意義に用いられているが、これもまた「教」の意義がさまざまであるのと同じ事情からであろう。

政教一致という語がひどく誇張したいい方であることは、上にも一言した。事実としては、当時まだ政府の権威が確立せずして民心が動揺している状態であったために、国民をして政府の命令を遵奉させることに意を用い、それによってその権威を確立させようとしたのであるらしいが、政治は天皇親政の建前であるから、政府の命令を遵奉させることは即ち民心を朝廷に帰向させることになる。政教一致はこういう意義における教化の任務を政治に寓する（＊託する）ことなのであり、そうしてその強化には、儒教道徳の思想と、宗教的意義においての神道的形態とが、曖昧の形で混和せられている。

後の教部省で編述せられた三条の教憲において、第一の敬神愛国には幾分の神道的形態が含まれてい、第二の天理人道は儒教的の思想であって、いずれも教に属するが、第三の皇上奉戴朝旨遵守は政の目指すところであって、この三つを具えたところに政教一致の主旨があるのであろう。そうしてその教化の事業には、儒教の思想として先王が民に道を教えたとせられ、帝王が民衆に対する教化の任務をもっているとせられたことが、想起せられるのである。しかしこういうことがどれだけ実際に効果を挙げたかというと、それは甚だ少ないものであった。祭政維一といい政教一致というのは、宣伝のための標語として用いられたために、上記の如き誇張のいい方によったのであるが、すべて宣伝用の標語はこういう性質のものであるから、文字通りには実現できないことであり、畢竟空虚の観念を示すに過ぎないのである。

なお祭政維一とか政教一致とかいっても、それは天皇の政治が神の権威を背景として行なわれるという、いわゆる神権政治の思想ではないので、王政復古または維新の際の公文には、どこにもかかる思想は見えていない。明治の初年に世に現われた政体に関する著作には、日本の上代には神権政治が行なわれたようにいってあるものが少なくないが（カトウ・ヒロユキ＝加藤弘之の『国体新論』、フクザワ・ユキチの『文明論之概略』、ツダ・マミチの『政論』、ニシ・アマネの『教門論』などにそれが見える）、これらはヨーロッパ人の政体論から取ってきた考えであって、日本上代のこととしては事実に背いている。王政復古の場合にかかる思想があったようにもいわれているが、これには祭政一致という政府の標語の誤解にもより、また政府の一機関たる神祇官に宣教使が付属し、後の教部省が教導職の教導を管理したような事例が、時の知識人をして西洋人のいう神権政治を連想せしめた、という事情があるかもしれぬ。

しかし明治初年の祭政一致の思想は、政治に神を祀ることが含まれているというのであって、それは政治が神の権威を背景にして行なわれるというのとは違う。天皇の政治を神の権威の現われと見るのでもない。また宣教使や教導職の掌る「教」というのは、主として道徳的意義のものである。神ながらの道ということがいわれていても、それは国学者の考えによると、道が神代から、即ち皇祖のときから伝えられているままのものである、あるいは道が自然の存在である、という意義でいわれているのであって、その道というのは主として道徳的意義においてのものであり、ただ国民的習俗としての神祇の尊崇がそれと結びつけられているのみである。アツタネなどの思想においてはそれに宗教的傾向が加わってはいるが、それとても、多くは儒教風の道徳思想を神の教えとして説き、または仏教から転化してきた来世観などを付会したままのものであって、今人の眼から見て宗教思想と目し得られるようなものではなく、またそれは天皇の政治とはほとんど関係のないものである。要するに当時の政治と神事との関係は、政治を神の権威に関係させていったのではなく、天皇の政治上の任務として神を祀られることを説いたまでのことである。

また天皇が神であられるというような思想に至っては、当時の人の思いもかけぬことであった。王政復古について神武創業の古に復することを声言した政府者も、天皇を「現《あき》つ神」と称することはしなかった。当時の詔勅に祭政一致を上代の有様として説いてあるが、上代においても、天皇が神を祀られるのは天皇が神ではなく人であられるからであることを、思うべきである。遺存する上代の文献においても、天皇を神と呼ぶことは儀礼的の言辞かまたは説話的・文学的の表現かであった。明治の初期において政治に関する政府者の思想の依拠するところはむしろ儒教思想にあったので、祭政一致に関する詔勅に漢文で書かれたもののあるのも、一つはそのためでもあったろう（いろいろの公文書が漢文で書かれているから、これだけの理由からではないけれども）。

ところが儒教思想においては帝王はどこまでも人であって神ではない。祭政一致と関連して宣伝せられた政教一致の思想においても、帝王が民を教化するという儒教思想によったところがあり、そうしてそこに考えられていた「教」は主として道徳的意義のものであって、ただ神を崇敬することが重要視せられたところに、一抹の宗教的色彩があるのみであった。神道家などのうちには、あるいは「現つ神」もしくはそれに類似する語を用いたものがあったかもしれぬが、よしあったにしても、それは狂信者の狂信からか、一種の文学的表現かに過ぎなかったであろう。しからざれば神代も人代であり人代も神代であるとか、神も人であり人も神であるとかいう、一部の神道家の間でいわれていたような理説から来ているのであろう。天皇を神と見るということが、現実の生活においてその神（としての天皇）に対し、人に対するのとは違ったどういう態度をとりどういう行動をする意味なのか、それが何人によっても示されていないことを考えてみれば、本来そういう思想の存在しなかったことはおのずから知られよう。

近頃は往々、天皇は江戸時代において宗教的権威者であられたとか神格を具えておられたとかいうことが、世間でいわれているようであるが、これは「天子さまを拝む」というような民衆の心理の一つの表現か、または日本の事情に通じない西洋人の言かによったものであるらしく、事実には背いている。尊貴の人を「拝む」というのは敬意を示したのみであって、宗教的意義をそれにもたせたのではない。江戸時代に西洋人が、政権を有せずして君主であられる天皇の地位の性質を解せず、それに何らかの神秘性がある如く考えたのが誤りであることは、いうまでもなかろう。天皇が宮廷の古典的雰囲気に包まれ、その点で特異な尊崇の情が喚起せられたことは事実であるが、それは一種の詩的感情であって、宗教的意義のあることではない。当時の日本の知識人の天皇観にはこういう要素があり、そうしてそれが、遠い古代から皇室が国民の内部に存在せられたことと結びついて、無限の親しみと懐かしみとを感ずるところに、その尊さの知られる意味があった。

あるいはまた、古くから親しい関係の続いている物事に対しては、人はおのずから深い愛着を生じ、その愛着がまたそれを長く続かせるのでもあるとともに、長く続いてきたことによってそれに特殊の美しさが生じ、従ってその美しさを傷つけまいとする心情が養われる。要するにそういう物事は歳月の経つとともに自己の生活に融け込みまたは滲み込み、自己と一体になり自己のうちの存在となってくる。皇室と国民との関係はちょうどそういうものである。しかしそういうことも、国学者は考えなかった。

明治の政府者にもかかる詩的感情はなく、従って天皇の存在を散文化した感があるが、天皇を神格化しようとはせず、道徳的意味において完全な人格を具えておられるように考え、あるいはそうなられるように輔翼しようとした。民の父母として国民を愛撫せられるというのも、公議を重んぜられるというのも、それであり、天皇と国民とを君臣と見るのも、互いに人倫の関係をもたれるということである。祭政一致の思想も天皇を神を祀られる人として、祭主として、見たのであり、三条の教憲の皇上奉戴にも神としての崇拝の意義のあることは認められぬ。「幼弱にして位に即いた」ということばが、詔書などにおりおり見えるのも、また同じことを示すものであろう。これは人としてのことである。

その拠るところの思想が多く儒教の何らかの教義に由来するものであり、また互いに矛盾する概念を含んだり、誇張の言があったり宣伝に過ぎないことが少なくなかったりしても、全体の上から観察すれば、当時の政府者に天皇に対する上記の思想と用意とのあったことは、一応肯定してよかろう。勿論、実際政治の上では、例えばトクガワ氏征討の挙の如く、天皇親征の名において行なわれたために、究竟《くきょう》するところ天皇の徳を傷つけることになったものも少なくない。なお特殊の事柄についてその一例を挙げると、明治元年の東幸のときに沿道の老齢者などを慰問せられたが、他方ではトクガワ氏の領土を削減してその家臣の生活の資を奪い、彼らを貧困に陥れた、というようなことがある。これは君主道徳の要請と政治上の処置とがその性質を異にしているからではあろうが、その形跡に現われているところは矛盾しているといわねばならず、それがために天皇の道徳的人格の完成が妨げられたというべきである。けれども上記のことだけはいい得られるので、天皇を道徳的に完全な人として見たいという欲求が何人の心情にもあった。合理主義的傾向のある儒教の道徳思想に依拠しようとしたのも、そのためである。要するに明治の新政における天皇はどこまでも人であられ、決して神とせられたのではなかった。

明治の初めにおける天皇の政治を絶対主義というような名で呼ぶことも、また近頃一部の知識人の間に行なわれているが、これもまた事実に背いている妄言である。明治の初年においては、天皇は権力をもって国民に臨まれるのではなくして、国民を安泰にする職責があるという道徳的自覚の上に立っておられるということ、天皇の政治は公議によるべきものであって、専制的のものではないということ、この二つが政治の要綱であったから、それは決して絶対主義と呼び得られるものではなかった。これは勿論政府によって宣伝せられた思想上の要請であって、政治の実際をいったものではないが、天皇の親政ということが既に事実ではないから、それに対する絶対主義というような思想上の評語は、この思想上の要請についていわるべきものであり、そうしてそれは全く当たらぬことである。政治上の絶対主義はむしろ、民権思想の流行、憲法政治の要求に対する反動思想として、後になって現われ、また帝国憲法の法理としてその起草者によって主張せられたものであって、明治の初年にはまだ存在しなかったのみならず、憲法実施の後においても、実際政治の上に実現せられた思想ではない。このことについては、別に述べる機会があろう。絶対主義の名は天皇の神格化もしくはいわゆる神権政治の名と関連があるように考えられるかもしれぬから、このことをここに付言するが、実はそれとは全く性質の違ったものである。

祭政一致の思想と関連を有することに、全国の神社仏閣において政府が行なわせた神仏の分離ということがあって、時を得顔《えがお》に振る舞った神職のものや儒教思想の知識をもっていた吏僚などの力によって実現せられた。それには仏教の僧侶に宗教家としての品性のないものが多く、従って識者から軽侮せられていたこと、また俗生活に入ることの喜びを味わったこと、さらには旧物破壊の時代の風潮がはたらき、梵鐘またはその他の仏具の類を潰して武器製造の資とするというような実用主義もそれに加わったこと、などの理由もあった。

もともと神社仏閣の設備としての神仏混淆は、長年月の間行なわれてきたことであるから、急激にそれを分離させようとするのは、おのずから民俗を混乱させもし社寺の景観の破壊ともなるが、当時の神職にあったものや吏僚の輩は、そういうことには無関心であったらしい。日本の神の崇拝の純粋性を保たせようとすることには意味があったが、祈祷の対象としてのブツ（仏）は、その性質において一種の神であり、その点で神仏混淆には一応の理由があったとも考え得られるから、政令の力で強いて急速にそれを分離させ、神道者や儒者の宗派的闘争心を煽《あお》って神社における仏像や寺院を破壊させ、勢いの赴くところ、おのずから全般的な廃仏毀釈の風を起こしたことには、少なからぬ無理があった。いままで多数人が崇拝してきた仏像などを権力または暴力によって破棄するが如きは、信仰の如何にかかわらず、人をして不快の情を起こさしめたに違いない。だからそれに追従したものは、多くは時の政治的権力に屈服したか阿附したかのいずれかであった。それには政府の宣伝がはたらいたのではあるが、実は宣伝というよりも権力の強行であった。だからその大嵐の一たび鎮静した後には、民俗としての仏教の喪祭などは概ね再び故態に復し、社寺における神仏混淆が一応やんだのみで、一般には神とブツとの崇拝が旧の如く並び行なわれるようになった。そうして仏教の僧侶には、概していうと宗教上の熱情がなく、道徳性の欠けていることにおいて、何の変化も生じなかった。

三

政府の首脳部を占めているものは、概言すると幕末の志士浪人輩の後身、少なくともその同調者・推輓者もしくは利用者の類であり、その思想にも処世の態度にもまた政治に関する行動にも、前身時代の旧習が多く持続せられているので、いわゆる王政復古そのことが、もともと彼らの幕府に対する憎悪の念から生まれ出たいわゆる尊王の主張に基づいたものであるのみならず、彼らのふとした思いつきや一場の私言が忽ち叡慮とか勅諚とかの名によって宮廷から公表せられ、そうしてその内容には虚偽と誇張とが充ち、その表現には徒らに強い調子が用いられ、そうしてまたそれには彼らの間に激しかった党争心・権力欲などから生ずる排他的感情が籠っていたことを考えると、新政府の宣言や行動が上記の如くなるのも怪しむべきではなかろう。いわゆる志士や浪人の徒が無根の風説を世間にまき散らしたのも、脅嚇や私刑を行なって投書や貼り紙や立て札などによってそれを公衆に宣伝したのも、脅嚇や私刑やその他の種々の暴動も、それみずからが大きな宣伝の用をなしていたことも、あるいはまた彼らの後援者または指導者であった長藩の政府がしばしば諸藩に対して自己を弁護し幕府を非難した宣伝文書を送致したのも、種々の文書によって宣伝に努めた薩長政府の態度を導き出したものと推考せられる。政府がかかる態度でかかる宣伝を行なったことは我が国では、このときに始まったといってもよい。幕府においても、例えば貨幣の改鋳の場合の如く、虚偽の宣伝を行なったことがないではないが、それは稀なことであった。武人政府（＊幕府）は言論の力をかりるよりも実行を主としたのである。王政復古または王政維新は、本来思想上の革新であるのに、その指導者に、誠実にして確固たる識見を有する思想家がなく、軽浮にして無識な志士浪人輩、もしくはそれと気脈を通じそれと呼応して事を起こしたものの盲目的行動によってすべてが進行したのであるから、新政府のしごとが上記の如きものとなったのは、当然であろう。

けれども新政府には功績もないではない。その最も大なるものは封建制度の廃棄であって、これは幕府の有識者が行なおうとしながら行ない得なかったことを行なったのである。日本が独立せる一国として世界に立ってゆくには、何よりも内部の統一を強固にしなければならぬが、それにはどうしても封建制度を廃棄しなければならぬのであった。しかし封建制度を基礎として成立している幕府では、それを断行することに多くの困難があったが、よし一時的には封建制度の上に立ちまたそれを利用したにせよ、それとの間に内部連結のまだ十分に成り立っていない明治政府では、その関係を断ち切ることが割合に容易であったのである。勿論実際には、政府はそれを行なうについて躊躇もし迂曲な方法を採ったのでもあるが、ともかくも思いの他に容易にそれを成就させることができた。

これには、王政維新によって中央政府が成立し、そうして強藩がその中心勢力となっていたこと、その政府が武力を用いようとする勢いを示して幕府を圧迫し、幕府がそれによって倒れた余勢に乗ずることができたこと、長い平和の時代を経たことによって封建諸侯の国が脆弱になっていたこと、幕末時代において既に封建の藩籬を超え全国を通じての活動が諸方面に行なわれてきたこと、維新につれて旧物破壊の風潮がすべての方面に行き渡り、封建武士も旧状の維持しがたいことを知ったこと、版籍奉還から廃棄までに二年ほどの準備期間を設けたこと、なおその他にも種々の事情のあったことが考えられようが、ともかくも封建制度は廃棄せられた。

封建の制度には道徳的要求も内在するし、民衆の地方的結合という意味もそれに含まれているが、新しい道徳を立て新しい地方的結合を組成するまでの過程としては、封建制度の廃棄はぜひとも行なわねばならぬことであった。そうしてそれを明治政府は遂行したのである。封建制度に伴う武士制度もまた、既に幕府時代からその内部に漸次頽廃の兆《きざし》を示してきて、幕末に至ってその勢いがさらに増進したのであるが、封建制度の廃棄によって致命傷が与えられた。

ところが、それには少なからぬ犠牲を要した。多数の武士が生活のたつき（＊手段）を失って社会の下層に沈淪《ちんりん》し、そこから種々の罪悪の生まれたこと、新政府の政治に対する不平不満の情が武士の心裡に鬱積して各地に騒乱の起こるようになったこと、城池が破壊せられて美しかった景観が荒廃したこと、武士という美術や工芸の保護者もしくは需要者の大半が財力を失ったことなどがそれであるが、ただその半面には、武士がその生計と地位とを維持せんがために、新時代の新学術による新知識の獲得に力を注ぎ、または新社会の新事業に志を立てて、新文明の形成を助けたことにも注意しなくてはならぬ。要するに、封建制度の廃棄は、一面において革新の意気のあったことを示す維新政府の功業ではあったが、それとともに旧制の破壊に生じがちの種々の弊害もまたそれに伴っていたのである。

しかし封建制度の廃棄について極めて重要な一事は、幕末において、この制度の一つの弊害として、戦国割拠の形勢が復活しそうになってきたので、皇室が新たに国家統一の中心としてのはたらきをせられることが、おのずから国民の要望となったことである。王政の復古というのは実は意味のない標語であり、天皇の親政とてもまた同様であるが、時勢の要求は実はここにあった。それは思想的意義においては皇室が国家統一の象徴であられることであるが、こういうことは、上にも一言した如く、この頃の政治家にも知識人にもわからなかったに違いない。しかし国家統一の中心ということは、ある程度に理解せられたであろうと思われるので、王政の復古や天皇の親政の標語にも、考えてみればこの意義が含まれていよう。さすれば国家を分裂に導くおそれのある封建制度が、新しくかかるはたらきをもたれることになった天皇の下において廃棄せられたのは、意味のあることであった。実はかかる天皇の治下において初めてそれが行ない得られたのである。

封建制度に関することばかりではない。明治初年の政府には上記の如くだらしのない一面があるとともに、「維新」の気運に誘発せられて旧習を改革し、または新事業を起こし新経綸を行なおうとした他の一面もある。そうしてそれは、主としてかの志士浪人の系統に属しない新進の輩の関与したところが多いとともに、直接に皇室を戴く朝廷に身を置くことによって彼らの事功欲のおのずから励まされたところがあるであろう。勿論こういう心情にはいろいろの弊害の伴うことを免れなかったが、利弊は何事についてももつれ合って生ずるのが世の常状であるから、これのみについてそれを責めるのは、無理でもあろうか。

第六章　明治憲法の成立まで

一

憲法の制定を誘発する事情は国によっていろいろであるが、我が国では、その歴史的由来が、公論衆議によって政治をするということの要求せられたところにあった、と考えられる。勿論その初めにおいては、政治形態及び国民生活の根本法規としての憲法の制定などということには何人も想い及ばなかった。が、後にはいわゆる立憲政体の要件として普通に信ぜられるようになった事柄のうちで、議会の設置という名義または形式においての衆議政治が最初に人の思慮に上ったために、こういうのである。その後になって、ヨーロッパの立憲政体における議会の制度を模して、正式にそれを開設することが考慮せられるとともに、国民の権利義務を法制の上で規定することが主張せられ、この二つのことと絡み合って、日本の国家成立の精神をやはり法制の上で明らかにすることが要求せられ、そこから憲法制定ということが大きな問題として提起せられるようになってきたのである。

衆議によりまたは民意を聞いて政治をするということは、トクガワ幕府においても無視せられたのではない。町民または村民の間に「寄合」と称せられた住民の相談によって町政または村政が行なわれ、あるいは庄屋年寄などを住民の投票によって選挙する習慣のあったところもある。士民の階級的区別はあるが、知能あるものは平民でも官途に就いてかなりの要地に上るものがあり、農商の徒でも武士の身分を与えられるものがあって、儒官などは概ね農商出身のもので占められている。また婚姻によって武士の血が平民に混入する例も多い。なお幕府の家人においては、金銭養子、株の売買、または婚姻によって平民の血の武士階級に混入することも常であって、それは直接に政治にかかわることではないが、武士と平民とが必ずしも厳格に隔離せられていないことを示すものではあり、そうしてそこに幕府の政治に一味の民衆的要素のあることが示されていよう。もともと戦国武士そのものに百姓町人からの成り上がりものが少なくなかったのである。

幕政に関しては、ヤナギサワ（柳沢吉保）とかタヌマ（田沼意次）とかまたはミズノ（水野忠邦）とかの如く、世望を失った執政は概ね罷免せられ、虐政を行なった大名が封地を没収せられたこともある。百姓一揆の起こったような場合には、その主謀者は厳刑に処せられたが、百姓の希望は許容せられることが少なくなかった。また特殊の場合のことではあるが、藩政の改革を行なうに当たって民衆の同意と協力とを求めた藩もあった。幕府でも諸藩でも政治の対象が民衆である限り、民衆の意向を無視することはできなかったのである。

ところが、対外問題が起こってから後には、幕政において衆議に諮ることが際立って著しくなってきた。その一つは、対外関係を如何に処理するかについて諸侯の意見を聞こうとしたことである。その最初は、嘉永・安政の交の首席老中アベ・マサヒロの意向により、諸侯を殿中に召集してアメリカ大統領から将軍に贈った文書を示し、それに関する各自の意見を諮問したことであるが、その回答は文書で上申するのであって、殿中に会議を開いたのではない。そうしてその回答は、必ずしも諸侯の真の意見を披瀝したものとは限らず、海外に関する知識の乏しいために定まった意見がないもの、またはありきたりの攘夷論で間に合わせておくもの、武士としての諸侯の面目を立てるために強がりをいったもの、または封建諸侯としての地位を損ずることを恐れるための矯飾の加わっているものなどもあって、諮問の目的は達せられなかった。ただ重大の事件を処理するについて、被治者たる諸大名の意見を聞こうとした幕府の態度を示したのみのことであった。

アベはまた海防掛などの下僚の意見を徴してもいるし、儒家・蘭学者・兵家らをもって一種の委員会めいたものを設け、海防に関する諮問機関としようという意向を抱いてもいたというが、これらもまた衆知を集めることを重要視したものであった。ただこれらはおのずから会談の形をもつことになったであろうが、各員の意見が違う場合にそれをどう処理するつもりであったかは、明らかでない。今日の概念での会議というほどのものではなかったであろう。

その後、安政四、五年の交に外国掛の老中ホッタが、新たに商議の成立したアメリカとの条約について宮廷に対する「御相談」のために上京したとき、宮廷から「三家以下諸大名の衆議」を聞きたいという提議があったが、これは既に幕府から新条約の締結について諸大名に意見書の提出を命じてあったので、同じことを宮廷でも要求したに過ぎないものであった。のみならず、その提議を誘発した宮廷人マデノコウジ・マサフサ（万里小路正房）の建議によれば、（＊会議ではなく）諸侯の上申は宮廷で選択した上で採るべきを採るというのであったから、これはただ宮廷人が衆議の名を利用しようとしたまでのことである。

その後、いわゆる志士浪人の徒が大言壮語をもって荒唐不経な尊王攘夷の説を唱え、宮廷人の間に遊説して幕府の執った国策を攪乱もしくは破壊しようと企てるに至って、彼らはその主張し揚言するところをみずから「天下の公論」と称したので、文久二年（一八六二年）にチョウシュウ侯から幕府への建白に、幕府をして「列藩並《ならび》に草莽の士の所存、天下の公論」を聞かしめようとしたことが見え、サツマのシマヅ・ヒサミツの宮廷への建議にもやはり「天下の公論」の語が用いてあるのは、それに従ったものである。しかしその草莽の士の「公論」というものは、徒らに囂々《ごうごう》として幕府攻撃の声を挙げるのみのことであって、何ら具体的な経綸の策を含むものではなかった。のみならず、それに伴って幕府の当路者や外国人を要撃または暗殺したり、おのれらに不利な言動をするものを殺傷したり、凶悪の限りを尽くしたので、公論たる意義は何もなかった。

公論という語には公衆、即ち多数人のいうことというのと、公正無私の主張というのとの、二つの意義があり、後者はそのいうことの内容に道徳的意義をもたせたのであるが、一般にはこの二つが混淆せられて、または区別せられずに用いられ、多数人のいうところが公明正大なものの如くに思われがちであった。多数人のいうところが、ためにするものの宣伝に引きずられた付和雷同の言であったり、知識がないために判断を誤ったり、そういう場合の少なくないことは周知の事実であるのに、それに気のつくものが少なかったのである。公論の語を呼号するものは、かかる概念の混淆を利用して自己の主張をあたかも正義であるが如く宣伝するので、自己の党与は正義の士であり、しからざるものは奸邪の輩である如くいうのと、関連したことである。志士浪人の徒の言動はその最も甚だしきものであった。

ところがこの年に宮廷は幕府に対して、いわゆる三事の一つとして、将軍みずから大小名を率いて上洛し、公卿大夫と与に国家を治め夷狄を攘《はら》うことを議せよ、という要求をした。これは諸侯及び宮廷人の会合による議事を開くことを命じ、またその主要な案件をあらかじめ攘夷と定めたものであるが、かかる多数人の会談を如何なる形で成立させるのか、攘夷を非とするものがあるときに如何にそれを処理せんとするのか、会談の開かれる前に決めておかねばならぬ。こういう具体的の問題についての考慮は、何もなかった。要するに実行のできない、たぶん実行を期待しなかったでもあろう、ことばの上だけの要求であった。幕府は、将軍の上洛の他は実行する意志がなく、諸侯にもまたそれが実現せられることを思うものはなかったのである。しかし観念的には、極めて茫漠たる思いつきから出たことながら、諸侯及び宮廷人の会談ということが、それによって初めて人の口に上ったのである。

この茫漠たる多数人の会談とは反対に、宮廷の召集によって行なわれたエチゼン・カゴシマ・ウワジマ＝ダテ（宇和島＝伊達）・トサの四侯に将軍の補佐たるケイキを加えた少数者の会談が、文久三年の終わりから翌元治元年の初めにかけて行なわれた。アイヅ侯・チクゼン侯・ヒゴ（肥後）侯などの加わったこともあるが、多く出席したのは上記の四侯であった。前年に幕府に示された三事の一つである五大老設置の案の少しく形を変えたものであったと推測せられる。四侯が賢明諸侯とか有力諸侯とかいわれたことからも、そう考えられる。

この会談では、幕府と宮廷に対するその関係とについて、かなり立ち入った話し合いが行なわれたらしく、四侯は幕府に対してその政務に参与することを要求し、宮廷からも四侯に朝廷の参与という名義が与えられて宮廷のことに参加する資格を得たが、この会談は、畢竟、なすところなくしていつの間にか消滅した。会談は単なる会談であって会議ではないから、それによってしっかりした決議がなされたのではなく、そうして封建諸侯としての各藩主には自藩の地位と利害とが何よりも有力にはたらくので、会談はそのうちの力強き発言者に引きずられるか、うやむやに終わるかの他はないからである。多数の諸侯はかかる会談には一般に風馬牛（＊無関係）であり、そういうことの行なわれていることすら知らないものが多かったろうから、政治の大勢を動かすほどの力がそこから生じなかったことはいうまでもない。またその大部分が外様大名であるこれらの諸侯が、宮廷のことに参加するとともに幕政にも関与することになれば、幕府にとっては宮廷と外様大名との二つの力がその頭上に加わることになるから、かかることを幕府が喜ばなかったことは、明らかであるといわねばならぬ。

なお参与の諸侯ばかりでなく、その家臣をも宮中に召して彼らの意見を徴するがよいという案がこの会談に現われているが、この私案は後に慶応元年（一八六五年）の条約勅許の問題に関し、やや範囲を広めて実現せられるに至ったので、そのとき、有力な十五諸侯の藩士が宮廷の召集によって参内し、各自にその所見を陳述した。諸藩の藩士が公式に宮廷の諮問に答える地位を与えられ、公議ということがここまで具体化せられたのである。これはいわゆる賢明諸侯の単なる会談とは違い、また参会者の多数の意見が採用せられたのでもなく、司会の任に当たったインノミヤ（尹宮＝久邇宮朝彦親王）の機宜を得た処置によって、サツマの藩士オオクボ・トシミチの陰険な策謀から出た提議は却《しりぞ》けられ、幕府の奏請の如く条約は勅許せられたのである（ヒョウゴの開港を除いて）。

ところが、慶応二年に将軍イエモチが薨じて職を襲《つ》ぐものがまだ決せられず、世情が動揺するに至ったので、ケイキの言上の旨もあって宮廷から諸侯中の有力者を召集せられた。（＊実際の）発案者はエチゼンのシュンガクであり、幕府をして従来の失政を反省させ、これらの諸侯の意見を徴してそれによって新たに国是を定めさせようとして計画し、またそれとともに諸侯の家臣の主張をも聞こうとしたのであるが、幕府の意向はそれとは違って、差し迫っていたチョウシュウ問題の処置をつけるためのものと考えていたらしい。しかし諸侯の多くは病と称して参会せず、結局、シュンガクとサツマ・トサ・ウワジマの藩主との、四人が活動したのみであったから、畢竟先年の四侯会談の復活の観を呈するにとどまった。天下の公議を採るというのと四侯の会談によるのとは、矛盾しているが、これは公議が名称だけのものであったことを示すものである。

このことよりも重要なのは、ケイキが将軍の地位を襲いだ後の翌慶応三年に、ヒョウゴ開港の問題が起こったので、将軍はその勅許を仰ぐとともに、それに関して有力諸侯に意見書の提出を求め、朝廷もまた別に幾らか広い範囲のものにそれを諮問し、その結果、遂に開港が勅許せられたことである。前年のもこの年のも、条約の勅許ということは内政上の一事件たるに過ぎないので、その有無にかかわらず、条約は国際的にも内政上にも現に有効なはたらきをしていることであるから、畢竟無意味の案件であったが、ともかくもこういうようにして、外交に関する従来の幕府の処置が、いわゆる公議によって是認せられることになった。前年の暮れに崩御になった主上も、地下で意を安んぜられたことと拝察せられる。

これに反して内政はますます紛糾を加え、幕府を敵視するものが自己の主張を飾るに公議の名をもってするようになり、この点において文久の頃から「草莽の士」の口にしたことがそのまま彼らの言動に継承せられている。しかしまた幕府の側においてもおのずからこの流行語が襲用せられ、将軍の大政奉還の奏請にも現に「天下の公議」の語が使ってある。その前後の宮廷及び幕府の文書には、事あるごとにこの文字または衆議というような語が用いられているので、文字は同じであってもその指すところは反対であることが少なくない。またその具体的な施設としては、列侯、またはそれとともにその家臣の会談を開くことが強調していわれているので、衆議も公論も諸侯とその家臣との意向を指しているのであるが、宮廷の方面から発せられたものには、列侯の会談といってもその実、薩長を主としてそれに引きずられているものを含む四、五の諸侯及びその家臣の会合にとどまるものが多く、宮廷においてはその点を指摘せられて弁解のできなかった場合がある。「天下の公論」も「衆議」も畢竟薩長及びイワクラ一派の宮廷人の宣伝に過ぎなかった。これが大政奉還の後において宮廷方面の文書に見える「公論」「衆議」の実体であった。

二

ところが、こういうような現実の情勢から起こった「公論」「衆議」の語の宣伝とは違って、シナ語訳の書物または西洋人の談話などによって、またはヨーロッパ、特にイギリス及びアメリカの政治に関する表面的な貧弱な見聞によって与えられた浅薄な知識に基づいて主張された議院政治論が、それとともに、あるいはそれに絡まって世に現われ、将軍の大政奉還にもそれが重要なはたらきをするようになってゆくことが、考えられる。この主張は文久の頃にその端を発し、慶応の頃からいろいろの形においてさまざまの方面で唱えられたので、大名ではエチゼンのシュンガク、旗本の士ではオオクボ・イチオウなどがその有力なものであるが、多くは封建諸侯及びその家臣と幕府の旗本の士とを、もしくはそれらと宮廷人とを目標として上下両院を編成しようとするもの、事実としては封建制度の基礎の上に議会めいたものを設置しようとするものであり、中には、当時の封建諸侯をそのままドイツの連邦君主に比擬して考えようとするものさえあった。イチオウの如きは、全国的のもの（大公議会）の他に地方的のもの（小公議会）の開設をも考えていたように伝えられている。また上下両院を設けるといっても、両院がどういうはたらきをするものであるか、如何なることを如何なる方法によって審議し、それが如何にして政治の上に実現せられるかは、ほとんど思慮せられていなかったのではないか。

なおいうなら、上下両院を併置するのは、単に議員に身分上の階級があるためとして解せられたのではなかろうか。維新政府の新政権が樹立せられた後に、宮廷内における参与輩《はい》の集会所を二分して上下両院に擬したのも、単に身分の差異によったものであることを、考うべきである。あるいはまた議院と対立して政治の衝に当たる政府は何人によって構成せられるか、政府と議会との関係をどうするか、政治上の責任は何人が負うか、ということなどはほとんど思慮せられなかったのではなかろうか。要するに上下両院を設け天下の公論によって政治をする、という極めて茫漠たることが抽象的な言辞によって唱えられたに過ぎないのではないか。両院の議定することと、いわゆる衆議、が果たして天下の公論であるかどうか、封建制度における、というよりも当時の情勢においてはむしろ戦国割拠の状態にある諸侯が果たして、一堂に会して議政の任を尽くすことができるかどうかすら、おぼつかなくはなかったろうか。当時の封建諸侯の一般的態度から見ると、それはできなかったのではなかろうか。また他の方面からいうと、当時の議会設置をいうものは、その議員を議事官もしくは議政官と呼んでいたが、これはシナ語訳の意に従ったものではあろうけれども、こういう称呼を用いるそのことが、議院の性質をよく理解しなかったからではなかろうか。

さらに重要な問題がある。早い頃の議院設置論は幕府政治に関するものであるから別として、いわゆる王政復古に関連して主張せられたものは、それが王政を制限するものである点において、王政復古の精神と調和しないものである、ということが考えられねばならぬ。王政と議院政治とを両立させようとするならば、それは君民同権（文久三年の遣外使節イケダ・ナガオキ＝池田長発らの帰朝復命書など）、または上下分権、上下同治、君民同治（文久元年にカトウ・ヒロユキの書いた『鄰草《となりぐさ》』及び慶応年間の同人の著述である『立憲政体略』）、または「有限君主」（慶応二年訳述のツダ・マミチの『泰西《たいせい》国法論』）にならなくてはならず、ヤマノウチ・ヨウドウの大政奉還勧告書の主旨もそれと同じになるであろうが、王政復古の精神がこれと調和するものかどうかが問題なのである。

『鄰草』の著者は、上下分権の政体というのは、君主が万民を統御するけれども、確固たる大律（憲法）を定めまた公会（議院）を設けて王権を殺《そ》ぐものをいう、と明記しているし、この政体は封建でも郡県でも適用ができるので、封建の場合には朝廷がもし強権をもって諸侯の権を奪おうとするならば、かえって諸侯のために怨府《えんぷ》となるから、そうならないためには封建の制においても上下分権が必要だといっている（『鄰草』は寓喩《アレゴリー》の言であるから、そこで「朝廷」といってあるのは、実は幕府を指しているのであるが、一篇の内容は王政復古後の状態にも当てはまるもの、従って「朝廷」は皇室に直属しているものとしても解し得られる）。

また『泰西国法論』にも、無限君主国（専制君主国）では君主が衆怨の帰するところとなる場合があり、そこから国の大変を来たすことがある、と説いてある。これは国王と諸侯または民衆との長い間における激しい闘争を経て立憲政体ができ上がった西洋の歴史に鑑みて、初めてその意味がわかることであるが、当時の王政復古論者は日本の皇室と諸侯との関係についてこういうことを考えていたであろうか。あるいはまた幕末において王政復古の主張せられるようになった情勢から見ると、皇室とトクガワ幕府との関係をかかる闘争と見たのであろうか。どちらにしても事実に背いたことであるが、トクガワ氏の幕府を、南朝またはそれと同じ意義にも解せられたらしい皇室に背いたアシカガ（足利）幕府の跡を継いだもの、またはそれと同性質のものとして、皇室（南朝ではない）に対する叛逆者とする思想が、王政復古論の根底にはあったらしいから、こういう考えもあるいはあったかもしれぬ。

しかし、上下分権の主張せられる本来の主旨は、かかる諸侯の態度を是認し国王のを非難するところにあるのと、王権を制限することが必要だというのは、皇室の権を制限しなければ皇室は諸侯にも国民にも不利な政治をせられ、その怨府となられるおそれがある、ということになるのと、この二つの点において上下分権・君民同治・有限君主制を誘致する議院政治論は、王政復古の精神とは調子の合わぬものであった。要するに、王政が理想的な政治形態であるならば、議院の必要はないのではなかろうか。議院開設の必要は少なくとも王政だけでは不十分と考えられたことを意味するのではなかろうか。ところが、その議院政治論が王政復古の主張に伴っていたのである。後に明治政府の権力が固まってゆくにつれて、一方では王政復古の精神を受け継いで政治上における皇室のはたらきを強めようとする意図が政府者の間に生じ、他方ではそれに対して民権を主張するものが現われ、二つの傾向が対立するようになったのも、その由来はここにあろう。そうして前者がおのずから、皇室と政権を行なう政府とを混同させることによって、政治上の責任を皇室に負わせることになり、後者によってかえってそういうことが避けられることになるところに、大なる意味があるのである。

そう考えると、王政復古の際における議院政治論は、上にいったようなヨーロッパにおけるその思想の歴史的由来とは別に、皇室の政治上のはたらきを弱めまたはなくすることになる点において、皇室に政治上の責任が帰することを防止するものであった。だからそれが実現せられるならば、トクガワ将軍は政権を奉還しても、政府としての幕府と宮廷とが全く分離していた幕府時代の政治の精神が形を変えて保存せられるのである。

幕末における幕府の宮廷に対する態度は、いわゆる尊王思想に累せられて、次第に宮廷を政治的権力者であり政府である如く取り扱う方向に傾き、その極、政権の奉還となったが、それとともに、それと絡み合って世に現われた議院政治論が、かえって上記の如き効果を生ずべきものであった。実際の政治情勢としては、また当時の日本の文化の状態においては、かかる議院政治の実現は不可能であったが、理論的には、究竟において、その意味をもつものであった。

さて当時の議院開設論は、一般には、上にいった如く極めて茫漠たる抽象的のものであったが、ツダ・マミチが将軍の政権奉還の前月に、「日本国総制度」という、幕府本位でありまた封建制度を基礎とした一種の憲法試案めいたものを起草している（＊慶喜を大頭領と規定）。それにはかなり精細に政府と両院との構成が考えられているが、政権奉還のような気配は少しも見えていないから、彼は幕府の政治はなお継続せられるものと思っていたらしい。

また政権奉還の翌月にニシ・アマネがツダよりももっと精細に、勿論違った構想で、特に三権の分立に重きを置いて同じようなことを考え、「議題草案」というものを起稿しているが、将軍が政権を奉還し将軍の職をも辞した後になおこういうことを考えたのは、何のためであるか、やや解しがたいところがある。その前書きに、西洋にこういう制度のできたのは長い歴史のあることであるから、それを知らないで徒らにその外形を学ぼうとすれば、虎を画いて猫に類することになろう、といっているのを見ると、軽々にかかることを構想するの無益なるを知りつつそれを試みたところに、こういう時日のずれの生じた理由があるかとも思われるが、よくはわからぬ。またこの私案めいたものが前将軍（＊慶喜）の命により、あるいはその意を承けて構想せられたものであるかどうかもわかりかねるが、脱稿した後に前将軍に呈せられたことは、その前書きからも推測せられる。

前将軍は東帰の後に当時の有識者に命じて議会制度の調査を行なわせ、また現に公議所を設け幕府の組織を改めてもいるから、キョウトの新政府からは逆賊として見られながら、なおその権力の及ぶ範囲内においてかかる新政を行なおうと試みたには違いない。しかしそれは大政奉還の挙とも、上にいった「議題草案」の起稿とも、思想的にはつながりがあっても、事実としては直接の関係のないことであり、またそれによって新事態が展開せられたのでもない。それは幕府そのものが倒壊したためでもあるが、議会制度の考案が、単なる思いつきに過ぎなかったからでもあろう。これは当時の現実の情勢においては薩長政府に対する旗本の士の主戦論と連絡のあるものであるが、その主戦論が現実に至らずして幕府が倒壊したのである。

なお付言するが、ツダの構想でもニシのでも、その主とするところは、幕府と宮廷及び諸侯との関係と、並びに上下両院の構成とを規定することであって、後の憲法史家からは憲法の私案と称せられながら、国民の権利義務に関しては何の意見も提出せられていないことが、注意せられる。ツダの訳した『泰西国法論』には憲法に規定せらるべき要目が挙げてあるのに、二人の私案にはそれの最も重要なる国民の権利義務が閑却せられているのである。彼らは憲法の私案を立てようとしたのではなくして、当時のやかましい問題であった議院を設けることに重きを置いたのである。

ここまでいってきて、宮廷、即ち薩長人を主体として構成せられた新政府で行なわれたいわゆる五箇条の御誓文のことを一言しておこう。五箇条の第一は、「広く会議を興し万機公論に決すべし」というのであって、「会議」の文字は最初の案には「列侯会議」としてあったのをこう改めたものであり、それがために会議の概念がやや抽象化せられ、従ってそれだけ広義にはなっているが、実行的意義は希薄になり、「万機公論に決する」ことがどういう方法によるかがはっきりしないようになった。そうしてそれを、第三（＊官武一途庶民に至るまで、各々その志を遂げ、人心をして倦《う》まざらしめんことを要す）の「官武一途」の語が従来用いられてきた「公武合体」を少しくいい換えたまでのものであることに参照すると、この二箇条は幕末から継承せられた思想であることが知られる。そうして五箇条の全体がユリ・キミマサ（由利公正）、フクオカ・タカチカ（福岡孝弟）、キド・コウインの草案から成り立ったものであることを思うと、これは幕末の叡慮または勅諚として発表せられたものに、明治政府に立つようになったものの前身ともいうべき当時の志士輩浪人輩の構想から出たものがあることと、おのずから関連するところのあること、つまりそれを継承したものであることが、わかろう（維新政府の発表した詔勅はみなこういうものである。御誓文と同時に発布せられた長文の詔勅はキドの起草したものと伝えられている）。

さらに御誓文を通読すると、五箇条の中で幾らかでも具体的意義をもっているものは上記の二条だけであって、他の三条は極めて抽象的なものである。いずれでもよいことではあるが、施政の方針としては茫漠としてつかまえどころがない。第四（＊旧来の陋習を破り、天地の公道に基づくべし）はいわゆる万国公法の規定に従って外交を推進するという意義だとの説があるが、文面に現われているところでは、必ずしもそう狭く限定する必要がないように考えられる。

もともとこの御誓文の発布は、当時の政治上・財政上の差し迫った必要から行なわれたことであるから、もっと具体的な政府の方針を示さねば意味のないものであるが、御誓文という形がとられたために、堂々たる内容を具えたものにしようとしてこうなったのであろうか。第一としても、後の立憲政体の端緒を開くものとして、即ち立憲思想を胚胎するものとしていわれたのでないことは、いうまでもなかろう。後になるとそういう解釈が生ずるが、それは当時の考えではなかった。その意味ではトクガワ将軍の大政奉還の奏請とそれを誘発したヤマノウチの勧告書との方が、力強くもあり具体的といえば具体的でもあった。

しかしともかくも御誓文において万機公論に決するとせられたから、官制もまたそれに応ずるものでなくてはならぬと考えられ、まもなく発布せられた政体書において三権分立の主義によって官制を定めることが明記せられ、上下両局の議政官が設けられた。しかしそれが太政官の内部の存在として会計官・外国官などと同じ地位に置かれたことは、上にも述べた如く議政官という名称が用いられたこととともに、この官が立憲政体における議院とは性質が違っていること、議院の模倣が見せかけばかりのもの、児戯に類するものであることを示すものである。三権分立という語が太政官の権力を三分することとして説明せられているのも、これに似たことであるが、それすらも立法官の地位にあるものをして行法の事務に関与させることによって、まもなく放棄せられた。三権分立ということが、現実の政治から遊離している空疎な知識に過ぎなかったのである。なお明治二年正月には三等官以上の任命を同じ地位の官吏の公選によって決定するという異様の処置がとられたが、何事をも公議によるという考えがこういうことにまで及ぼされたのも、また実はその公議が、適用すべからざるところに適用せられた点において、無意味のものであったことを証するに他ならぬ。しかしこの方法は、無理なことであったためか、一回限りで廃棄せられた。

以上は中央政府のことであるが、諸藩においても下情上達のため言路を開くという意味で、議会制度を設けることが政府から勧誘せられ、それに従うものが少なくなかった。その多くは議員を士族から選任するのであったが、中には一般庶民を加えるものもあり、まま上下二局を設けるところもあった。しかしそれに実際の効果はなかったらしく、廃藩置県とともにおのずから廃せられた。

ところが中央政府においても、明治二年に版籍奉還が行なわれると、諸侯の実権はおのずから削減せられるから列侯会議は行なわれなくなる。それに代わるものとしては、制度の上ではいろいろの変遷を経ながら、議政官の上局となったものがあるが、それも実はどれだけの成績を挙げたか、議事の模様がほとんど世に伝わっていないくらいであるから、要するに名義だけのものであったと推せられる。ただその下局として公議所という諸藩の貢士または公議人の会議が設けられることになり、事実それが招集せられたが、貢士にはシナ風の対策の意味が含まれていて、純粋の議事員ではなかった。ただその継続である公議人の行動だけについては、公議所またはその改称である集議院の議事録が残っているので、如何なる問題が如何に議せられたかを知ることができるが、それによると、公議所は政府の諮問機関であるとともに、公議人及び一般民衆の建議もしくは建白の場所でもあり、公議人の建議は会議にも付せられる。民衆の建白のことは別としても、公議人の建議による会議は、政府から見ればやはり一種の諮問の意味をもつに過ぎない。そうしてこういう諮問機関を公議の府、立法の任務をもった議政官である如く考えたところに、当時の思想の程度が見られる。

そうしてその諮問には現実の政務には直接の、また大なる、関係のない問題が少なからず含まれている。よし重要な問題が議せられたにせよ、それは必ずしも政府に採択せられず、政府は政府だけで政務を処理してゆく。例えば版籍奉還と廃藩置県との如き重要なことがそうである。要するに議政官としての権威をもたないものであった。議事の方法についても、政府の原案というものが提出せられないし、五箇条の御誓文の実際的意味は主として政府の財政の窮迫にあったにかかわらず、財政に関する報告もほとんどないから、議政のしごとは実はないのである。官制の上でも、公議人の職は議員であるといいながら、朝命を奉承し藩情を達するを旨とす、とも記してあることが、注意せられよう。

また衆議ということについていうと、イワクラが議事院について、「施政の法度《はっと》は衆議に付したる上廟議一決し、天裁を経て施行することとすれば、朝権おのずから重くして億兆これを信じ、朝令暮改の誹謗はなくなろう」といっているが、これは議事院を朝権を重くするために利用せらるべきものとしたのである。従って議事院の決議は政府の意のままになるという前提の下に立つものであり、議事院そのものが尊重せられたのではない。そうしてそれとともに、議事院の設置は五箇条の御誓文の趣旨を拡張するにあるといっていることを参照すると、五箇条の御誓文が、イワクラにとっては、朝権を固めるためのものとなりそうである。論理的には必ずしもそうなるには限らぬが、彼の考え方からはこう解せられよう。

これは議政官の上局にも公議所にも当てはまることであるが、公議所に関しては特に一言すべきことがある。その一つの任務として庶民の建白を受理することが規定せられていて、その庶民は「草莽卑賤のもの」と称せられているが、この称呼は衆議公論によって政治をするという（＊

五箇条の御誓文の）考え方とは一致しないものであるのに、政府も公議所もそれに注意するものはなかった。それほどに彼らの思想が旧い因襲を脱しかねていたのである（幕末には志士浪人の徒がみずから草莽の士と称していたが、これは官途に就いていないからのことである。その草莽の徒を前身として新政府に立つようになったものが、今度は庶民を草莽卑賤のものと称したのである）。公議所の重んぜられなかったことは、これでもわかる。そうして諸藩を単位として構成せられたかかる議事院が、後の廃藩置県によっておのずから消滅するのは、その点からも当然であろう。

以上考えたことは、幕末から明治の初年にかけて世間に流行した、公議によって政治をするという主張の意味と、その効果との概観である。前にいっておいたことと重複するところもあるが、憲法制定の歴史的由来を考えるにはそれに言及するがよいと思い、重複を避けなかったのである。幕末においてはこれは、主として幕府政治に反対する、むしろそれを破壊しようとする側の主張であって、その淵源は志士や浪人の徒、いわゆる草莽の士の無責任な言議にある。その実現の方法は列侯の会議によることであったが、かかる会議は何よりもまず自藩の勢力の防衛または強化を欲する当時の封建諸侯によっては、本来できないことであった。

次は、多くは書物によって得たヨーロッパやアメリカの立憲政体における議院とそのはたらきとについての知識であって、上下二局の議院を設けるということがそれによって主張せられた。ただし政権の所在とその構成分配とをどうするか、国民の権利義務をどう定めるか、という憲法上の重要な根本問題は、学者の側においては考えられていたにしても、現実の情勢を動かそうとするものにおいてはそれは主要なことではなく、ただ議院開設のことのみが声高く主張せられたが、それは上記の列侯会議論に誘われたからでもあり、公論衆議ということが当時の標語となっていたからでもある。これは思想運動としては幕府の側に有利な形勢を展開させようとして唱えられたのであるが、事実は武力行動によって幕府を倒壊しようとする薩長人によって押しきられてしまい、幕府のためには何のはたらきもしなかった。よし武力行動がなかったにしても、二局議院を如何にして構成するかを考えることになると、封建諸侯やその家臣を議員とすることによって、果たしてそれが成立し、また有効なはたらきをすることができたであろうか。武力行動によって幕府を倒し新たに政権を握ったものにおいても、また当時世間を風靡していた公論衆議の語を無視することができず、五箇条の御誓文の第一にそれを掲げて天下に誇示したが、その成り行きは上にいった通りであった。

実際の施政においても、参与を上下に分けて上下両院に擬する如きは、今日から考えると滑稽の極みであるが、議政官を設けてそれに上下両局を置いたのも、実際政治の上には何の益するところもなかったではないか。これは、思想の上では専制政治主義をその根底にもっている王政復古論の存在にもより、公論衆議説が幕末における草莽の徒の無責任な空論に由来するもの、その意味では幕府倒壊の後には無用のもの、だからであり、幕府を倒壊した薩長人の、戦勝者をもってみずから居る武断主義の意向にもより、また封建制度の解体にもより、西洋の立憲政体に関する知識の浅薄であったことにもよるのであるが、厳粛な形で発布せられた五箇条の御誓文の第一条は、明治四年の頃には、かくして一たび消散したのである。もともとそれは着実に成長すべき基礎のあるものではなく、単なる見せかけに過ぎなかったのである。

しかしこれは当時の政治的情勢からの観察であるので、政府当局の態度としては、維新の際にあれだけ大袈裟に宣伝せられた公議輿論の尊重、五箇条の御誓文の宣布、公議所の設置などが弊《へい》履《り》の如く放棄し去られたのは、何としても政府の大失策であり、思いつき政治、なげやり政治、ゆきあたりばったり政治の好標本たるを示すものである。政府に立つものとして守らねばならぬ政治道徳を無視したものであることは、いうまでもない。

けれども、よし見せかけだけでありあるいは児戯に類することであったにせよ、政治の上に公論衆議のはたらきのあるべきことが、一つの思想として一たび世に示された上は、その思想は空しく消え去るものではない。とともに、一方では、政務の局に当たるものに、あるいは自己の前身である幕末の「草莽の士」またはいわゆる志士浪人の徒の習弊を脱することのできないものがあり、あるいは権力者・戦勝者の威をもって、またあるいは自己の出身の地である藩の力を背景として、専恣の行ないをなしまたは党争を起こす弊があって、それを矯正する必要が痛切に感ぜられてきた、という事情が生じ、他方では、知識人の間に西洋の立憲政体に関する知識が次第に加わってきて、政弊を革《あらた》めるにはそれによる必要のあることが考えられるようになった。そこで、明治の四、五年の頃からは、日本でも憲法を制定すべきであるという考えが新たに生じ、真の民選議院設立の議が改めて起こるようになってきた。そうしてそこから御誓文の第一条が新しい意義を帯びて復活することになった。

三

憲法制定のことは学者の間には早くから考えられていた。幕府本位のものではあるが、ツダ・マミチやニシ・アマネが既にその私案を立てていたし、カトウ・ヒロユキの『立憲政体略』にもその思想が伏在する。明治二年にヤマシナノミヤ（山階宮）が天皇の諮問に応じて内奏した意見書のうちにも、カトウの著書の説に基づいたものらしく、君民同治の国憲を立てる必要が述べてある（オサタケ・タケキ＝尾佐竹猛『日本憲政史大綱』）。これは私的のものであるが、明治五年に当時の左院から太政官に対し、全国の代議士を召集して下議院を設け上下同治の制を定めよ、と建白しているのは、それが公的な文書の上に現われたものである。これには国憲制定という文字は見えないが、これと関係のあるべきミヤジマ・セイイチロウ（宮島誠一郎）の建言には、明白にそのことが記されている。またここに下議院の新設のみがいってあるのは、左院を上院と見てのことかと解せられる。そうしてその国憲として上下同治（ミヤジマの建議の用語では君民同治）の制をいっているのは、この国憲がイギリスの政体に模範をとることを考慮したものであることを証する。議院の仮規則草案に、立法権は太政官と国会議院とにある、というような書き方のしてあるのも、また国憲は民権を保護すること、国民の自主自由の欲求を基礎とすることを主とし、人民の選出した代議人をもって組織する国会議院（または民選議院）と政府とが協同して上下一致の政治をするところにその重点が置かれているのも、そのためであろう。

この頃左院で起草せられた国憲の草案または太政官への建議の類がいろいろ伝わっているが、

それを見ると、起草者によって見解が違い、また左院全体の意向としても時によって変わってもいるらしく、いずれにしてもはっきりしない点があるが、概観すると左院の意図はほぼ上記の如く推察せられる。草案には民選議院に関する規定が大部分を占めており、その点では幕末から明治の初年にかけての空漠たる公議政治・議院政治要求の思想の系統を引いているところがあるが、その構成や権能や議員の選挙法などに関しては、かなり精細な規定があり、後には上院（左院とは別に開設せられるもの）の構成も考案せられ、天皇の議院に対する権能についても一応の規定ができている。ただ国民の権利義務に関しては、民権の保護が思想上尊重せられているにかかわらず、それについての具体的の条項がない。けれども、ともかくもこういう草案が作られたのは、政府部内においても五箇条の御誓文の抽象的な宣言では不満足を感じ、確実な立憲政体の建設が要求せられてきたことを示すものとして、重要な意味を有する。そうしてそれは次にいう元老院起草のものに至って、一層明らかになる。今日から回顧すると、これはツダやニシの試みた幕府本位・封建制度本位の憲法私案起草の跡を承けて、その面目を一新したものとも解せられようが、当時においては、そういう先蹤のあることは世間に知られていなかったであろう。

左院の国憲草案は明治の五年から七年にかけて、幾多の段階を経ながらできたものらしいが、明治七年の一月には、それとは別にソエジマ・タネオミ、イタガキ・タイスケ（板垣退助）らの民選議院設立の建白が左院に提出せられた。これもまた君民同治の、即ち君主・人民の間が融然一体となっている（愛国公党本誓の語）イギリスの政体を模範として議院を開設しようとしたものであるが、明治六年におけるコノエ・タダフサ（近衛忠房）の建議にも、上下同治の政体を立てて万国に超越するものは独りイギリスあるのみであるから、我が国でもそれに倣って貴族会議・衆庶会議の両院を創設しなければならぬ、といい、その他にもこの頃には同じような意見をもっているものがあった。明治天皇にヨシイ・トモザネ（吉井友実）がトッドの『イギリス議会政治論』を献じたことも、ここに付記してよかろう。この書が宮廷で何人かに読まれたかどうかは知らぬが、当時の宮廷には、後年の如くドイツの政治思想に傾倒するものは、まだなかった。

大阪会議出席者

ソエジマなどの建白も同じ主旨であったことは、イギリス帰りのコムロ・シノブ（小室信夫）、フルサワ・シゲル（古沢滋）らがその推進者であったことから知られる。この建白には学者間に反対論も生じ、それとの論難も行なわれたが、ソエジマらも、いますぐに理想的の民選議院を開こうとするのではなく、当分のうちは士族及び富民に選挙権を与えるつもりである、といっている。しかし民選議院を設ける考えには違いない。

　ところが、明治八年に開かれたイタガキ、キドらの会見、即ちいわゆる大阪会議では、立憲（立君定律）政体の確立、民選議院の開設を期することには異議がないとしながら、差し当たってはその準備として、まず上下両院に擬した元老院及び地方官会議と、並びに最高司法機関としての大審院とを内閣の下に設けることに合意が成立したので、これはソエジマなどの主張からはずっと後退したものである。立法権及び司法権を行政権の下に置くことにおいても、また同じことがいい得られる。そうしてこれが詔勅となって公布せられたときには「漸次に国家立憲の政体を立て」るためとせられているが、元老院については「立法の源を広め」とありながら、地方官会議についてはそれに当たる文字がなく、ただ「民情を通じ公益を図り」としてある。修辞上の技巧のためであるかもしれぬが、下院に擬せられた地方官会議が軽く取り扱われていることは、疑われぬ。議院に関する政府の態度がそれに示されているのであろうか（地方官会議は既に明治七年五月にその開会が決定せられ、そのために荘重な詔勅を添えて議院憲法というものさえ発布せられたが、実現はしなかった。大阪会議のはそれを復活させたものであろう）。

なおここに一つ性質の明らかでない憲法私案のあることを一言しておこう。それは帝号大日本国政典または大日本国政規草案といわれるものである（＊一説によると木戸孝允の依頼により、ドイツ滞在中の青木周蔵が作成したという）。それは第一に国の境界のこと、第二に国民の権利義務のことが規定せられ、そのあとに皇帝の権能、大臣などの権利及び職責、元老院及び議院の構成及び権能のことが記されている。この順序が後にいう多くの私案とは違っていて、そこにヨーロッパのいずれの国かの憲法から学ばれた形跡が見られる。そうして国民の権利義務については、各人に固有なる天賦の権利は保護せらるべしといってそれを列挙し、また人民は法に対して平等であるといい、また天皇については、その不可譏不可傷（＊尊厳性）とそれに関連したこととして政府の諸大臣の責任とをいい、即位のときには議院において政治は法によって行なうことを誓約せらるべきこと、議院は天皇が政治を私せずして広く人民と協議するためのものであること、立法の権は天皇と議院とにあること、議院における大臣弾劾のこと、などがいってある。ただ議院の議官（撰択士）は人民のうちから地方長官が選任するのを本義とするが、当分のうちは地方長官をもってそれに充てる、ということが記されている。地方官会議のことが想起せられたのであろうか。だからこの私案には、立憲政体の実現としてかなり進んだところがあるとともに、当時の国情としても後退したところのあるものであるが、大阪会議の結果としての明治八年の詔勅とともに、そこにかえって時代のおもかげが見えるのであろうか。

さて、元老院が設けられると同時に左院は廃せられたから、左院の国憲編纂の事業はおのずから元老院に移り、明治十一年に至って一応それが成案となって議長に提出せられた。その報告書のうちに、君主国は一般に君権が強すぎて民権が伸びない傾向があり、そのために君民が隔離することになるから、国憲を定めてそれを調整しなければならぬ、我が国は古来帝室が全権をもっておられたから、自己のもっているものを民に与えることによって、君権と民権とを分割しそれを調和させねばならぬ、ということが述べてある（文字の意義に解しかねるところがあるが、たぶんこういうことであろう）。

さてその成案の重要な点を挙げると、ほぼ下記のようになる。天皇の権能の主なるものは、議会（元老院及び代議士院）とともに立法権を行ない、法律を裁可公布し、また行政権を統《す》べることであって、天皇の身体は神聖にして侵すべからざるものであり、諸大臣が職務についてその責に任ずる。また元老院は大臣の弾劾権を有する。司法権は裁判所により天皇の名をもって施行する。天皇が即位の礼を行なわれるときには両院会合の前で国憲を確守することを誓われる。国民の権利義務については、法律上の平等、人身の自由、居住の自由などを初めとして、一般に私権と考えられている諸種の自由と権利とが列挙せられ、また代議士院の議員は、財産の制限があるものの、公権として与えられている直接選挙の方法によって選出せられるし、両院の議院の職務を行なうための言論は自由であって、院外に対して責任を負わないことも、明らかにせられている。そうして（＊国民の）義務の面では納税と兵役とが明らかに規定してある。

ほぼこういうものである。この定案はヨーロッパの立憲君主国の憲法の概ね一致していることをほとんどそのままに採ったものであって、その意味で甚だ穏健な憲法であるが、それにもかかわらず、政府の承認を得ず、修正を命ぜられて、明治十三年にその修正案が成就したが、政府はそれをも採用しなかった。政府の態度がこのことによっても推知せられよう。

四

ここまで考えて来たところで、当時の政府の中心人物であったキド、オオクボ、イワクラ、三人の立憲政体に関する意見を一応見ておくことにしよう。このうちで国憲の制定に最も多く関心をもっていたのはキドであって、それはヨーロッパ巡遊中からのことであると伝えられている。そのキドが明治六年に当局者に提出した意見書及び自記には、ヨーロッパの文明国には政規（憲法）が定まっていて、君主も人民もみなそれによって固有の権利を守り、天賦の自由を得、一致協力して、即ち君民同治によって国政を運営するのであるが、我が国ではまだそこまで進んでいず、人民の会議を設けるまでには時日を要するから、いわゆる君民同治の憲法を立てるわけにはゆかぬ。天皇が叡旨により民意の一致しているところを忖度し、それを政府に下《くだ》して政務を処理させる他はない、というようなことをいっている。人に固有の権利があり天賦の自由のあることを認め、民選議院の必要をも知り、他日元老院及び下院（民選議院）を開設しなければならぬことを考えてはいるが、政府にも人民にもその用意ができていないから、いまのところは、五箇条の御誓文に現われている如く「民と斯《ここ》に居り民と之を守」ろうとせられる天皇の叡旨によるべきであるというのらしい。

天皇の御一存で民意がことごとく政治の上に実現せられ、政規ができればそれがそのままに行なわれる、という意見のように解せられるが、そういうことが果たしてあり得るかどうか。天皇が民意のあるところを知られるには、その業を補佐するものがなくてはなるまいが、何人がそれに当たるか、またそれに当たるものがすべて透明なガラスの如く一点の曇りもなく民意を天皇に伝えることができるか。いわゆる民意とは直接の関係のないことながら、叡旨によって宣布せられたはずの五箇条の御誓文が、実は真の叡旨から出たものでないことも、またその第一条に掲げられた会議政治・公論政治の主張がほとんど実行せられずに終わったことも、キドは十分知っているはずではないか。要するにこれは、そうあるべきものと考えたこと、またはそうありたいと思ったことを、現にそうである如く錯覚するところから生じた考え方である。またこういう考えはおのずから、民意を明らかに知悉しまた政府に政務を正しく処理させる責任を天皇に負わせることになるが、日本の政治はそれでよいのか。あるいはまた天皇の忖度せられることができるほどに民意の一致するところがあるならば、人民の会議を開いてそれを表明させることもできるはずではないか。人民みずからが表明することのできないような民意を、どうして天皇が知られるのか。これらのことを考えると、キドの思想の根本には、みずから知らずしてそのいうところとは別な何ものかが潜んでいるのではなかろうか、と推測せられもする。

次にはオオクボの意見である。オオクボも明治六年には根本律法（憲法）制定の必要を考えているが、それは政府の基礎を確乎不抜の地位に置くのが主なる目的であった。政体は民主政治（共和政治）も君主専制も、日本ではよくない、定律国法の君主政治（立憲君主制）がよい、その国法の根本は「上君権を定め下民権を限る」という語で表現せられているが、これは民権に対して君主の実権を重くする意味を含んだものであり、こういう考え方による君民共治の制が日本のとるべき定律国法の君主政治である、土地・風俗・人情・時勢の違うところに発達したヨーロッパの君民共治の制は、軽々に学んではならぬ、という。三権分立の主義は採用するが、立法部たる議政院は、華族の互選によるもの、勅選によるもの、並びに行政諸省の長官を議員とする一院だけであって、民選議院は設けない、ともいう。だから定律国法とはいうけれども、その実、天皇または政府の専制とほとんど異なるところがないのではないか。天皇は国政を行なうに無上の特権を有せられるとともに、政事上の過失に関せず、一般法律の羈束《きそく》（＊拘束）を受けられない、としてあるが、大臣責任の制の立っていない当時の日本で施政上の責任は誰が負うのか。それが明らかになっていなくては、責任はおのずから天皇に帰することになるではないか。

明治の初年においては、天皇は民衆を安撫する道徳的責務をもっておられるという考えが政府者の間に存在し、詔勅の形で発布せられるものにもそのことが反覆言明してあり、天皇の権ということはいわれなかったのに、この頃になって君権という語が政府者によって用いられ、しかもそれが民権に対していわれているのは、ヨーロッパの法制上の思想が取り入れられ、それによって明治初年の上記の道徳思想が変改せられたことを示すものであろう。ヨーロッパのこの法制思想は、君主と民衆との対立抗争から生じたものであって、かかる抗争は、我が国においては、古来いまだかつてなかったことであり、そこに日本の風俗・人情のヨーロッパとは違ったところがあるのに、政府者はそれを考えずに君権の思想を取り入れたのである。オオクボが軽々に学んではならぬといったことを、オオクボみずから軽々に学んだのである。

オオクボが学ぶべからずといったのは君民共治の制のことであるが、それは本来君民の抗争から生じたことであるから、起源に遡ってその本質を考えれば、君民共治の制は即ち君権民権対立の思想の一つの現われなのである。勿論オオクボはこういう考え方をしたのではなく、現実の状態としての君民共治の制のことをいっているのであるが、民権を抑えて君権を強めようとする意見には、ただそれだけのこととして見ても、君民の抗争という概念がその根底になくてはならぬのである。

さてオオクボは、君権と民権とを対立するものとし、従ってまた民権が強くなれば君権はおのずから弱められるから、君権を強くするには民権を弱くしなければならぬ、と考えていたようであるが、こういう意味での君権といい民権というのはそもそも何を指していうのか。民権と対立する君権は、君権という名から見ても、政治的意義のものとする他はあるまい。さすれば、民権というのは一身を保護し財産を有する権利とか住居の自由とかいうようないわゆる私権を指し、そういう民権を制限したり束縛したりする政治上の権力を君権というのか、とも思われるが、かかる民権の明らかな概念をオオクボがもっていたかどうか。それよりもむしろ、民に参政の権即ちいわゆる公権を与えることがあるにしても、それを最小限にとどめることが君権を強くする所以であるというのかとも思われ、そう解する方が当たっているらしくもある。いずれにしても民権を抑えて君権を強くすることが、国家にとって何の益があるとするのか、あるいはまた民権の意義をどう解するにしても、君権を強くすることは、実際政治の上においては政府の権力を強くすることになるから、政府の基礎を確乎不抜の地位に置くためには君権を強くしなければならぬ、というのであろうか。もしそうとすればこれは天皇と政府とを混同することになり、そこから政府の失政を天皇の責任とする危険が生ずるが、それでよいのか。要するに君権と民権とを対立するもの、根本的には君と民とを対立させてこの二つが相克《そうこく》するものとするところにこういう考えの基礎がある。オオクボの思想はこういうものではなかろうか。もしそうならば、キドのとは幾分の隔たりがある。

ところが、民選議院の建白者の思想は、天皇と人民との関係においてオオクボとはまるで違っている。建白の初めに、「方今政権の帰するところを察するに、上帝室に在らず下人民に在らず、独り有司（＊薩長出身者）に帰す」といい、そこから、「帝室漸くその尊栄を失」い「言路壅《よう》蔽《へい》」して人民の「困苦告ぐるなし」といっているのを見ると、帝室と人民との中間に介在する有司、即ち政府が政権をもっているために、帝室と人民とが隔離し、帝室も人民も好ましからぬ状態に置かれている、という考えがその根底にあることが知られる。だからこの状態を改めるには、民選議院を開設して天下の公議を張り人民に天下のことに与る気象を養わせ、天下を分任する義務を弁知させることが必要である、そうすれば、中間の政府の行動がそれによって制約せられるために君主・人民の間が融合して一体となることができる、というのである。この推論の過程にはなお他の思想も混入していて、考え方が複雑になり混乱してもいるが、それを除いてみると、こういうことになる。ここに君主と書いたのは同じことをいっている愛国公党の本誓の語をとったので、建白書にはそれが「政府」となっているが、君主と政府との区別を明らかにしないことは、この頃のものには往々見るところであるので、これは当時の状態では政《まつりごと》は君主の政であって、それを執行するのが政府であるとせられているためらしく、この混雑が、一方では天皇と政府とを曖昧に結びつけ、政治上の責任がおのずから天皇に帰することになるとともに、他方では政府の権力を強大にすることにもなる、というのである。そこで民選議院が設けられ公議によって政治の基礎が定まり、天皇がみずから政治の局に当たられず、議院の意向に従って政府が政務を執行するようになれば、この混雑と曖昧さとがなくなるとともに、政府の権力も強大でなくなり、従って上記の弊害は生じない、そうしてそれによって政治上の責任の天皇に帰することがないようになる、またそれとともに君権と民権との対立もなく、根本的には君と民との対立がないことになる、君民の融合一致はこうして行なわれ、そこに真の君民同治の政体ができ上がる、というう。

以上は民選議院建白者の意中を忖度していったのであって、彼らはこれほどにはっきり考えていたのではないかもしれぬが、建白書を熟読してみれば、その思想の向かうところはほぼ推知し得られよう。オカモト（岡本健三郎）、コムロ、フルサワの三人の署名のある民選議院弁に、イギリスの帝室の尊栄は議院の設けが帝室の支柱となっているからだといっていることが、ここにいったのとはやや違った意味を含んだことながら、参考せられよう。オオクボの如き政権を握っている当路者は、当時の政府の地位を固めることに熱心なあまりに、政府を天皇の政を執行するものの如く見るとともに、天皇と人民とを対立するものとして考えたのに、民選議院の建白者はそれの融合一致を目指していたので、それにはイギリスの政体を模範にすることを念頭に置いたからだという事情もある。

要するに建白者はイギリスの政体が容易に学び得られるものの如く思っていたように見える。オカモトらはまた、議院の設けは政府に抵抗せんがためではなく、議院即ち政府、政府即ち議院である、ともいっているが、これはイギリスの政府が政党内閣であったからであって、当時の日本にはまだ適用のできないことであるが、やはりそういう内閣制の習慣が容易にできると思ったために、こういったのではあるまいか。ただ民選議院の開設がおのずから政党内閣の習慣を誘致するとするならば、天皇と政府との曖昧な結びつきはなくなって、議院と政府とが緊密に結びつくから、政治上の責任が天皇に帰することはなくなり、そうしてそこから皇室の尊栄が十分に保たれることになる、とは考えられる。しかしイギリスの政体の形成には長い歴史がありまたイギリス人の気質がそれにはたらいてもいるから、表面に現われている当時の状態だけを見てそれを模倣しようとしても、それにはむずかしいところがあることを知らねばなるまい（建白書に政府と人民との融合一致と書いてあるのは、あるいはこういう状態を遠い未来のこととして想像したところから来た考え方との混乱の故かとも解せられなくはないようであるが、行文の上から見ると、それは無理であろう）。

しかしこれには、我が国の歴史においてそれを学びやすい事情もあることが、注意せらるべきであろう。近年のイギリスの国王はみずから政治の衝に当たらず、ただ近代になって養われてきた道徳的情味の饒《ゆた》かな国民的信望を通して、国政におのずからなる暗示を与えるのみであるが、法制の運用も究竟には道徳的なはたらきにまつものがあるのである。そうしてイギリスの王室のこの態度は、遠い昔から政治に対して直接に関与せられなかったために、かえって精神的に民衆と接触し民衆と一つになっておられた我が皇室との、類似のあることが考えられる。宮廷と政府とが全く区別せられていたトクガワ氏の幕府時代の状態は、それを示すものである。

不幸にして幕末に至りいわゆる志士・浪人の声高い宣伝によって誤った勤王論が一世を風靡し、その結果、いわゆる王政復古が行なわれて、皇室を政治の世界に引き下ろし、天皇親政というが如き実現不可能な状態を外観上成立させ、従ってそれがために天皇と政府とを混同させ、そうしてかえって皇室と民衆とを隔離させるに至った。だから民選議院論者が、イギリスの政体を模範として天皇と人民との一致を図ったのは、我が国の古来の風習を復活させようとしたのだとも見られる。明治の初年の思想における天皇の民衆に対する態度が、民衆の生活を安泰にする道徳的責務を全うせられるところにあった、と上にいったのも、このこととある関連がある。天皇のこの道徳的責務に関する自覚は、一つは天皇が直接に政治に関与せられないところに、それの生じた重要な理由があるからである。民権に対する君権の伸張をいうが如きは、日本の皇室の昔からの民衆に対せられる態度とは正反対である。

ところが上にいった如く天皇と政府との区別がはっきりせず、曖昧に結びつけられていることは、いわゆる王政復古のときからのことであって、昔から伝えられてきた「朝廷」の概念に既にその一つの由来があり、天皇親政の思想にもそれが現われているが、明治時代になって政府に対し武力的反抗の態度をとったものをすべて「賊」と称し、皇室に反抗するものの如く取り扱ったのも、またそれである。エトウ・シンペイ（江藤新平）もサイゴウ・タカモリも政府に反抗したのであって、皇室に対する反逆者ではなかったのに、政府はそう見なしたのである（エトウやサイゴウが武力的反抗を企てたのは、時勢を洞見《どうけん》するの明がなく、また自己の地位の如何なるものであるかを自覚しないからであって、その行動は愚の至りであるが、それは別の問題である）。薩長政府に対抗せんとしたトクガワ氏の家臣や、アイヅまたはゴリョウカクの籠城者を逆賊としたのも同様であって、これは名を皇室にかりた薩長政府の欺瞞政策の現われであり、虚偽の宣伝であって、トクガワ氏の家臣などが武力によって薩長政府に反抗したことにはそれだけの理由があったが、薩長政府はこういう態度をとったのである。天皇と政府との混淆は、時の政府に拠っている権力者が名を天皇にかりてその権力を用いるに恰好な事情である。

さて当時において民選議院の開設が果たして建白者の意図するが如き効果を生ずるかどうか、またそれが健全に発達してゆくかどうかは、そのこと自身が問題でもあったろう。そうしてそれには、いわゆる「文明開化」の流行と同じく、新奇を喜ぶ風潮、または権力に追従する気風のはたらきもあったろうし、なお議院政治の根本的欠陥である一時的な民衆の歓心を得んがために国家の真の利害を忘れるおそれのある政党もしくは議員が、それによって生じ得べきことをも考えねばならぬが、それを実現するための準備としての啓蒙運動なり、また例えば一種の練習機関としての小規模の議会の設置の如き地方自治制度の整備を行なうなり、方法の如何によっては、少なくともそれが政府の権力の強大と皇室に政治上の責任を帰することとを防ぐ用には立ったであろう。しかしそれはオオクボなどの解し得るところではなかったらしい。

イワクラに至っては、事理を解せざることオオクボよりも一層甚だしい。彼は、立憲政体を立てることは治国の良法であるが、国民の会議を開くことにはその末弊の大なるものがある、明治八年の詔勅によって政を施さば復古の大業は破れ大権は地に墜ちる、といっている。彼の立憲政体といっているのは何を指すのか明らかでないが、推測するに、ただ国家の大本を成文によって定めるというだけのことであるらしい。明治十一年になっても、同八年の勅命は臣民に公然国政を論議する権利を与えたものであり、固有の国体を変更するものであるから、この際、帝室の典憲を定めて君権を強固にし民権の増大を防がねばならぬといい、同十五年になるとこの態度が一層甚だしくなり、同八年の聖詔は下民の上《かみ》を罔《あみ》する途を開き大権の下《しも》に移る端を発し、二千五百余年来確然不易の国体を一変するおそれがあるとし、当時ようやく活気を呈してきた府県会（＊地方議会）を中止し、陸海軍及び警視の勢威を左右に提《ひっさ》げ、凛然として下に臨み、民心をして戦慄せしめねばならぬ、といい、さらに政府は皇室の施政のところであるといい、我が国の法として古来皇室が全国の土地を奄有《えんゆう》し、人民は尺寸の土地をも私有することができなかったのを、同五年に土地所有権が人民に与えられ、政府を維持するために租税を納めることになってから、人民が参政権を要求するようになった（これは政府に租税を納める義務のあるものは政治に参与する権利がある、といっている民選議院開設の建白書にも見える思想を捉えていったものであろう）、だから今日はせめて官有地をことごとく皇室の領有とし、陸海軍の費用はことごとくみな皇室財産の収入をもって支弁することにせねばならぬ、とまでいっている（昔は全国の土地がすべて皇室の有であったということが明治元年〜二年の頃しきりに政府によって宣伝せられ、版籍奉還の理由として説かれもしたが、これは財産としての土地の所有と政治的意義での領有とを混同したものであるのみならず、政治的領有の意義においても上代の状態に背いている妄言である）。

この明治十五年は、かの同十二、三年頃の国会開設の請願の運動が盛んであって、言論機関の上には過激な言辞も現われた時期の後であり、政府でオオクマ・シゲノブ（大隈重信）排斥事件を引き起こした同十四年の翌年でもあるから、それに刺激せられてイワクラのいうところもまた甚だしく過激になったという事情もあろうが、彼の素志がやはりここにあったからでもあろう。彼は本来極度の専制主義者であったらしく、皇室がもたれねばならぬ政治的権力は絶対のものであり、人民はもともとその皇室の政治に容喙すべきものではない、という考えをもっていたと推測せられる。近頃世間でもともすればいわれている天皇絶対主義ということは、この頃のイワクラの主張によく当てはまるものであって、自由民権説が流行し国会開設の要求が強まった時勢に対する反動として生まれた思想なのである。明治十三、四年の頃には民間の国会開設論に圧せられて国会を開くがよいといったこともあるが、それとても我が国体を本《もと》とすべきだといっているので、その国体というのはここにいったような意義のものであったろう。彼の意見も時とともに動揺したであろうし、場合によっていうことが違っていたでもあろうが、ほぼこう解せられる。ここにいったことはかなり後までのを含んでいるが、彼の意見の全体の傾向を見るためにはそれが必要であるから、こういうことを試みたのである。

ただ彼について特にいっておきたいこと、キドやオオクボについていったよりも一層強くいわねばならぬことは、天皇が政治の実権をもたれ、みずから政治の衝に当たられることになると、政治上の責任はすべて天皇に帰することになるが、それでよいのか、また天皇の政治といっても、それは天皇御一人でできるはずはなく、政府の補佐が必要であり、また政府によって執行せられねばならぬから、それは天皇と政府とを混同することになるが、その政府には何人が当たりそうしてどういう責任をもつのか、畢竟天皇と政府との関係をどう規定するのか。

ササキ・タカユキ（佐々木高行）が明治十三年に、今日は至尊（＊天皇）と大臣との責任に権限の規定がないから、善事は大臣に帰するも悪事の責は至尊に帰することになる、これは恐るべきことである、といっていることを参考すべきである。日本人の一般の風習としては、善政はそれを君主の徳に帰し、失政はそれを臣下の過ちとするのが常であるのに、君主の権ということが主張せられるようになると、おのずからこの風習に変化が生ずることも考えられねばならぬ。自由民権論者のうちに、君主を人民に対立するものとし、君主の暴虐ということを叫んでいるもののあるのは、必ずしも日本のことをいっているのではないとしても、理論的には、イワクラのいうところとおのずから対応することになるではないか。オオクボやイワクラの主張は、その根底に君民闘争の思想が伏在するから、天皇が民衆を安泰にする責務をもっておられるとし、天皇を道徳的の存在と見ていた明治初年の政府者の思想とは、明らかに背反している。オオクボもイワクラもおのれらの関与した重大事を全く忘れていたと見える。

ところでオオクボやイワクラが政府を確乎不抜の地位に置こうとしたことには、彼らとしては一応の理由がないでもなかった。幕府の顛覆も封建制度・武士制度の廃止も、学制の創始も大学の開設も、陸海軍の整備も鉄道・郵便・電信の施設も、あるいはまた北海道の開拓の進歩も、みな新政府の事業であり、シナ・朝鮮に対する外交上の処置も琉球の内地化もまた同様であって、これらはみな明治政府当局者の治績というべきものであり、彼らの誇りとすべきものである。その上に彼らは幕府を討滅しサイゴウなどの乱を平定したことによって、戦勝者の地歩を占めまたその名声を博し得たので、彼らはそれを思うにつけて大なる自負の念を抱き、かかる政府を永遠に持続させることに堅い自信をもっていたに違いない。これは明治初年の政府者の心理としてはまだもち得なかったことである。

ところがこの心理には皇室の観念が、いろいろの程度さまざまの形において伴っているので、幕府を顛覆させたのは皇室の稜威であると考えられ、封建制度が廃せられて国家の統一が成就したのは、政権が皇室に帰したからであることが事実として知られ、その他のことについても直接または間接に、あるいは多かれ少なかれ同じような観察がせられるので、上記の自負または自信には皇室の名または声望が与っていたと感ぜられる。そこで一面では、政府の治績の挙がったのは皇室の力であり、その基礎の固められてきたのもまた同じであると考えられるとともに、他の一面では皇室の権威を強めることによって政府の基礎が固められ、その治績が挙がるとせられ、皇室と政府とがこの意味でも混一して見られることになる。オオクボやイワクラの思想にはこういう考えが意識して、またはせずして、存在したと解せられる。

この間の消息を一言にして覆うと、政府の当局者はおのれらの地位を皇室と一《いっ》なるものと思っていたようである。皇室の政は衆庶の関与すべきところではないというのも、君民同治を強く否認するのも、その理由はここにあるので、国政に関しては皇室を被治者としての民衆に対立するものと認めるとともに、治者としてのおのれらは皇室と結びついているとするのである。こういう考え方は、要するに皇室と国民との間柄を政治的権力関係において認めようとするのであり、直截にいうと皇室は国民に対して強い権力をもたれることになるが、しかし国民の現実の心生活においては、国民が皇室を敬愛しその安泰と永続とを欲するのは、そういう権力関係によるのではない。日本の皇室の如く国民全体が遠い昔から親しい関係を続けてもっている存在に対しては、国民はおのずから深い愛着を感じ、その愛着がまたその関係を長く続かせてゆくのでもあるとともに、長く続いてきたことによってそれに特殊の美しさが生じ、従ってその美しさを傷つけまいとし、またますますそれを美しくしてゆこうとする心情が養われる。歳月の経つにつれて皇室が国民自身の生活に融け込み自身のうちの存在となるのはこれがためであって、そこからその永続と安泰とを念願することになるのである。

なお皇室が一系であるために、昔からの文化上の伝統が有力にはたらいて一種特異の雰囲気がそこに揺曳していることも、この心情と関連するところがある。要するに国民の皇室に対する感情は歴史的のものであり、国民の内生活の表現なのである。政治的の権力関係でそれを律しようとするのは、見当違いの甚だしきものといわねばならぬ。

ここで世に現われた時期は少し後戻りするが、明治七年の『明六雑誌』に載せられたカンダ・コウヘイ（神田孝平）の憲法政治に関する意見を考えておこう。彼は、民選議院の起こるのは国歩艱難のときであって、その時期が来なければ起こらないものである、故にかかる時節の到来は希望すべきことでなく、従ってその時節は喜ぶべき時節でもない、といっている。その意味は、民選議院はもともと君民相争うことによって人民が勝ち取ったものであるから、そのようなことの起こるのは本来望ましいことでない、というのであろうか。

しかし憲法政治という政体の成り立った根本の由来を考えると、こういう考えがそこから生じてくるが、こういう政体が既にヨーロッパなどに成り立っていて、日本がそれを採用すべきかどうかを考える場合には、それをそのままに当てはめるわけにはゆかないであろう。由来となった事情がもともと日本にはなく、そうしてでき上がった政体そのものには日本において学んでよいところ学ぶべきことがあるかもしれないからである。日本の如く本来皇室が政治を行なわれなかったところではもともとこういう由来はなかったが、天皇親政という新しい思想と主張とが生じ、政府が天皇の権をもっていて、それを政府みずから実現しようとしている明治の初年においては、君民相争うという好ましからざる状態が新しい形において新しく生じないとはいわれず、そうしてそれが生じないようにするには、かかる政体を新たに学ぶことによってそれを防止しなければならぬと考えられるからである。ヨーロッパなどにおいてかつて行なわれた政権の所有者と国民との争いが新しい形において新たに起きる憂いがあるから、それを起こらないようにする方法として、憲法政治・議院政治を学ぶべきだということが考えられるのである。日本では国民と争うのは政府であって皇室ではないが、天皇親政の形をもっているためにそれが皇室（君）と民との争いの如き形をとることになる危険が多いからである。

五

憲法制定・議院設立に対する政府首脳部の態度はほぼ上述の如きものと考えられるが、民間のいわゆる自由民権論者の見解はどうであったか。それも一応見ておくべきであろう。人民の自由の権ということを明らかに説明したものの世に現われたのは、ツダ・マミチの訳した『泰西国法論』（慶応二年訳）が初めであるらしい。それには自由という語は用いてなく、自主とか自在とかいういい方がしてあるが、「自身自主の権」（カンダ・コウヘイ訳の『性法略』を参考すると、これには生命を守る権が含まれているのであろう）を第一として、国家に対して住民の有する通権または本権の十二項目が挙げられ、次に国民の公権としてその主なるものに参政権が掲げてある。次にはカトウ・ヒロユキの『立憲政体略』（慶応四年刊）に私権として、『泰西国法論』の通権と同じものを同じ語によって要約して記し、またその首《はじめ》に特に生活の権を掲げ、次に公権の最大なるものとして参政権を挙げ、『国体新論』（カトウ・ヒロユキ著、明治七年刊）でもほぼ同様であるが、『立憲政体略』では生活の権を天の賜うところとしてあり、『国体新論』では私権を天賦の自由権、公権を公事上の自由権としてある（『立憲政体略』に生活の権とある「生活」は

「生命」の義であり、その権というのは生命を守ることである)。

なおフクザワ・ユキチの『西洋事情』初編の外編にも一身の自由が天の与うるところと記され、第二編にはイギリス人民の通義として一身の自由(そのうちの首位にあるものが生命を保全すること)を説き、それを天賦の自由としてある(「天賦の自由」という語は上に引いたキドの意見にも見えていて、キドはそれを承認しているが、その自由が何を指しているかはわからぬ。彼は権利という語をも用いているが、その意義は一般の用例とは違っているらしい)。

そこで民選議院設立建白者のいうところを聞くに、建白の主旨から考えても、その第一目的が参政権を人民に与える点にあることは明らかであって、人民の通義権理(*生まれもった権利)をいうことがあっても、それは議院の設立に伴うこととなっているのみならず、それが私権としての自由の権をいっているのかどうか、明らかでないように感ぜられる。愛国公党の本誓には通義権理を天賦のものとしてあり、それを保全することは人民を自主自由独立不羈たらしむる所以であるといってあるが、そうするには五箇条の御誓文の公議公論による政治が必要であるとし、そうしてまたそういう政治が君主人民の間を融然一体ならしめるものとしてあるから、やはり参政権とつながりがあるように見える。要するに、自主といい自由といっても権といっても、その観念はかなり曖昧のものであったらしい。しかし高知の立志社の趣意書には、いわゆる私権を国民のすべてが享有する天賦のものとし、そうしてこういう人民の権利を伸張するには民会(民選議院)を設ける必要がある、といってあるから、民選議院の開設は天賦の人権を保有擁護するために必要である、という考えがここではっきりしている。しかし民権をいい自由をいいまた民選議院の開設をいうものが、いつでもどこでもこう考えていたには限らないので、そういう言議には、いろいろの混雑と曖昧さとが含まれている。

なお自由の欲求については、イギリス人の如く具体的の事柄について常識的にそれを見るのと、フランス人の如く合理主義的・抽象的にそれを考えるのと、またドイツ人の如く理想主義的にそれを取り扱うのと、国民の性情によってそれぞれの違いがある如く、個人の人物や地位によってもまた差異があることを知らねばならぬ。しかしそういうはっきりした概念をもたないのが明治の中期までの日本人であり、そこから考え方の混雑と曖昧さとが生ずるのであった。

ところで、この頃の自由民権論者には、時の権力者を甚だしき圧制政治を行なうものとし、それに対して極度の反感をもっているように見える言議をするものがあったが、その頃に日本人の私権が事実どれだけ束縛せられていたか。当時の日本人は、一般には、生命を保つ権、身体の自由、居住の自由、行動の自由、財産所有の自由、法律の前に平等である権などを、いずれも大なる支障なく保有していた。ただ犯罪の捜索などに関して身体の自由の侵されることがあるのみであった。また言論・著作・結社の自由については、強い制限を受けていた。それとても法令によって定められたものではあるが、その解釈なり適用なりには少なからぬ無理が行なわれていた。しかしその他には自由も権利も甚だしく抑圧せられた形跡は見えない。だから自由民権論者が政府を攻撃する場合に、具体的の事実によってそれを証明することはむずかしいので、あるいは外国の事例を挙げ、あるいは幕府時代の状態をいい立てるのが、その常であった。

けれども昔のイギリスのジョン王やチャールズ二世、ジェームズ二世、またはフランス革命前の王家の圧制政治、もしくはアメリカの独立戦争を誘致したイギリス政府の横暴、というようなことをどれだけ列《なら》べてみても、日本の政治には関係のないことである。また幕府が長い間専制抑圧の政治を行なってきたのでそれに憤激した民衆がトクガワ氏の政権を顚覆したのだ、というようなことがいわれてもいたが、これはかつて考えたことがある如く、全く事実に背いた妄語である。薩長政府当局者の前身ともいうべき幕末のいわゆる志士や浪人の徒が幕府倒壊の計画に関連して行なった宣伝と、ヨーロッパにしばしば起こった政治上の革命に関する幾らかの知識とを結びつけることによって造作せられた、虚構の言に過ぎない。幕府の政治が封建の制度と武士を本位とする機構との欠陥から種々の弊害を生じたことは事実であるが、それとともに三百年の平和の維持せられ、その間に日本の特異の文化が発達したのもまたこの機構この制度のためであることを、忘れてはならぬ。

世には武士に切り捨て御免の特権があったとして武士の横暴をこの点から非難するものがあるが、これは武士に無礼を加えたものを処置する方法として、この戦国的遺風が例外的に認められたに過ぎず、また武士がいつもそれを利用したのではなかった。そうして幕府の中頃以後にはそういうこともほとんど行なわれなかった。幕末の志士とか浪人とかには、みだりに人を殺し私刑を加えてそれを誇るものが甚だ多かったが、それは一般の武士のことではない。なおヨーロッパの事例をいう場合には、いつも君主の暴虐をいうのであって、行文の上においては、おのずから日本の皇室をそれに比擬することになる場合もあるが、これもまた不経の甚だしきものである。当時の日本に悪政があったとするにしても、それは政府の当局者のしごとであって、皇室には関

植木枝盛

係がない。のみならず、フランス革命の勃発を想起させるような暴政は日本にはなく、悪政といっても規模が小さくその圧力が弱く、またそれによいことも伴っていたのに、フランス革命前の状態を日本の政府の圧制政治の例として引用するのは、付会の甚だしきものである。これは一つは、極端な誇張の言を弄することに興味を感ずるのと、一つは、民間人の言議には幕末のいわゆる志士や浪人が無責任な放論をしたことから伝承せられた気分があって、自由民権の語はその頃の尊王攘夷の声と同じく、人みなその何事であるかを解せずしてみだりにそれを叫びまわったのと、また一つは、仮構した革命の騒乱のうちに自己を置き、みずからその英雄であるかの如き幻想を抱いてみずから喜ぶのと、なお一つは、自由という如き書物のうちから取り出された抽象的観念は、抽象的であるために極端な表現となって人の耳目を聳動《しようどう》するのと、いま一つは何事についてもヨーロッパの模倣を念とし、革命は日本においても起こさるべきものの如く妄想する、むしろフランス革命時代の圧制政治のおもかげを当時の日本の政府に見ようとするのと、これらの事情からであろう。

例えば明治十二年に刊行せられたウエキ・エモリ（植木枝盛）の『民権自由論』などにはこれらのすべてが関与しているのであろう。特に、人は自分らの自由を保つために国を建て政府を設け、役人を雇って人民の自由を守らせるのだ、といっているようなのは、たぶんルソーの説の見当違いな早呑み込みから来ているのであろうが、国家の見方が抽象的でもあり架空的でもあって、それが現実的・歴史的存在であることを考えないものである。あるいはまた不羈独立にして政府などのいうことに聴従しないのを自由といっているように（殺伐な戦闘的精神が全篇を貫いているが）、革命的態度であるのを見るがよい。後には彼は、国家は永久の存在ではない、人がある国家に属するのは自己の利益のためであるから、不利益と認めたらいつでもそれから脱することができる、とまでいうようになる（次にいうように、彼もほんとうにそう思っていたかどうかは疑問である）。

ここに挙げた最後の事情は、自由民権論が、一つの意味では、明治初年のいわゆる「文明開化」と同じほどな新奇を喜ぶ流行思想と見なすべきものであることを示してもいる。当時、事実においては、フランス革命を連想させるような風潮は少しもなかったが、ただ明治八、九年から十年頃にかけては、生活に窮した士族に武士制の復活を思う情、それに伴って維新以後の新政に対して抱く不満、維新の頃から継続している世相の変化に対する不安の念などが世に広がっていたので、政府に対する諸所の武力的反抗もカゴシマの乱もそれに乗じて起こり、自由民権の思想さえもそれとの関連をもっていたのであるから、それが上記の諸事情に刺衝せられて（＊植木の）あの如き激越な言ともなったと解せられる。激越なというよりも、むしろ遊戯性を帯びた空想的なものというべきである。特にフランス革命は国王を人民の敵としたのであるから、皇室をそれに比擬することになるような言議、共和政治を賛美するが如き思想は、まじめなものではなかったが、特に耳立って聞こえるために、自由民権の主張者はすべてがそうであるように、政府者などには感ぜられたろう。政府に対して武力的反抗を企てたものの間にもかかる主張者があり

（オオクボを殺害したものもまたそれをいった）、そのような言論界の情勢が、特に政府者を刺激したのでもあろう。

そこで上記のイワクラの如き思想が生まれるのであるが、そういう、またはそれと類似する思想が政府の政策の上にも現われるようになると、民間人もまたそれに対して反発することになる（稀に新聞に現われる激越な言、ウエキ・エモリの思想など）。皇室と政府とを混同すること、皇室に政治上の責任を帰することになるような言議は、かくの如くして政府にも民間にも生じたのであるが、政府にあるものには、皇室に接近している自己の地位とその権力欲とのために、また政府者の前身たる幕末の志士浪人の戦闘的な殺伐な気分が彼らにもなお残存しているために、この念が特に強かった。

ただ民間においては、国会の開設を希望するものに君主と人民との協和一致を欲する民選議院開設の建白者の思想が伝えられていたので、上記の如き矯激な言議をするものは極めて稀にしか見ることができないほどに少なかった。中には、政権の帰するところは徳望とともに怨嗟の集まるところであるから、国会の設けのある立憲政体は皇室を民の怨府とするおそれをなくするものである、と明らかに説いたものもある（明治十二年刊フクモト・トモエ＝福本巴『普通民権論』）。

それより前（明治十年）に政府に提出して受理せられなかった立志社の建白書には、それを裏面からいい、当時の弊政というものを列挙して、「陛下臨御以来、陛下の親しく行ふところ大臣の施すところのもの、その利害得失昭々乎《こ》たるもの此の如し、而して大臣は常に宸断《しんだん》といひ親裁といひ、その責に任ぜざるものの如く……独り陛下その責に任じ、天下人民その禍を被らんとす」といい、国会の開設の急務を叫んでいる。この建白には立憲政体を立てることが陛下の御意志であるにかかわらず、政府者がそれを壅遏《ようあつ》しているといっているが、専制政治は君主が無上の特権を有するとか、民衆には暴君の言をも唯々として聴かしめるとかいっていて、必ずしも適切ではなく、多くの誇張と誤解と偏見とが含まれている。ただいわんとするところの重点は、立憲政体が確立しない限り、政府の失政の責任が天皇に帰すること、国会の開設は皇室を民の怨府としないようにする最良の方法であること、を極言したところにあるので、それが重要なのである。明治十二年のオオサカに開かれた愛国社再興のための大会の宣言にも、同じ意味のことが述べてある。だから立志社の建白は、語調は烈しいけれども、その要求するところは実は穏和なものである。

立志社のみならず、自由民権の主張者は何よりも国会の開設を希望したので、それにすべてが覆われている観がある。自由とか人民の通義とかの語が抽象的概念として、または混雑して、またあるいは曖昧に取り扱われているのも、政府を非難することが激越であるのも、主としてそれがためであったろう。明治十二、三年頃に国会開設要求の声が全国に響き渡ったのは、自由民権論者の宣伝または勧誘の力が強くはたらいたので、必ずしも一般民衆の要求ではなかったけれども、論者の意図がここにあったことを証するものではある。

ところが君権を強くしようとしていた当時の政府者は、この間の消息を理解することができなかった。そうして、皇室と政府とを混同するところから生ずる大なる危険を冒しながら、それを覚らず、民間人の見せかけの言説に怯えて、皇室の権威がいまにも崩壊せんとするかの如き妄想に駆られ、ひたすらに君権を防衛せんと努めたのである。民権伸張の要望せられるのは、君権が強いときのことであるといい、国会開設の欲求は専制政治の甚だしい場合に起こるという当時の識者の言は、彼らの耳に入らなかった。ただ皇室に責を帰する如き明らかな態度を意識してとることはしなかったが、そのするところいうところが論理上おのずからそうなることに、彼らは気がつかなかったのである。また民間人においては、彼らを非難し攻撃するには躊躇しなかったにかかわらず、一般的には、あるいは心あるものにおいては、皇室と彼らとの混同せられることを注意深く避けたのであり、そこに当時の日本国民の良識がはたらいていたのである。

六

民間の自由民権論者・国会開設要求者の言議と政府の首脳部をなすものの意向とは、かくの如く対立し背馳《はいち》していたが、政府者とても民間人のいうところを全く無視することはできず、それについて要路にあるものの見解を上奏させた。その主なるものには、国会の開設はやむを得ざることであるが、差し当たっては勅命による議員で構成した議会を設け、そこで国憲の条件を議せしめ、数年の経験を経た後に民会にせよというヤマガタ・アリトモ（山県有朋）、まず民法及び憲法を定め、それから後に国会を設けよというイノウエ・カオル（井上馨）、国会の上院議員は華士族の中から選抜せよというイノウエ及びイトウ・ヒロブミ（伊藤博文）、などがある。このうちでヤマガタは政府の施政には一点の私心なし民心の離反は猜疑より来るといい、イノウエは明治政府の権威を永遠に安固にすることを主として考え、またイトウは上院をもって常に王室の輔翼たらしめ、また将来のために両院の平衡・朝野の平均を保つはたらきをさせよといっている。国会も政府擁護のために設けるもの、また上院は民衆の活動としての下院に対して皇室を輔翼するものとしたのであるから、かれこれ総合してみると、これらはいずれも天皇が政府にあってみずから政治の衝に当たられることを予想し、従って皇室と政府とを同一視し、また皇室と民衆とを、よし敵対するものではないにせよ、少なくとも対立するものと見たのであり、なお華族と士族とを、民衆から遊離した特殊の階級であって民衆とは違った行動をするものと思い、彼らを民衆と対立して政府の味方になるもののように考えたのである。

次にいうオオクマの事件があり、それに刺激せられて明治二十三年に国会を開設することが政府において決定せられた後の三大臣（太政大臣及び左右大臣）の意見というものにも、やはり華族は将来上院を構成して皇室の環衛となり皇憲を維持する重責を負うもの、士族は人民の上流に位し国の重力を負うこと華族に次ぐものであるから安撫するがよい、といってある。華族と称せられた旧公家や旧大名にそのようなはたらきがあったかどうか。また当時の自由民権を宣伝するために開かれた会合などに最も多く参加したのは、士族ではなかったか。政府にいるものは、華族が彼らと同じく皇室から特殊の待遇を与えられているためにその思想が彼らと同じであるように、また不平士族に地位を与えればそれで彼らを懐柔することができるように思ったかもしれぬが、それが果たして当たっているかどうか。政府者は、江戸時代の知識人、何らかの学問なり思想なりをもって世に立ったものは、その多くが農商の民から身を起こして後に士籍に入ったものであること、幕末の志士や浪人にもその余風を承けた農民出身者の少なくなかったことを知ってか知らずてか、士族というものが身分の固定したものであり一般に知識人である、と思ったのでもあろうか。明治時代になってからは、武士が世襲的地位と禄とを失ったため、身を立てるために学問をするものが多くなったが、しかし官立の学校にも大小幾多の私塾にも、平民の入学者・在学者が少なくないことに気がつかなかったか。要するに華士族を上記の意味で重視するのは、政府者の浅見を示すものであったに違いない。

政府の要路に立っているものがこういう考え方をしている間において、独りオオクマ・シゲノブのみが違っていて、早急に国会を開き、官吏に政務官と永久官との区別を立て、イギリス風の政党内閣制を学ぶがよい、という意見を奏上したために政府を逐われたことは、一般に知られている。明治十四年のことである。オオクマは翌年に組織した改進党員に告ぐる書において、いまの政府者は天皇がみずから政治の局に当たられることを希望しているが、これは天皇を露出して危険の地に置くものである、といっているので、イギリス風の政党内閣制を学ぶべきだという考えは、この危険を避けんとするところに一つの意味があった。

この頃には、いわゆる私擬憲法案が所々で作られていて、その主なるものとして明治十四年に交詢社で起草したものがあるが、それも同じ意味においてイギリスの政体を模範としようとしたものである。天皇は宰相（＊国務大臣）並びに元老院・国会院によって国を統治し、神聖にして侵すべからざるものであり、政務の責は宰相これに当たり、そのうちの首相は輿望によって選任せらるべし、と規定しているのも、その責任が諸宰相全体の連帯で負うことにしてあるのも、イギリスの政体のままである。

同じく明治十四年にフクチ・ゲンイチロウ（福地源一郎）の起草したという国憲意見にも、日本を君民同治であるべきものと規定し、天皇は神聖にして法をもって問い奉るべきにあらず、政治に関しては大臣が天皇に代わり国民に対してその責に任ずべきである、といい、今日の政治はすべて勅命によってせられるが故に、大臣は天皇に対しては責任があるけれども国民に対してはそれがなく、国民に対する責任は直ちに天皇に集まり、場合によっては天下の怨府となられる危険があるが、立憲政治が行なわれ君民同治の政体となればそういうことがなくなる、大臣にこの責任があるから天皇のその任免は輿望の有無によられねばならぬ、ともいっている。これもまたイギリスの政体を学ぶべきものとしたのである。（＊旧幕臣の）フクチにしてなおこう考えているのである。

ここで、明治十四、五年頃に起草せられたといわれているニシ・アマネの憲法私案の考え方について、一言しておくべきであろう。この私案で重要なことは、最初に国域並びに人民の一篇を設け（この条項の順序は上にいった帝号日本国政典に類似の例があり、ヨーロッパにおけるが如く国家の領土民衆が錯綜しまた往々変遷のあるところでは必要な規定である）、そのうちで、国民の公権は生まれながらの日本人に限って享有するが、私権は日本人も在住の外国人も同じように政府の保護を受けるとしたことが、注目を惹く。次に帝室に関することを第二篇で規定してあるが、大統の継承は国会の認証を要すること、立法権は天皇と国会との合同によって行なわれること、天皇の初めて政を聴くに至ったときには国会の奉戴式を受け、そこで憲法の遵守を宣誓せられるが、国会の議員もまた天皇に誓詞を奉ること、などの規定がある。第三の国会篇で国会は大日本国民の代理者であるとしてあるから、これらはいずれも君民同治の精神の表現せられたものである。

なおこの草案に特異な点は、皇女の大統継承を認めていることである。立法・行政・司法の三権は天皇によって統合せられるが、行政権は天皇に直属する内閣によって施行せられ、天皇は不可侵の体であられるとともに、それと関連して政治の全責任はすべて諸省の長官（大臣）が負い、特に代議院はそれに対して弾劾の権を有する。また司法権は大審院の監督に属する裁判所が勅命の名によって行ない、大審院の僚員に欠員が生ずるときには代議院の推薦する候補者について補任せられる。それによって行政部・司法部のいずれもが国会、特に代議院の、ある規制を受けることになる。国会は元老院及び代議院の二院で構成せられ、その閉会中に天皇晏駕《あんが》（＊崩御）などの変があると、国会は召集を待たずして会集する、また代議院の議員は二年ごとに半数交代としてあって、解散の規定はない。元老院の議官にも任期がある。これらがニシ案の特色をなすものであるが、そのうちにイギリス憲法の思想から来ているものの含まれていることは、容易に知られよう。

次に大部分が明治十五年に脱稿しているオノ・アズサ（小野梓）の『国憲汎論』を見ると、それにもほぼ同じことが述べてあり、天皇がみずから政治に与られることを非とし、天皇の神聖不可侵と大臣責任制との関係を説き、皇統の一系を万世に保持するためには立憲政治を行なうことが必要であるといい、また君民同治の日本においては議政の権は君主と人民と偕同して掌るべきものだといっている。なおオノは議政・行政・司法の三職の上に位する政本の職というものがあるべきだといい、君民同治の日本では、天皇と人民とがそれに当たり、人民が議員を選挙して議会を成立させるとともに、その議会を解散する権を天皇がもたれるところに、この政本の職のはたらきがあるとした。やや牽強の弁に似ているが、天皇と人民との協力一致を旨とする点に重要な意味がある。君民同治の思想、天皇の神聖不可侵、及びそれと関連する大臣責任の規定は、当時においては憲法上の常識となっていたことであって、上にいった三大臣の意見というものにすら、立法のことは王室と上下院とで掌り、君主は不可侵の地に立ち宰相が代わってその責に任ずる、としてある。

なおフクチは華族をもって上院を組織させ皇室の藩屏《はんぺい》たらしめるという考えに反対し、いまの華族にはそういう力もなく、皇室に対して無限の忠愛心を抱いている日本人にとっては、そういう必要もない、と明言しているし、オノも、上院を皇室の藩屏とすることをも、貴族によって構成せられることをも、非としている。君民同治の政体においてはこれは当然のことである。フクチの案において、憲法は国約たるべく、天皇は国約憲法を守られることを誓わるべきであるとしたのも、またそれがこの政体において肝要のこととせられたからである。オノが『国憲汎論』で、我が国では憲法は欽定たるべきであるが、朝廷負望の人材によって構成せられる天皇直隷の起草局を設け、草案のできた後には国民の自由な批評を求め、それによって修正すべきは修正し、最後に天皇の聖断によって制定の業を終えられるべきである、と考えたのは、実際においては国約によるというのと同じであろう。国約とても天皇の裁可が必要であることはいうまでもないことだからである。

前節とこの節とで述べたことは、明治政府の中心人物であり、維新以来引き続いて要路を占めていたキド、オオクボ、及びイワクラの立憲政体についての意見、並びに民間に起こった民選議院開設論及び私擬憲法案の主なるものの大要であるが、オオクボやイワクラの主張の如きは、五箇条の御誓文として宣布せられた維新政府の政体に関する公文の規定を、当時おのれらが関与して定めたものであるにかかわらず、全く無視し、特にイワクラに至っては、その後における一般民衆の土地所有権を認めたり、元老院を開設したりしたことなど、彼のその議に与ったことが当然推測せられねばならぬにかかわらず、それを国家の大本を破壊するものとして甚だしく非難しているのは、奇怪である。

明治八年の詔命については、彼はそれに同意しなかったことを明言し、それがために辞職の決意までしたようにいってもいるが、彼がそれほど強硬に反対説を主張したならば、あの詔命があのようにして発布せられたかどうか、甚だ疑わしい。彼の意見が後になって変わったために、それを糊塗せんがためにこういったのではあるまいか。これは一つの臆測に過ぎないが、明治政府における彼の地位から見て、こういっても過言ではあるまい。そうしてそれは、オオクボが君権の強大を標榜し、イワクラが確然不動な国体の厳守を主張しているにかかわらず、その実、彼らが維新以来ほしいままに占有してきた政権の保持を画策するに他ならなかったことを示すものである。彼らの思想は、皇室と政府とを混同し、政治の責を皇室に帰することによってみずから免れ、結果から見れば畢竟皇室の徳を傷つけるものだからである。そうしてそこに、いわゆる王政復古または維新が、その実少なくとも半ばは、皇室をも国民をも欺瞞する彼らの辞柄であり、かかる欺瞞の態度を彼らが明治時代までもち続けてきた証跡が見える。自由民権の主張にも、時に過激な思想を含むものがないでもなかったが、それとても非現実的のもの空想的のものに過ぎず、また私擬憲法案には全体として穏当のものが多く現われたことに、注意すべきである。

ついでにいう。当時民間の自由民権論者の間にはルソーの社会契約説が（真に理解せられないながらに）もてはやされていたが、憲法編纂についてフランスの政体を模範にしようとしたものがあったらしくはない。日本国国憲案というものがあって、それはウエキ・エモリの起草したものだろうといわれてい、彼の主張と一致するところの多いその内容から見ると、この推測は当たっているかと思われるが、この国憲案は、連邦制度をとることにおいて、アメリカの憲法を模倣したものである。フランスの思想は抽象的な理論の形で我が国に入ってきてはいるが、こういう実際問題とは関係が少ないのではあるまいか（ウエキは一院制度や国約憲法の制定を希望したものと見られるが、その著『国民大会議』の序文では、憲法は天皇の欽定にまつものである、と明言している。これは彼の考えが明治十四年の政変の結果として現われた政府の態度によって変化したことを示すものとも解せられようが、それとともに彼の極端な自由民権の主張が畢竟付け焼刃であり見せかけに過ぎなかったからでもあろう）。

社会契約論の翻訳解説を試みたナカエ・チョウミン（中江兆民）も、『三酔人経綸問答』（明治二十年頃の作）において、ヨーロッパの民権は恢復的のもの、日本のは恩賜的のものであるが、その性質は同じであるから日本人は恩賜を受けてよくそれを護持するがよい、今日の急務は立憲政体を設けて皇室の尊栄と万民の福祉とを増すことを計るにある、といい、『平民の目さまし』（明治二十年刊）で、国会の開かれるは天皇の恩恵であるとし、天皇は不可侵であり、政治の責任は内閣の大臣がとるべきだ、と穏健なことをいっている。

なおついでにいう。明治十五年には有名な主権論争が諸新聞の上で行なわれたが、これは実は、主権という語の意義が明らかになっていないところに、主なる原因があったようである。しかし実際問題としては、主権は立憲君主国即ち君民共治国では、君民の一体となったところにあるとし、イギリスがその模範的なものだと論じたのが、最も有力であった。日本の主権は天皇にあるが、天皇は民の心をもって大御心とせらるべし、と説くものもあったが、これは法制上の概念に政治道徳の思想を加味したものでありながら、実際論としては上にいったのと同じところに帰着しよう。要するに主権の所在というが如きことは、抽象的な一般論としては、政学者か法学者かの攻究に任せておけばよいので、そういうことよりも、主権を如何にはたらかせるかが国民にとって大切な問題なのである。

七

前節で述べた如く、民間ではイギリスの政体が立憲君主国の模範として考えられ、その国王には直接に政治の実務に与らない風習のあることと、国王は悪をなさずの格言の如く、政治の責任はすべて大臣が負い、そうしてその進退は議会の意向による慣例の存することとが、賛美せられた。我が国ではそういう慣例の生ずることによって、初めて宮廷と政府との区別が明らかにせられ、従って天皇に責任の帰することが避けられるので、特にこのことが重要視せられたのである。しかるに政府の要地を占めているとともに、いわゆる王政復古時代から伝承せられてきた天皇親政の観念に執着しているイワクラは、強硬にかかる主張に反対し、天皇みずから政治の実務を執られることが国体の精神であるというような考えから、一方では天皇と政府とを同一視するとともに、他方では議会の権力を弱くするような憲法を制定せんとし、それがためにプロシアの憲法を模範としようとした。これにはイノウエ・コワシ（井上毅）という策士めいた一官僚の助言が有力にはたらいていたといわれているが、イノウエにおいては、イギリスの政党内閣制、従って内閣諸大臣が連帯責任をとることを非とし、大臣の任免は天皇の特権であること、その大臣の政策が議会の多数に容れられずともその地位を保ち得ること、大臣は天皇に対して責任を負うが国民に対しては責任のないものであること、議会の議に付すべき議案の発案権は政府にのみあること、上院の議員は勅命によるものと華士族の中から選挙せられたものとに限ること、などが考えられていた。

なおイノウエは、憲法は内閣または宮内省が起草すべきこと（宮廷と政府との区別のない考え方である）、また政府本位のものたるべきこと、イギリスの憲法では国王は空名を抱くに過ぎずして実権をもたないから、その制度は学ぶべからず、また大臣の進退は民議に委ぬべからず、というようなことを主張し、交詢社起草の私案の如きものを極力排撃している。日本の天皇は政治の実権を握り実務に当たらるべきであるというのであるが、例えば大臣の任免にしても政府のしごとにしても、天皇の御一存でできることなのか、もし政府の補佐と施行とを要するとするならば、それはおのずから政府が逆に天皇を抑制することになりがちであるから、政治の実権を握るのは天皇ではなくして政府であることになるではないか。議会によって左右せられることを嫌いつつ政府の意のままになる政治を欲するのは、議会によって代表せらるべき民意を無視せんとするものであるが、そういうことが天皇の政治であるというならば、天皇は民衆をおのれに対抗するものとせられることになるではないか。イノウエは、士族には王室維持の思想をもつものが多いから、彼らを皇室の味方とすることを考えるがよく、そうしてそれがためには旧藩諸侯の思想をよく指導せよ、といっているが、当時の旧藩諸侯に士族を制御する力があるように思っていることを除《の》けてみても、これは明らかに士族以外の民衆を皇室の敵とするものではないか。イノウエの輩がこういう偏狭な考えで日本の憲法の制定ができると思っていたのは、あまりにも奇怪な事実である。

イワクラを主位に置いたこういう政府者は、憲法起草の準備としてイトウ・ヒロブミをドイツに派遣し、グナイストの憲法に関する講義を聴かせ、日本の憲法制定についての彼の意見を徴した。それより前に上記のイノウエらが、商法制定のために政府に招聘せられていたドイツ人ロエスレルから、憲法の制定について種々の助言または勧告を受けていたことに誘われて、こういう計画がせられたのであろう。

政府者がかかることを企てた理由が何処にあったかは知らぬが、立憲政体をもっているヨーロッパの主要な国々について親しく憲政運用の実状を精査し、それぞれの国家の特色と関連させてその利害得失を商量（＊協議）しようとはせず、君主もしくは政府の権力が強く専制的傾向の著しいことの一般に知られているプロシアの政治を模範とする意図を抱き、しかもその実状を調査するのではなくして、学者の講義を聴かせる目的をもってイトウをドイツに派遣したことには、初めから一種の成心もしくは偏見をもっていたからであることは、明らかである。学者とはいっても、国家に関することについては、彼らの態度は決して公平ではなく、自国の制度について大なる自信と誇りとをもっていたであろうし、特にプロシア王が新たにドイツを統一してその帝王の位に上り、国威をヨーロッパに輝かせていた当時においてはなおさらである。イトウが特にドイツを目指しプロシアを目指して出かけていったのは、その威容と光彩とに心を奪われたことがその有力な動機となったと推測せられる。ヨーロッパ諸国の憲法取り調べの使命を帯びてかの地に赴いたのに、初めから重きを置いたのがプロシアであったことが、注意せらるべきである。イギリスへも行ったけれども、その政治の運営を視察することには、重きを置かなかった。

もとよりそれには、政府者の制定せんと欲する憲法が、天皇が政府にあって政治の実務に当たられ、天皇と政府とが混一して考えられるような、また議会は設けられてもその権能が薄弱狭小であって、政府に対立することができないような規定を含むものであったので、それについては、上にもいった如くプロシアの憲法を模範とすることが初めから欲求せられていたのでもあるが、プロシアでは、憲法の条文上の規定よりも、その実際の運用において国王もしくは政府の強権がはたらいていたので、上記の如き態度をとっていた学者の講説を聴くことによって、その間の消息とその精神とするところとを知ろうとする意向が、イトウにはあったかと推測せられる。なおこれについては、ドイツに特殊な一種の学風があって、学者のいうところに深奥の感のあることがイトウの心を動かした、というような事情のあったことが、あるいは考えられるかもしれぬ。かのイノウエ・コワシがドイツ学（と漢学と）を奨励せよといっていたこと、また政府の傭聘した学者や実務家にドイツ人が次第に多くなってきたことも、当時の事情を知るについて参考せられようか。あるいはまたそういうことよりも、イトウの如き権力者の地位にあるものは、ドイツ皇帝とその政府との権力の強盛なるを見て、感嘆に堪えず、それを模倣してみたかったでもあろう。

イトウが憲法の講義を聴いたのは主としてグナイストからであるが、彼の見解は要するに、できるだけ王権、即ち政府の権を強くし、議会の権を弱くすることであった。政治の権は政府が握らねばならぬといい、日本で立法権をことごとく議会に付与するのではよい政治はできぬ、帝王の権を十分にとっておくがよいといい、人民の代理者たる下院は必ずしも公議を表現するものではないといい、またイギリス風の政党政治を強く排撃するなど、みなこのことを示すものである。

日本の憲法はプロシアのを学ぶがよいといいながら、例えば国民は法の前には平等であるとか、何人も正当な裁判官の裁判を受けることを妨げられることはないとか、議会の解散の場合には一定の日限内に新議会を召集すべしとか、官吏が在職のまま議員を兼ねることはできないとか、毎年度の予算、または法律の規定によらずして租税を徴収してはならぬとかいうようなプロシア憲法の規定は、日本の憲法では設けない方がよい、ということをさえグナイストは説いている。これには日本はまだ未開国だからという考えから来ているところもあるが、立憲国として立とうと決意した日本に対しての勧告としては、あまりにも無法ないい分である（これは『西哲夢物語』の名で秘密に出版せられたグナイストの講義の筆記によったものであって、イトウの聴いた講義筆記から採ったものではないが、同じ時代における同じ人の講義であるから、イトウの教えられたものにも、たぶん同じ意義のことがあったろうと推測せられる）。イトウはまたシュタインの意見をも聴いたし、彼を日本の政府に招聘しようとさえ考えた。日本が立憲政治を行なおうとしていることは好ましくないと、特にイトウにその意を伝えたドイツ皇帝の言をさえ、イトウは感佩して聴いたというではないか。

独皇帝、ヴィルヘルム1世

要するに、イトウはドイツの学者から与えられた知識とその助言とに満足して帰朝し、ロエスレルが起草した私案（憲法原規といわれていたもの）をも参考して、秘密裏に憲法の起草に着手した。そうしてそれとともに政府の組織を改革して新しい内閣制度を立て、みずから首相と宮内大臣とを兼ねて政府と宮廷とに対する権力をその掌中に収めた（彼の思想においても政府と宮廷とがはっきり区別せられていない）。ところが民間人の間には、かかる秘密裏の憲法起草に対して種々の疑惑が生じ、それとともに、民間の政治運動に対する政府の甚だしき圧迫的態度に反感を抱くものが多く、彼らの論議は囂々として起こり、それに乗じて政府の顛覆を叫ぶもの暴動を起こすものが頻々として現われた。政府は国家を危険に陥れるものと速断してそれを重大視し、遂にかの保安条例を設けて急速にそれを実行した。民間と政府とのかくの如き軋轢の生じたのは、要するに双方の疑惑と誤解と軽率な行動とによるものであるが、政府が一方で憲法の制定に従事しながら他方でかかる事態を惹起した罪は、甚だ大きいといわねばならぬ。

さて、ともかくも憲法の草案は一応でき上がったので、イトウは憲法の審議を主なる任務として新設せられた枢密院の議長の任に就いた。かくして明治二十二年における「大日本帝国憲法」の発布が準備せられたのである。この憲法が王政復古の目標とせられた「天皇親政」の思想を継承するとともに、プロシアの政治思想を多く取り入れたものであることは、いうまでもない。

この憲法の根本は、天皇が祖宗から承けられた統治の大権をもっておられ、それによって国家を統治せられる、ということであり、君民同治という考え方が強く排斥せられている。第四条には「天皇は統治権を総攬す」とあって「有す」とは書いてないが、統治権とは憲法の前文の「統治の大権」の義であろうから、それは天皇が有せられるのであって、この第四条は第一条の「天皇之を統治す」と相応ずるものである。「大権」の語は条文の上に見えることは少ないが、イトウの名で発表せられた『憲法義解《ぎげ》』（＊解説書）にはそれが頻出していて、事ごとにといってもよいほど天皇の「大権」の語が用いてある（この場合の大権は統治権から派生するものではあろうが、統治権そのものではない。この権は権能の義であって、議会の権能に対して天皇の有せられるもの、従って議会の権能を制限する用をなすものと解せられる）。

なお「主権」という語は憲法の条文には全く用いてないが、『憲法義解』には往々それがあり、その最も重要なのは第四条の解説に「統治権を総攬するは主権の体なり、憲法の条規に依り之を行ふは主権の用なり」といってあるところであろうが、この解説は「体」と「用」とを対称する場合の普通の用い方とは違っているように見える。強いて考えたことらしい。その他「主権統一」（第五条・第十三条）とか、「法律は国家主権より出づる軌範にして」（第三十七条）とか、「一国の主権者」（第五十五条）とか、または「議会は立法に参するものにして主権を分つものにあらず」（第三章の首）とかいってもある。やや曖昧の感はあるが統治権というのとほぼ同意義であって、天皇のもっておられる統治の大権をいうのであろう（明治十九年のイトウの地方官に対する訓令に「帝王主権」という語が用いてある）。要するに天皇は国家の統治者であられ、国家もしくは国民を被統治者としてそれに臨まれる、というのが憲法の精神とせられたことなのであろう。

だから発布の日の祖宗に対して誓われた告文《こうもん》には「皇室典範及び憲法を制定す」といい、前文には「茲《ここ》に大憲を制定し」といい、『憲法義解』に「憲法は天皇の独り定むるところたり」といってある如く、憲法は天皇御自身の定められたもの、いわゆる欽定憲法である。特に告文には、皇室の家法である皇室典範が憲法よりも上位にある如き書き方がしてあり、憲法そのものの条文にも、第七十四条に「皇室典範の改正は帝国議会の議を経るを要せず」と特に記され、また『憲法義解』の憲法第二条の解説においては、皇位の継承を憲法に掲げざるは「将来に臣民の干渉を容れざるを示す」といい放ってある、そのいい方に注意すべきである。摂政を置かれることについての第十七条の義解に「摂政を置くの当否を定むるは専ら皇室に属すべくして、而して臣民の容議するところにあらず」または、両院が摂政の必要を議決することを憲法に掲ぐる如きは、

「皇室の大事を以て民議の多数に委ね、皇統の尊厳を干涜《かんとく》するの漸《ぜん》（＊糸口）を啓くものに近し」とまで極言しているほどである。天皇の大権についても、あるいは「議会の参賛に仮らず」とか「議会の関渉によらず」（第十三条）とかいっている場合がある。

およそこれらのことは、憲法およびその義解の説が、如何に国民を見ているかを示すものであって、皇室典範の制定及び改正については、議会の与ることを強く排斥しながら、政府の一機関たる枢密顧問の諮詢を経ることとしてあること、及び貴族院について『憲法義解』が「王室の屏《へい》翰《かん》を為し」と説いていることと、互いに参照すべきである。枢密院は天皇の諮詢に応ずる皇室の私的機関ではなくして、政府の機関であるのに、こう規定してある。

また貴族院の編成は、皇族及び華族が主体となっているが、華族には五爵が設けられ、薩長人を主として、いわゆる維新の功臣にそれが授けられた。在来の公家及び大名の他に華族になったもののあるのはこのときに始まるが、これは彼らの名誉欲を満足させるため、成り上がりものが権力を得たのでその権力者の地位を確保するため、いい換えると権力者が法制上おのれらを皇室と人民との中間に置き、それによって皇室と人民とを隔離するためでもあったとともに、上院編成の準備のためでもあったらしい。貴族院の編成が勅令によって定められ、法律の定めるところとなっていないのも、またこのことと関係がある。法律で定められると衆議院が関与するから、それを防いだのであろう。

そうして、上記の憲法の前文などや『憲法義解』において、憲法は天皇の独り定められたものとなっているにかかわらず、それが政府者の意向によって起草審議せられたものであることの明白である事実を、どう考うべきであるかは、『憲法義解』などの説明し得ないところである。審議には天皇が親臨せられたけれども、それによって天皇が独り定められたといわるべきものでないことは、明らかであろう。これは天皇に関する憲法の多くの条文上の規定についてもまたいい得られることであって、それは政府の起草者が起草し枢密院の審議を経たものである。条文のみならず、付属文書ともいうべき告文や勅語にもまた政府者の意見が盛られていることは、当然推測せられる。上に引いたような辞句のあるのも、政府者の態度の現われとして見らるべきであろう。こういう点においても天皇と政府とが混一せられていることを見逃してはならぬ。また条文上の規定は、起草者などにおいては、ただ規定しておけばそれで国民がその通りに考えもし信じもして、すべてが規定のままに実行せられると思っていたのかもしれぬが、それは大なる誤りである。後にいうように条文にどうなっていても、事実としてはそのままに行なわれない規定が天皇と政府との関係には多いことが、明らかだからである。

　もう一つ注意すべきは、憲法において天皇の神聖不可侵の規定と大臣責任のとが切り離されていることである。この二つはいずれの立憲君主国の憲法にもその条項があり、互いに密接な関連を有するものとして記されていて、プロシアのですらそうなっているのに、この日本の憲法には、大臣の責任は国務大臣の章に輔弼《ほひつ》の責任という意義で、従ってそれが天皇に対するものとして取り扱われ、国民または議会に対するものとはなっていない。国民または議会に対するものならば、それは天皇に代わって責任を負うことになるであろうが、そういうことは認められなかったらしい。現に『憲法義解』には「君主に代り責に任ずるにあらざるなり」と明記してある。ある時期に書かれた『憲法義解』の稿本には、神聖不可侵の条項の解説に、至尊に代わって負う大臣の責任のことが述べてあったのに、公表せられたものにはそれが全く削除せられているが、これはそのためではあるまいか。従って天皇の神聖不可侵の規定には、天皇の政治上の御行動とは無関係な、何らか神秘的の意義でもあるかの如くに感ぜられる。

多くの国の憲法には、神聖不可侵の国王の身体に関することとして記されているのに、日本の憲法に「身体」の語のないことも、不可侵が法の上の問題とせられていないことを示すものとして、またこの感じを強める。もっとも直接に身体に関することは、遠い昔には天皇流謫《るたく》（＊島流し）のことがあり、保元の乱や承久や元弘の変の場合などにも同じことがかつて行なわれた例があるのみで、その後は全く史上にその跡を断《た》ったのみならず、これらの例はいずれも時の権家のしたことであり、それにはまた皇族間の紛争というようなことが機会となったものもあって、国民の関するところではなかった。天皇と国民の抗争というようなことは、我が国では建国以来かつてなかったのであるから、憲法にそれを規定する必要はなかったであろうが、しからばその「侵す」ということは何を考えて書かれたのか。言議においてのことか。言議ならば「人の口は塞がれぬ」という古語もあるほどであるから、それを塞ぐには、法の力によるのではなくして、事実により何人かの行動によらなくてはならず、大臣責任の制の必要な理由がそこにあるではないか。

だからそれを不可侵の条項から切り離したのは解しがたいことである。事実としては、何人も言議によって天皇の「神聖」を「侵す」ものはあるまいし、また事実、天皇に政治上の責任を帰しようとするものもなかったのであり、なおそれは建国の初めから統一国家の象徴として、歴史的に国民と一なるものとして天皇を仰いできた国民の衷情《ちゅうじょう》でも良識でもあったが、法の上で規定するならば、不可侵の条項に大臣責任のことを記さないはずはなかろう。しかるにそれがないのである。しかし天皇は国の統治権を総攬せられ、また種々の大権をもっておられて、政治上の権力が天皇に集中せられているのに、それに対する大臣の責任の規定が憲法にないのは、どうしても奇異である。

　そこで思い出されるのは、既に述べた如く、明治初年の勅語には、天皇に国民の生活を安泰にする責務のあることを宣言せられていることである。これは天皇が、天皇にはこういう責務があるという道徳的自覚の上に立っておられる、ということであって、その思想上の遠き由来の一つは儒教の政治思想にもあるが、それが単なる知識または思想としてではなく、歴代の天皇の衷情としてもたれ、折に触れてそれが思い出されもし、またものにも記されているのである。政務には携わられず権力をもたれなかった歴代の天皇が、天皇という地位、即ち権力者としてではなく国民的統一の象徴として、国民的精神の生ける顕現としての地位のために、道徳上かくあるべきであるという理念をもっておられたのである。明治初年の勅語にこのことのいわれているのは、儒教思想にも由来のあることとしてであったろうが、今日からはこう解し得られることであって、それは政治に関与せられなかった昔の天皇もかかる理念をもっておられたことによって知り得られる。

　ところが憲法上の規定における天皇は、政務に与られまた政治上の権力なり権能なりをもたれるのであるから、一層強くこのことを自覚せらるべきであろう。さすれば憲法にはこのことが記されてもよかったのではあるまいか。そうして天皇のもたれている理念の実現せらるべきことが、天皇に代わって負う大臣の責任として考えられても、よさそうなものではなかったか。憲法は法であるから、それに道徳的意義でのかかる理念を加味するのは見当違いだ、という批評があるかもしれぬが、天皇が祖宗の神霊に対して誓われた告文にも、臣民に賜わった勅語にも、また憲法そのものの前文にも、天皇もしくは臣民の道徳的任務が記されているではないか。また天皇は、例えば憲法上の規定として文武官任免の権及びその他の諸種の大権をもっておられるが、その大権の執行が当を得ることは、終極においてやはり天皇の道徳的責務となるではないか。大臣はそれに対する輔弼の責任を負うというが、それを負うか負わぬか、またその負い方が正しいか否かは、やはり道徳的のことではないか。法制上・政治上の問題とても、実行の上においては結局、道徳上の問題に帰着せざるを得ないのである。既に道徳上の問題であるとすれば、天皇が臣民に対してもっておられる道徳的の理念を憲法に記すことの非なる理由はないではなかろうか。

しかるに憲法は、天皇御自身の定められたものとしてはあまりにも強く天皇の権をいうことに力を注いでいるのに、臣民に対せられる責務としてのこの道徳上の理念については一言もしていない。明治の初年に勅語の形で一度ならず宣言せられたことを、憲法の起草者は想起しなかったように見える。それは実は政府者の要請でもあり一種の宣伝でもあったが、形の上では天皇の御心情の表現となっていた。それを憲法の起草者は回顧しなかったのである。そうしてそれを回顧しなかったのは、憲法の起草者が当年の詔勅の起草者のもっていた政治道徳の感覚をもたず、ひたすらにヨーロッパの法制思想を規準としていたからである。これは国王と国民との闘争の結果としてヨーロッパに発生し、闘争的精神に充ちているヨーロッパ人の生活から産み出された法制思想・政治思想を、そのまま日本にもち込んだからではないか。こういう生活の特に烈しくこういう精神の特に強いドイツ思想・プロシア思想を取り入れた日本の憲法であってみれば、これも無理のないことかもしれぬ。

しかしこれは憲法の条文上の規定のことである。実際の政治の運用にはそれとは違った和らかい調子が出てきて、そこで天皇の道徳的理念がはたらくことになる。天皇が議会を通過した法案に対して不裁可権を用いられないのもその一つであるし、皇族が貴族院の議席に就かれなかったことをもここに挙げてよかろう。イギリスの国王の政治上の行動に道徳的意義が籠っていて、それによって国王の地位も安全であり内閣の更迭も滑らかに行なわれるのと似たことが、後には日本でも見られるようになる。憲法の条文上の規定の天皇の大権は文字通りには行なわれず、後には憲法起草者であったイトウが首領となった政党内閣さえも成立するようになってゆくのである。憲法の規定にはない元老というものが勅命によって動き、内閣の成立に大きな役割を務めもする。その結果は憲法の条文上の規定が論理上おのずから天皇に政治上の責任を帰することになるにかかわらず、事実上それを防止して天皇を累《わずら》わさないようにすることができたのである。

憲法は憲法の規定もせず予想もしないこと、あるいはむしろ規定に背いたことによって、国政を運用させるようになる。憲法の起草者たるイトウは、思想としては憲法の規定の如き主張をもっていたにしても、実際政治家としては、もっと融通のきく考え方をしていたらしい。あるいは歳月の推移と政治上の経験の加わってきたこととのために、思想の変化も起こったであろう。勿論、政党内閣を組織したことなどには、彼の権力欲も強くはたらいたに違いないが、ただそのためばかりではなかったと解せられる。しかし憲法の条文としての権威があるから、そこで天皇のもたれる上記の道徳上の理念もそれがために拘束せられることがあるのは、惜しい。だから憲法には天皇の国民に対してもたれる道徳的理念と、それを実現するところに大臣の責任のあることとの、規定が欲しかったのである。

本来日本人には、他に対して権利を主張することがなく、道徳的意義においての責務を強く感ずる習慣があり、そこに抗争的態度とは反対の調和の精神が現われていることを、考うべきである。互いに権利を主張するよりは互いに責務を感ずる方が、全体としての社会の幸福をもたらす力が強い。もし権利という語を用いるならば、互いに自己の権利を主張せずして、互いの責務として他人の権利を尊重しそれを侵害しないことをいうべきであろう。この方が実生活において遥かに効果的だと考えられる。自己の権利を主張することは、その根底に戦闘的精神があり、ややもすれば人を傷つけ他を害するからである。もしこういう考え方が憲法にも現われていたならば、その条文にはもっと柔軟な、もっと和気のある、もっと弾力性のあるものができていたであろう。憲法の条文上の規定はあまりにもぎこちない感じがするではないか。しかし法の条文は法であるから仕方がないとしても、上にいった告文や勅語や前文においては、もっと別のいい方があり、別の意味が加わってもよかったのではないか。

第一、告文には読んで気にかかることがある。「内は以て子孫の率由《そつゆう》する所と為し、外は以て臣民翼賛の道を広め」とあるが、これは皇室を内とし臣民を外とするものであって、そこに内外隔絶の感があるともいわれよう。天皇が祖宗に告げられるものであるからのことではあろうが、祖宗たる天皇は臣民を愛せられ臣民に親しまれ臣民を内に抱かれ臣民と一つになられてこそ、天皇としての任務が遂げられたのではないか。「惟神の宝祚を承継し、旧図を保持して敢て失墜すること無し」といい、「皇祖皇宗及び我が皇考（＊先帝）の威霊に倚藉《いしゃ》する（＊頼る）」といって、神威皇威の旺盛であることが強調せられ、そうしてその神霊に対して「此の憲章を履行して愆《あやま》らざらむことを誓」われる。神霊に誓われるのは、明治元年における五箇条の御誓文の先蹤に従われたのであろうが、諸外国の国王が議会において国民に対し憲法を遵守することを誓う慣例のあるのをとって、それをこう改めたものであろうとも推測せられる。しかしこう改めたところに、臣民を外にする思想と相応ずるところがあるのではなかろうか（元老院で起草せられた憲法の草案には議会において天皇の誓われることがあり、種々の私擬憲法案にも同様の規定があったのを見ると、国民も官僚もみなそれを正当視しまた希望していたことが、推測せられる）。

　次に憲法発布の勅語においてはまずこの大典の宣布が「祖宗に承くるの大権」によってせられることをいい、次に祖宗は臣民祖先の協力輔翼によって我が帝国を肇造《ちょうぞう》せられたことを述べて帝国の肇造は祖宗の事業であったことを明らかにし、さらにこれは「神聖なる祖宗の威徳」と臣民の愛国殉公の精神とによるものであるといい（ここに文法上肯《うけが》いがたいところがあるが、その意義はほぼこう解せられる）、そうして「我が臣民は即ち祖宗の忠良なる臣民の子孫」であるから「朕の意を奉体し」て「祖宗の遺業を永久に鞏固《きょうこ》」にする「負担を分つに堪」えることを疑わないと結び、どこまでも皇室、特に祖宗を主位に置き、臣民を従属的のものとしてある。

なお憲法の前文にも、最初に「祖宗の遺烈を承けて万世一系の帝位を践《ふ》」まれたことをいい、「臣民は祖宗の恵撫滋養したまひし所の臣民」の子孫であるから、その「翼賛により国家の進運を」扶《たす》けんことを望むといって、ここでもまた祖宗が主位に置いてあり、そうして「現在及び将来の臣民は此の憲法に対し永遠に従順の義務を負ふべし」という、強い命令のことばで結んである。国家は祖宗の造られたもの、天皇はその遺烈、威徳、または神霊の力によって天皇の位にありその大権をもたれ、そうして臣民はその祖先が皇祖皇宗の大業を翼賛した跡を踏んで、それと同じように天皇に奉仕する。これがこれらの文書を貫通している思想なのである。肇国は祖宗の事業であったには違いないが、それをいわれるそのいい方が、ここでは問題なのである。

ただ勅語に、（天皇と）「相共に和衷協同し」とあり、前文に「朕が親愛なる所の臣民」といわれ、また上に引いた「国家の進運」云々の上に、「（天皇と）与《とも》に……」の語が加えてあるところに、厳に過ぎるともいうべき上記の言辞の間に僅かに一道の和気の通うものがあるのみである。一つは文体のため、従ってまた起草者の個人的偏執のためにこう感ぜられるのでもあろうが、思想としては時の政府者に、天皇の権威を国民に対して強く示そうとする意図があったからだ、と解せられる。そうしてそれはプロシア式・ドイツ式の君権主張の思想に引きずられたところがあるのではないかと疑われる。上にいった如く、明治の初年に天皇の詔勅として発表せられた文書には、国民の生活を安泰にする天皇の道徳的責務について、親切な、また天皇おんみずからのその責務を思われるお心づかいの著しき現われとしての語句があったことを思うと、なおさらである。

しかし憲法の条文上の規定には、グナイストやロエスレルの意見によったところもありながら、それとともにまた彼らの勧告に従わなかったこともあって、概観すると、その出来栄えはむしろよい方であり、起草者イトウの功績がそこにある。本来、日本の憲法を制定するための参考として、多くの立憲君主国のを精査し、それに採るべきものがあれば採るのはよいとしても、日本の国情とは何の類似するところもない、また例えばドイツが連邦制度を採っている一事によっても知られる如く、むしろ反対であることの多いドイツのに偏執してそれを学ぼうとしたのは、何としても不穏当であった。起草者らはイギリスの政治思想をイギリス特有のものとし、日本で学ぶべきものでないとして強く排斥しながら、ドイツ式・プロシア式の考え方をば、同じ意味で排斥せず、かえってそれを学ぼうとしたのは何故であるか。日本の皇室が王権の強いプロシアの王室に似ていると考えたのかもしらぬが、我が国には昔から天皇が政治の実務には当たられない風習があり、政治は時々の権家が行なっていて、それによって天皇の地位が安泰でもあり強固にもなっていたのであるから、当時のプロシアに類例を求めるのは、この事実に背くものである。

日本の皇室の権力を強くしたいというのは、いわゆる王政復古に始まる政府者の新しい欲求であって、それは本来、歴史的に養われてきた皇室の本質に適《かな》うことではない。憲法が新たに制定せられるならば、この権力に代わるに国民の心情と思想とをもってすべきであって、政権の本源は宝祚の無窮である天皇にあるとともに、政治の実務は国民の代表者によって構成せられ国民の信望のある限りにおいて政権を握る政府が執り、それによっていわゆる君民同治の政体を成就させるべきであった。こういう風習が容易に成り立つかどうかは問題であって、それにはいろいろの困難のあることが考えられるが、どんな形態の政府も、その運用が円滑に行なわれがたいことは、憲法実施後の日本の政府の実状によっても知られるので、それが幾度か失敗した後に、遂に政党内閣の成立を見たのは、かえって政党内閣の実現しやすいことを証するものであったかもしれぬ。しかるに憲法の起草審議に当たったものはそうは考えずして、ひたすらに天皇の権というものを強めようとしたのである。

これは、思想としては、上に述べた如く君民の闘争によって養われたヨーロッパの政治思想・法制思想を、そういうことの全くなかった日本の憲法に導き入れたからであるとともに、理論的には、主権が天皇にあるというような抽象的観念に重きを置いたからであって、実際の政治には関係のないことである。立法権は天皇にあり議会の協賛によってそれを行なわれるとしても、立法権は天皇と議会とにあるといっても、天皇の裁可によって法律が制定せられる以上、事実としては同じではないか。こういう抽象的観念論は儒教思想に基づく名分論と同じであるので、実際政治においては何の意味もないものである。のみならず、名義上議会の協賛によって天皇が行なわれる立法権には、実際においては時の政府の力が強くはたらくのである。

いわゆる天皇の大権は政府の意志によって行なわれるので、憲法の条文においても、天皇と政府とが同じはたらきをすることになっているところもある。例えば第八条でいわゆる緊急勅令は天皇が発せられることにしてあるにもかかわらず、議会が承諾しないときには政府がその無効になることを公布するとある。この場合のこの処置が、政府（の大臣）が天皇に代わって責任をとるという意義ですするのでない限り、これは天皇と政府とが混同せられていることを示すものに他ならぬ。第六十七条の規定にもまた同じようなことがあるので、これはその規定そのものにも既に無理なところがあるが、この点もまた重大である。憲法制定のときこそは天皇、従って宮廷と政府との区別と限界とを明らかにする絶好の機会であったのに、それを逸し去ったのは、起草者たるイトウらの最大の過失であった。勅令はすべて政府命令なのであるのに、それに勅令の名が与えられていることが、既に不自然なのである。日本の旧来の慣例では「勅」という文字を用いることは、もっと重く考えられている（緊急勅令と同じ性質の命令を発することはプロシアにもあるが、それは政府の責任をもってすることとしてある）。

問題はいろいろあるが、要するに、日本においてプロシアの政治思想から学ぶべきものは、実は何もなかったといってよい。しかし条文の上においても模倣したことの割合に多くなかったのは、喜ぶべきことであった。国民の権利義務の規定の如きは、どの国の憲法に比べても遜色がない。ただ政府の権能を天皇の大権と称し、何らか特殊の精神的権威がそれにあるような感じを与える点は、この憲法の欠点であろうが、それについても上に述べたような運用の法がおのずから生じて、その弊害の現われることがむしろ少なかった。

ただイトウの名で公《おおやけ》にせられた『憲法義解』の説には議すべきものが多いのみならず、実際の運用においてそれが否認せられることさえもあった。例えば「天皇は文武官を任免す」の条（第十条）に対して「大臣は天皇の親しく任免する所たり」といってある類がそれであって、形式上の手続きではそうなっていても、事実はそうでないのが常である（＊実際天皇が自ら文武官を任命したことは一度もなかった)。なおそれに多く古典の辞句が引かれているが、これは近代の憲法を解するには用のないことでもあり、その引き方に妥当でないところも少なくない。これは今日の政治思想を昔からの我が国に固有のものとして示そうとしたからであり、告文に「皇祖皇宗の遺訓を明徴にし」といい、「皇祖皇宗の後裔に貽したまへる統治の洪範を紹述する」といってあるのに応ずるものではあろうが、この言辞そのものが既に歴史的事実に背反することであって、妥当とは思われぬ。

なお『憲法義解』の解説の臣民に関するものには、上に引いたところでも知られるように、とげとげしいいい方をしたところがいろいろあって、第三十条の請願に関する規定について「憲法上の権利を濫用して以て至尊を干涜……する」ことを戒めている如きもその例である。かかることを仮定して条文を解釈する必要がどこにあるのか。またこれとは違って、天皇の大権をいう場合に、曖昧な語を用いたために、後人を誤らせるようになってゆくものがある。第十一条の陸海軍の統帥権《とうすいけん》に関する規定について、「兵馬の統一は至尊の大権にして、専ら帷幄の大令に属することを示す」と書いてあるのがその一つであって、この条文は、天皇が宣戦・講和の権をもたれ栄典を授与せられることなどと同じ書き方がしてあり、同じ性質の大権を記したものであって、それを行なうにはいずれも政府の責任においてせられねばならぬことであるのに、「帷幄の大令」というようなことをいって、政府の外にある、従って責任の帰するところのない、何らかの特殊の機関がそれを行なうもののような感じを与え、後にはいわゆる軍部をして政府の意向に反してほしいままに軍事を処理し、甚だしきは政府の全般を動かすに至らしめた。必ずしも用語のみのことではないが、用語も与って力があったことは、事実である。そうしてそれがもし政府の責任外のこととせられたとすれば、その責はおのずから天皇に帰するのである。かかる解説を（＊憲法に）加えたのは不用意の至り、不謹慎の極みである。『憲法義解』にはイノウエ・コワシの思想が多く現われているように伝えられているが、彼はこの点においてイワクラの主張を継承し拡充した、自由民権の主張に対する極端な反動思想家であり、天皇絶対主義の鼓吹者とせらるべきである。

要するに今日から考えると、憲法には政府者の思想の偏僻から生じた欠点があり、議会の権能をできるだけ狭くしようとしたドイツ式・プロシア式の政治思想から取り入れたものにそれが多く、第一議会（＊明治二十三年）の当時に既にその弊害が現われ、政界に幾多の紛糾を生じた。イギリスの政治の習慣によったならば、こういうことは起こらなかったであろう。

しかし発布の当時においては、国民は憲法の与えられたことに大きな喜びを感じ、それにすべてが覆われて、上にいったようなことには多く注意せられなかった。イギリスの政体を模範としようと考えていたものは、この憲法に不満足を感じたでもあろうが、年が経てばそのうちには改めらるべきときが来ると思い、いまはいままで与えられたものを護持し、ただその運用を少しでもよくしてゆくことを心がけるべきだ、とするものが多かったであろう。そうして天皇がおんみずから政治の局に当たられる憲法の規定に伴って生ずべきこと、即ち政府の失政が天皇にその責を帰することになる危険は、事実として天皇が政治上に主導的なはたらきをせられなかったのと、政治が政府の当局者たる大臣によって行なわれることが明らかであるのとのために、おのずから避けられてゆくのであった。時に「袞龍《こんりょう》（＊天皇）の御袖にかくれる」大臣の不謹慎をとがめる声が議会から聞こえてくることのあったのが、それを証する。そうして天皇の上記の態度は、おんみずから政治の局に当たられなかった古来の風習におのずからなる由来のある御教養のためであった、と推測せられる。これには、あるいは君徳の養成に力を注いだ側近者の啓沃もあったであろうし、政府の当局者のうちにもまたそういう心構えのあるものがあったかとも思われるが、ともかくも事実はそうであった。そうしてそこに、天皇がおのずから守ってゆかれる政治道徳の現われがあった。

かくして天皇は、ドイツ式・プロシア式の権力をもたれるのではなくして、国家統一の象徴であられ国民と一つであられる点に、国民の無上の敬愛と信望とを集められることになるのである。それとともに、昔からの皇室に伝統的な精神、歴代の天皇がもっておられた道徳上の理念が、そこに現われる。日本の天皇の特色は権力をもとうとせられないことであって、事実また権力をもっておられなかったのである。昔は天皇に強い権力があった、というようなことは、王政復古論者の妄想に過ぎない。民と権を争われないことは、もとよりである（権力をもとうとするものは明治時代においては政府者であって、天皇ではない）。そうしてこのことはおのずから、皇祖が、日本国民の象徴として、この大八島国《おおやしまぐに》とともに生まれられ、皇室と国民とは本来一体であるという、遠い昔の神代の物語の精神に適応することにもなる。この説話は、皇室が日本民族の内部から起《た》って全民族を統一国家に形成せられた歴史的事実の反映であって、日本の国家の性質を最もよく表現したものである。『憲法義解』がもし古典を引用するならば、遠く本源に遡ってこのことを明らかにすべきであったのに、それには気がつかなかった。気がつくだけの知識がなかったのであろう。

以上いうところはかなり多岐にわたったが、要約するに、明治憲法の規定は甚だしく観念論的であって、枢密院において論議する場合にはそれでよかったでもあろうが、実施してみると、それでは都合のわるいこと、実行のできないことがいろいろ現われて、憲法そのものの不完全さがおいおいに知られてきた。

例えば大臣の任免は天皇の大権となっているが、大権のはたらきといっても、実際には何人かの補佐によらねばならず、従ってその任に当たるもののしごとに他ならぬのであるから、それは例えば議会に多数を占める政党の首領のしごとと同じになるではないか。

次には天皇の大権と国家の権とが観念上区別せられていても、実際にはそれが混淆せられることである。例えば立法権を議会の協賛によって行なわれるのは天皇の権（権能）であるが、立法権そのものはもともと国家の権であろう。だから議会の協賛が必要の条件とせられているので、この意味においては、事実上、立法権は天皇と議会との合意によって行なわれるのである。しかしそうはいわないで、実際には天皇と議会との合意であることを、立法権を行なうのは天皇独自の大権であるように規定したところに、憲法の観念論的性質がある。国民が法律の範囲内であらゆる自由と権利とをもっているという憲法の規定も、それを制約するすべての法律は、衆議院を含めての議会の協賛によって行なわれる立法権のはたらきによって制定せられたものである。

あるいはまた政治上無責任の地位にある枢密顧問というものが政治に深い関係のある重要の国

務を審議するのも、異様ではないか。国務大臣があるのに、大臣と並んでそれとは別にこういう官職のあるのは、本来必要があって設けられたのではなく、憲法草案の審議のために設けられたものが、その任務が終わった後にもその地位だけが残されたので、それに対して強いて任務なき任務が与えられたのではあるまいか。もしそうならば、ここにもまた一種特殊な意義においての観念論的形態が見られるようである。

あるいは立法権を行なわれる場合の天皇の大権を、国家の機関としての天皇の権能と見るならば、即ちいわゆる天皇機関説の立場に立って解するならば、それはそれでよいであろう。が、その代わり憲法全体の観念論的性質が崩れるのみならず、天皇の大権と政府の権能との混淆も生ずるであろう。なお議会によって表現せられる国民の意志が天皇の大権と相対して存在する別々なものであるというのは、根本的には天皇と国民とが権力関係において対立することを示すものである。そうしてそれには、ヨーロッパにおけるが如く帝王と国民との抗争の歴史が潜在するように見えるが、これは明らかな歴史的事実に背くことである。日本においては天皇と国民とは歴史的のつながりによって精神的に一体をなすものであるというのが、事実でもあり、遠い昔からの伝統的情念・伝統的思想でもある。上代において諸国の国造《くにのみやつこ》などがみな皇室から分かれた家であるという思想をもっていたのも、ナカトミ（中臣）氏などの朝廷の貴族が祖先以来それぞれの職務によって皇室を輔翼してきたということが考えられていたのも、また中古以来摂関や武家の諸家の政権を皇室が認められたのも、こういう思想こういう情念の昔風の表現の仕方であって、いわゆる天皇機関説が同じ思想の現代的意義における法学的表現であるのと同じである。

さて、この章を終わるに臨み、起草者の考えと民間人の見解との間に、憲法に関し立憲政体に関して大なる差異のあったことを一言しておこう。民間人においては、立憲政体は文明国の通義として当然形成せらるべきものであって、国情が異なり国家成立の大本の違うにつれてそれぞれに特色のあるべきものでありながら、その思想的基礎は共通であり根本原理は同じであると考え、従ってその制定には国民が関与すべきものと思っていた。しかるに憲法の起草者は、日本の立憲政体は日本だけに独自のものであり、天皇の臣民に恵賜《けいし》せられるものであって、皇家継述の洪謨《こうぼ》であり、臣民の私議することを許さないものである、という建前をとった(明治二十年におけるイトウの地方官に対する訓令)。憲法制定の方法を国約とするのと欽定とするのとの主張の違いも、観念論としてはここから生ずるのであるが、その実、欽定憲法の起草者も、ドイツ人の政治思想を取り入れることによって、みずからこの建前を傷つけている。立憲政体の観念そのものが本来我が国に独自に発生したものでないから、範をイギリスにとるかドイツにとるかの如何に関せず、ヨーロッパの政治思想を取り入れねばならぬことは明らかである。だから日本の立憲政体の大義を、単に「立国の源に基づき」「祖宗の遺訓に遵由」するものとする起草者の主張は、実は成り立たない。憲法実施以後の態度が、一面においては、この主張に反し、ドイツ思想によって政府の権力を強く推進せんとしたのは、それを証するものである(他の一面においては、それと違った態度のあったことは上に述べておいた)。

日本の立憲政体を歴史的淵源の遠いものとしようとする意図には同感せられるふしがあるが、その方法には無理なところが多く、あからさまにいうとそこに欺瞞の跡の覆うべからざるものがあるので、『憲法義解』の説の如きがその好例である。のみならず、憲法制定の手続きからいっても、イトウの手になった草案の審議を枢密院でするのと、何らかの方法で国民の代表者として選ばれた起草委員の作った草案を国民会議で審議し、それを天皇が裁可せられるのと、どこが違うのか。条文の規定に幾らかの差異は生ずるであろうが、両方ともに長所もあり欠点もあろう。政府の官僚のが正しくして国民の代表者のが正しくない、というような見解がもしあるならば、帝国議会などは本来開設せらるべきではなかろう。現に欽定憲法にも上に述べた如く種々の欠点があり、民間人の手になった種々の私擬憲法には、見解の妥当なものが多いではないか。惜しむべきは、帝国憲法が偏狭な思想をもっている少数の官僚によって起草審議せられ、諸方面にわたる知識と経験とを有する多くの人材によって周到に討覈《とうかく》（＊よく検討し調べること）せられなかったことである。

おわりに——サイゴウ・タカモリ

サイゴウ・タカモリは明治時代になってから、維新の元勲といわれ、一般には非常な英傑のように思われてきたらしく、いわゆる征韓論の実現せられなかったことを遺憾とし、または十年の役（＊西南戦争）を起こした心事を種々に忖度して彼を弁護せんとするものもあった。征韓論についてのこの考えは、その実現が政府によって拒まれたために、もし実現せられたならば、彼ほどの英傑のすることであったから、それによって日本のために有利な情勢が展開せられたであろう、と思うのであり、十年の役についてのは、それが失敗したために、彼ほどの英傑が何故に失敗するようなことを企てたか、と怪しむところから出たことであって、いずれも彼を英雄視してかかるからの話である。もし初めから英雄視していないならば、征韓論の実現せられなかったことは日本の幸いであったとも考えられようし、十年の役に失敗したのは、失敗を予想することができなかったほどに、当時の日本の情勢と彼みずからの能力とに対する明察が彼になかったからだとも見られよう。従ってそれはおのずから、彼が果たして維新の元勲といわれるに値するだけの功業を立てたのか、またそれだけの人物であったのか、を疑うことにもなろう。彼を英雄視するのは維新の元勲とせられていたためであろう、と推測せられるからである。そこで維新前の彼が実際どんな考えでどんなしごとをしたかを調べてみることが、彼の人物を知るためには必要なことになる。ここでは主として『大西郷全集』（＊一九二五年刊）に編纂せられている彼の書簡によって、それを試みようと思う。

サイゴウは、いわゆる国事に奔走するようになってから一貫して幕府またはその当局者を敵視し、それに対して抗争の態度をとっているが、そのために初めて武力を用いようと企てたのは、安政五年（一八五八年）のことである。大老イイが、老中ホッタの明識と努力とによって成立したアメリカとの条約締結を承認し、また当時諸方面に起こっていた、ヒトツバシ・ケイキを将軍の継嗣とすべしという要望を斥けたことに対し、ミト侯ナリアキ（徳川斉昭）の思想的影響をも受けて尊王攘夷を高唱し、宮廷人の間に遊説していたいわゆる志士の徒は、甚だしき反感を抱いて秘かに種々の画策をしたが、それに関連してか、宮廷から勅書の名によってミト侯及びその他の幾人かの諸侯に、幕府の態度を非難してそれを矯正せんことを欲する意味を含めた文書が送付せられた。これは幕府による日本の国家の統制を破りその政治的秩序を乱すことの大なるものであるから、イイは老中のマナベ（間部詮勝）をキョウトに派遣して、善後の処置を講ぜしめたが、志士の徒の検挙もその一つであった。サイゴウの上記の如き企てはこのときに行なわれたものであって、マナベがもし「暴発」するならば、サツマは直ちに「義兵」を挙げる、そのときにはトサ侯やオオサカ城代のツチウラ（土浦）侯はそれに応じて立つであろうし、エチゼン侯やオワリ侯もそれに加わるであろう、義兵は上洛して所司代のサカイ（酒井忠義）の兵を打ち破り、ヒコネ（彦根）のイイの居城を乗っ取り、エドの方面でもそれに響応する行動のできるようにサツマの兵をあらかじめ諸所に配置する、というのである。この計画はサツマ藩庁が抑止してしまったが、サイゴウは有志のものだけ脱藩して事を起こそうとまで考えたという。これは直接には幕府そのものを敵視したのではなく、イイ及びその指揮下の当局者を倒してその勢力を除去しようとしたに過ぎないものではあったろうが、上記の勅書の主旨を奉ずるといい勤王のためと称し、武力的行動によって幕府の主宰する国家の機関を攪乱しようというのであるから、その根底には、よし明らかに意識してはいなかったにせよ、幕府の政権を否認する精神が漠然ながら潜在していた、あるいは一歩を転ずればそういう方向に発展してゆく可能性のあるものであった、と推測せられよう（ミト人が後にサクラダでイイを襲撃したのとは同じでない）。

同じころにヨシダ・ショウインも、小規模ではあり彼の当時の境遇としては空想的なものでもありながら、ほぼ同じようなことを考えていた。ただ志士の一人で一種の狂信的空想家ともいわるべきマキ・イズミは、天皇が幕府の罪を問わんがために親征して函嶺《かんれい》（箱根山）に駐蹕《ちゅうひつ》せられ、大老・老中の輩を招致して死を賜い、親王を安東《あんとう》大将軍としてエドに居らしめ、トクガワ氏を甲駿の地に封ぜられる、というようなことを、やはり同じ頃に夢想していたが（『大夢記』）、これは明らかに幕府政治の破壊を欲するものであった。サイゴウの企てはともかくも薩藩を背後にもっていただけにそれほどに甚だしき空想的なものではなかったが、当時の情勢においては藩庁がそれを承認するはずもなく、また彼の脱藩して事を起こそうとした意図がよし実現せられたとしても、それは地方的に幾らかの騒擾を起こさせるに過ぎず、文久三年のヤマトやタジマの事件ほどのことも、できなかったであろう。トサやオワリやエチゼンの諸藩主がそれに加わるだろう、というに至っては、アリマ・シンシチ（有馬新七）の『都日記』にほぼ同じようなことが記してあり、ショウインもそれに似たことをいっているのを見ると、その頃の志士の徒が、イイに好感をもたないものと世間で見られていたこれらの二、三諸侯の名を利用して、ほしいままに造作した浮説が彼らの間に広がっていたのを、サイゴウやショウインが聞いて軽信したのであろう。

これで見ると、当時のサイゴウは思慮の周到な実行家ではなく、ある程度の空想的傾向を帯びているとともに、おのが欲するところに適合するような、または志を同じくするものから伝えられた風説をば、その真偽を慎重に判断することなくして軽信する人物であったことが知られるようである。同じ頃のゲッショウ（月照）に対する彼の心情行動にも、少なくともその一面においてこれと通ずるところがあるのではなかろうか。なお彼のこの頃の書簡には、いわゆる志士の徒の口吻に似たものが至るところに認められるにかかわらず、西洋に対する日本の国策についてしっかりした意見を彼がもっていた形跡は見えないようであるが、これは彼が当代に稀な賢君といわれていた故《さき》の藩主ナリアキラ（島津斉彬）の明識を解することができなかったことを、示すものではあるまいか。彼の外交に関することばが後までも浅薄軽浮なものであることを思うと、彼は当時の世界の形勢などはほとんど知らなかったのではないかと推せられる。藩侯にシゲヒデ（島津重豪）やナリアキラがあり、幕府の海軍伝習に学生を派遣し、また蕃書調所の教授を出したほどなサツマの藩士としては、異様の感があるが、ともかくも彼はここにいったような人物ではなかったろうか。あるいは上記の『都日記』の筆者やサクラダの挙に参加したものがあるのでも知られる如く、ミト派の思想に感化せられた一群もあって、サイゴウはそれに属するもの、少なくともそれと親近の関係をもったものであったらしい。どの藩においても、つまり当時の日本の全体に、多かれ少なかれこれに似た思想上の分派があったことが併せ考えられる。

サイゴウのこの態度は後になっても同様であった。文久二年に志士の輩・浪人の徒が幕府に反抗するための武力的行動を起こそうとして計画したときにも、彼はキョウトから所司代を追い退《の》けまたイイの勢力を除かねばならぬとして、サツマ人をそれに参加させようとしたが、いわゆる寺田屋騒動でその企ては挫折した。その頃はまだ当時の用語で公武合体を考えていたシマヅ・ヒサミツがそれを抑えたのである。ほぼ同じ頃にチョウシュウのナガイ・ウタ（長井雅楽）が開国の意見を抱き、やはり公武合体によってそれを実現させようとして、京とエドとの間を周旋したが、サイゴウはナガイを大奸物だといい、チョウシュウの有志どもにそれを殺させるといっている。公武合体は幕府の存立を認めるものであるから、浪人輩志士輩はそれを排斥したので、彼らの間に重きをなしていたカツラ・コゴロウもやはりそれを喜ばなかった。チョウシュウの藩論は幕府反抗の方向へ引きずられてゆき、ナガイはそれがために切腹した。それから後、チョウシュウの勢力は浪人輩の行動の支持者とも中心ともなり、一部の宮廷人と結託して文久三年（＊八月十八日の政変）及び元治元年（＊禁門の変）の京の事変を引き起こすようになってゆくのである。

サイゴウは思想的また心理的には浪人輩と共通なものをもっていたが、サツマ人としてはチョウシュウに対抗する態度をとった。彼が浪人輩と共通な思想をもっていたというのは、武力によってでも幕府に反抗しようとする点であり、心理的に共通の点があるというのは、自己及び自己に与するものの主張と行動とを正論正義とし、それに反するものを奸人の奸謀奸策とするところに、その主なるものがある。この正奸を軽々しく用いることは、ミトの党争にその著しい模範があるが、浪人の徒はこう考えることにより、もしくはそれを標榜することによって、そこから奸徒を掃滅するためには手段を選ばないという行動の方針を導いてくるのである。サイゴウが幕府の奸吏とか幕府の奸策とか幕奸とかいう語をしきりに用いているのは、ただそれらを自己の主張に反し自己の行動を妨げるものと見たためであるので、それは即ちこの頃の浪人輩の心理なのである。浪人輩が宮廷人を誘ってヤマトやタジマで騒乱を起こしたのも、主上の御意志に反して夷狄親征の令を起こさせ、あるいは主上を欺いて行幸の際に鳳輦を辺地に導き去ろうと企て、またチョウシュウ侯の兵をして皇居を占領せしめようとしたなども、奸賊に充たされている幕府の権威を破壊するためには、是認せらるべきものと考えたからであろう。

ところでサイゴウが、文久元年の頃から既にヒラノ・クニオミやマキ・イズミの抱いていた、サツマ、チョウシュウまたはその他の諸侯の力をかりてオオサカ城、ニジョウ（二条）城、ヒコネ城などを乗っ取り、主上を籠絡して皇居を移す、というような空想的画策を知っていたかどうかはわからず、従ってこの二人と同じような空想をもっていたとは必ずしもいえないが、上に記した安政五年の彼の企てを回想すると、この頃になっても、やはりそれと大差のないことを彼は考えていたかもしれぬ。少なくとも幕府に対する武力的反抗を欲したことにおいては、一般に浪人といわれ志士といわれていたもののいうところに通ずるところの多かったことは、推測せられる。

ただ元治元年の京師の事変に際しては、藩侯が守護職の任にあったアイヅ藩の兵と協力して、サツマの兵をチョウシュウの兵と戦わせたが、サイゴウは、この事件は長会の私闘であるから幕府の命によってかかる行動をとるのではない、禁闕《きんけつ》（＊皇居）守衛のために朝廷の命を奉ずるのだ、といっていた。これは甚だしき詭弁か、しからざれば幕府の権威を根本的に否認する意志を表明したのか、いずれかであるのみならず、主上の御意志にも背いた言である。アイヅ侯はキョウト守護の任をもっている職責上、その頃不法の行動によって人心を撹乱し、事変を起こそうとしていた浪人輩やチョウシュウ人の取り締まりを厳にしたために、彼らの怨恨を買っていたが、それは当然な職務の施行であったし、チョウシュウ兵が禁闕に迫らんとする形勢の明らかになってきた場合、それに対して守備を整えるのもまた同様であるから、これは決して長会の私闘ではない。また朝廷の命は奉ずるが幕府の命によって行動するのでないというのが、幕府の重要な政治機関の一つである守護職の職務の施行を私事とすることとともに、幕府の政府としての権能を否認するものであることは、明らかである。なお前年に国務は幕府に委任せられる旨を主上から親しく幕府に伝えられ、幕府はこのことを公示しているのであるから、サツマにおいてそれを知らぬはずはない。だからサイゴウのこの主張は主上の御意志を無視したものである。そうしてこう主張しながらチョウシュウ兵を攻撃したのは、チョウシュウがサツマと対抗の地位にある雄藩であるがために、その勢力の強化を欲しないからであった、と推測せられる。従って上記の主張と行動とはサイゴウの権謀から出たものとすべきであろう。

長兵が敗退して幕府が征長の軍を起こすに至ったとき、彼が征長の挙は急に行なわねばならぬ、チョウシュウが降ったならば、僅少の領地を与えて東国辺りに国替えを命ずべきである、しからざればサツマのために後害を貽すであろう、長人は狡猾だ、といっているのを見ても、彼の意図は知られる。密偵をチョウシュウに遣わし、その支藩には利を啖《く》わせて本藩から離れさせる画策をせよ、という指令をそれに与えているが如きも、彼の権謀家であることを証するものではないか。こういっているサイゴウが二年の後には幕府打倒のためにそのチョウシュウと協約を結び同一行動をとるに至った。権謀家はどこまでも権謀家である。

ところが権謀ということには、他を欺瞞することが含まれているが、おのれが他を欺瞞するには他もまたおのれを欺瞞することが予想せられるから、権謀を行なうものはおのずから他を信ぜず、疑いの目で他を見る。しかしすべてを疑ったのでは何事もできないから、そこで同じ仲間のもののいうこと、またはいわゆる探索または間諜の報告などのみを信ずる、あるいはそれを軽信する、ということがありがちである。サイゴウの言行についても、またこのことが考えられる。

彼は幕府のすることを一々曲解し邪推しているが、それはサツマ人たる彼にはもともと幕府を敵視する情があったからでもあろうし、交通や通信が不便で遠地に起こった事件の真相を知ることが困難であり、また一般に事の真相を世に伝えようとする心用意が当事者にないとともに、それを妨げる政治上・社会上の種々の事情があって、事柄によってはおのずから流言蜚語が乱れ飛ぶのみならず、故意に虚説を造作して人を欺こうとするものさえあるような当時においては、幾らかは恕《ゆる》すべき理由のある場合もないではなかろうが、根本は彼の人物にその起因があることを否《いな》みがたかろう。少しく世情を洞察する眼識のあるものまたは慎重な思慮のあるものは、彼のような態度をとらなかったからである。

元治元年の書簡を見ると、ヒトツバシ（ケイキ）は夷人の手をかりてチョウシュウを抑えようとしているが憎むべき業であるとか、いまは各藩から憎まれるようになったとか、幕府でも忌み嫌われているとかいっているが、これは今日から見れば、あるいは無根の虚説を、あるいは政治上ケイキとは違った立場にあるものの言をのみ聞いて、それを軽信したものであることが明らかである。幕府の内部でも意見の対立や相互に感情の疎通を欠いている場合もあったし、ケイキにも過誤はあったようであるが、サイゴウのいっているのは、そのことではない。洛中に火をかけそれを避けて御遷幸になるときに鳳輦を奪い取る計画がヒトツバシの方にある、ということを信じていたらしいのも、浪士輩の放った浮説をそのまま受け取ったのであろうと推測せられる。主上の御名をかりて幕府に臨もうとするのは浪士輩やチョウシュウ人の慣用手段であり、鳳輦を奪い取るということも彼らが実際企てたことであるのを、彼らはケイキにそれがあったようにいいふらしたのであろう（ケイキは勿論、幕府のどの当局者も、宮廷に対してはあまりにもつつましやかであったことが、事実の上で明らかである）。あるいはまたナカガワノミヤ（中川宮）が幕府に媚びるというので堂上の受けがよくない、ともいっているが、これも浪士輩から出た評判であって、堂上というのは彼らと結託している一部の宮廷人を指していることは明らかである。

　サイゴウが幕府に対して疑いの目を向けていたことは、外国関係についても同様である。文久二年に既に、幕府は異人と結託してオオサカロへ軍船を差し向けるかもしれぬというようなことをいっているが、幕府の行動を外国の力をかりて、またはそれと結託してのことのように曲解することはその後にもしばしばあるので、その根本は、幕府の開国策を夷人に屈従したものまたは日本人を疎《うと》んじて夷人に親しむものとする、攘夷的見解にある。慶応元年にヒョウゴの開港が問題になったとき、幕府は異人の機嫌取りのためにヒョウゴを開くかもしれぬといったのも、その類である。幕府の申し出でによってヒョウゴ開港が勅許になるようでは皇国の大恥辱であるから、これは朝廷の手で処置すべきである、というに至っては、日本の政府としての幕府の外交権を一般的に否認することになるが、ヒョウゴの開港を特に「皇国の大恥辱」とした理由がどこにあるのか。それはあるいはキョウトは防備が薄いから近畿地方には開港場を設けたくないという安政の条約締結のときの宮廷の意向として世に伝えられていることを思い出したのかもしれぬが、それよりも、サツマの策士が、ヒョウゴへ夷船が来たならば朝廷はオオハラ・シゲトミを勅使としてその夷船に差し向け、サツマの藩士がそれに随行して条約を改定し、外交の権を幕府の手から離して朝廷に収める計画をしたこととの関連が、重要であろう。

この計画がサイゴウの直接に関与したことかどうかは知らぬが、無関係ではあるまい（これは、文久二年に同じオオハラが勅使としてエド城に乗り込んだとき、サツマの藩士がそれに随行してオオハラを鞭撻か威圧か脅嚇かしたことを再演しようとしたのである）。しかし両国政府の公式機関の協商決定によって締結せられた条約をかかることによって変更し得られるはずはないし、またこの計画は実現せられずして終わったが、このヒョウゴ開港の問題が機会となって、安政の条約は勅許ということになった。ただサツマ藩士の提議によってヒョウゴの開港は除外せられたが、サツマ人がヒョウゴの開港を阻止せんとしたことには、何らかの特殊の意図があったのであろう。それはともかくも、サイゴウが外交問題についても幕府に対する猜疑心を棄てなかったことは、この一事でも知られる。猜疑ということは一般に小人のすることとせられていて、英雄とか豪傑とかいわれるもののすることではないと思われていたが、サイゴウは幕府に対する態度においてはこの小人の行動から離れられなかったらしい。

翌慶応二年にもサイゴウは、ヒョウゴの開港は幕府が天子万民を欺いて約定したものであるから、万国普通の条約ではないということを異人に対して主張せよ、といっているが、こういう主張が事実を語ったものではないのみならず、かくの如き意味で条約を否認するならば、それはヒョウゴの開港に限らぬことであるから、特にこのことをいうのは、別に理由があったと推測せられる。それはあるいは宮廷人の歓心を求めようとしたのかもしれず、またあるいはヒョウゴが開港場になるとサツマと上方との連絡に支障が生ずることを考えたのかとも思われるが、それよりももっと重要な意味があったのではなかろうか。臆測に過ぎないことではあるが、察するにそれは、ヒョウゴの開港が条約の規定においてただ一つ実施の残されていることであるために、それを阻止することは即ち条約そのものを否認することになるからではあるまいか。しかし、条約は勅許せられたことになっているから、それを否認するのは勅旨に背くものであるのだが、サイゴウはそれを考えなかった。実は勅許ということは国内だけの話であって、それの有無にかかわらず、国際的には条約そのものがもともと有効なはたらきをしているのであるから、サイゴウのこういう考え方は現実の外交には何の関係もなく、何の影響も与えないことであった。これはサイゴウが条約または外交の性質を全く知らなかったことを示すものであるが、この無知が幕府は異人の機嫌取りにヒョウゴを開くというような邪推をさせる一理由になったのでもあろう。

後にヒョウゴの開港も勅許せられて、それが実施せられることになったが、そのときサイゴウはイギリス公使館の書記官に対し、ヒョウゴの開港は幕府がフランスと協約して外国貿易の利を独占しようとする奸策から出たことだ、といっている。これは、当時イギリスとフランスとの幕府に対する態度が反対であるのを知っていたために、それを利用して術策を弄したのではあろうが、重要なのは幕府が条約上の義務を履行したことにつき、他国の外交官に対してかかる虚構の言による誹謗をほしいままにしたことである。そうしてそれには幕府に対する猜疑も含まれている。なおヒョウゴの開港は勅許を得たのであるから、これについてもまたサイゴウは勅旨を無視したことになる。のみならず、条約の一般的勅許もヒョウゴ開港のも、将軍の上言《じょうげん》に基づいてはいながら諸藩の意見を徴した上で宮廷で決定したものであるから、それをサイゴウのようにいうのは諸藩の意見をも尊重しないものであって、それでは、諸藩の合議というようなことを何につけてもいっている彼の平素の主張に背くではないか。

サイゴウが国家の政治についてイギリスの外交官の手をかりようとしたのは、これだけではない。彼はその外交官をして幕府に対し、諸藩がそれぞれに外交を行なうことのできるように交渉させようとしたのである。交渉を依頼するというほどに重要な意味をもってのことではなく、一場の座談に過ぎなかったのかもしれぬが、思想としては、それは外交権について日本の統一を破り、日本を分裂させようとするものには違いない。そうしてそれを、内政上戦国割拠の形勢を導き出そうとした彼の謀略と、フランスの万国博覧会におけるサツマの行動とに参照して考えると、必ずしも単なる座談とのみは見なしがたいようである。またよしそれを深い意味のない座談であるとするにしても、外交について何らの権能をもたないサツマの一藩士たるに過ぎない彼が、外国の外交官に対し、日本の外交権に根本的の大変革を加えようとするこういう談話をしたことは、日本の国民としてあるまじきことであろう。

なおこのような考えと、朝廷で外交を処置せよといっていたこととは、幕府から外交権を奪う点では一致しているが、根本的には反対の考えであるから、その間にどういう関係をもたせるかも明らかでない。しかしこれは、安政の条約を否認しながらその条約の規定によって来任したイギリスの外交官に接近して、それを利用したり何ほどかその力をかりようとしたりしたのでも知られる如く、彼が一貫した考えをもっているのではなく、いわば場当たり的の思いつきで言動していることを示すものではあるまいか。幕府がフランスと親しんでいると見てそれを非難しながら、おのれみずからはイギリスに接近しようとしているのも、またその例である。幕府の外交上の処置に関するサイゴウの言動が曲解や猜疑の上に成り立っているのみならず、外国人の力をかりて日本の国政を動かそうとさえしていて、それらが譎詐《けっさ》と権謀とによって充たされていることは、これまでいってきたことによってほぼ知られたであろう。そうしてそれが外交に関することのみでないことは、既に上に述べた。

サイゴウのこういう言動は、いわゆる維新の際において最も著しく見られる。チョウシュウと結託して幕府の武力的倒壊を画策し、現に軍事的行動を起こしていながら、それと同時に将軍ケイキの政権奉還を容認したのもその一つであって、そこに彼の権謀が現われている。だから冷静に観察すれば、彼の行動には互いに矛盾していることが多く、従って時によって変化もする。ただ一貫していたのは幕府を敵視してそれに反抗することであり、そうしてそれを実現するためにはどんなことでもするを憚らなかったことである。虚言を吐いても術策を弄しても少しも意に介しなかった。この点では浪人輩の行動と全く同じである。彼が幕府に対して悪辣《あくらつ》なる権謀を用いたことについてはここでは言及しないことにするが、ただ補っておきたいことが二つ三つある。

その一つはサイゴウが幕府は幼帝の下《もと》にある宮廷を圧迫しているといったことであって、圧迫しているのはサイゴウなどのサツマの策士であるのが事実なのに、それを幕府がしているようにいいなしたのである。それはあるいは幕府が条理を尽くして外国関係などの要務を宮廷に具申したのを伝聞してのことかもしれぬが、おのれらの策謀の妨げになることについてはこういうように悪意の籠った誣妄《ふもう》の言をする態度と、おのれが現にしていることを幕府が行なっている如くいうこととが、上に記した元治頃の浪人輩のしわざ及びその心理と同じであることとを、注意すべきである。

次には、サイゴウらの討幕の計画が意外にも容易に成功したために実現するには至らなかったが、サツマの兵をしてキョウトにある幕兵の屯所やアイヅ侯の邸を襲撃させ、オオサカ城をも乗っ取らせ、それに応じてエド方面でも浪人輩を使役してコウフ（甲府）を占領させ、なお場合によっては鳳輦を山陰道に拠って中国地方に遷することを秘かに画策したのは、安政五年における浪人輩らの陰謀を、また部分的には文久・元治の際の浪人やチョウシュウ人の意図を踏襲したのであって、サイゴウらの策士の心理の如何なるものであったかを示すものである、ということである。

なおサイゴウが慶応元年の頃に幕士のうちにも浪人輩に同調するものが多いといい、慶応三年になっては関東の浪人でもサツマ人の一挙に加わろうとするものが漸次増加し幕府の旗本の士も多く参加している、などといっているが、これらは虚伝であったことが後に明らかになった、ということもここにいっておくべきである。

以上述べたところで、維新前におけるサイゴウの政治的行動と彼の心情とはほぼ知られたであろう。こういう彼が維新の元勲といわれるに値する人物であったかどうかは知らぬが、幕府の政権を顚覆させるためにはたらいた点において、維新という政治上の変革の行なわれる一つの力となったことは、承認せられるであろう。ただサイゴウのトクガワ氏の処置に関する意見には慶応四年になってから幾らかの変化があったようにも思われるので、それがカツ・カイシュウのはたらいたためであるかどうかはよし明らかでないにせよ、東征軍を東下させたときの考えとは変わってきたことがほぼ推測せられるようでもある。しかし明治年代となってからのいわゆる征韓の主張にも、また十年の役を企てたことにも、維新前の彼の言動となって現われたのと同じ心理がそれにはたらいていたのではなかろうか。日本人とは全く異なる心理をもっている朝鮮民族に関する知識が彼にどれだけあったか、十年の役を起こすに当たって、彼は当時の日本が維新前に彼の行なったような権謀をはたらかせ得る情勢であると思っていなかったのか、あるいはまた彼は、部下などの報告するところを軽信して、われ一歩足を挙げれば天下の事忽ち成るというような空想を抱かなかったか。要するに明治時代の彼も依然たる維新前の彼ではなかったか。明治時代の彼の背後には依然として封建勢力としてのサツマがあり、その部下は服装と武器とを新しくしただけの昔ながらの武士であり、彼の行動にはどことなく明朗でない空気が伴っていたのではなかろうか。

以上はサイゴウの政治的活動をした一面だけを見たのである。私生活の面における彼については別に観察すべきところもあるが、いまはそれには手をつけないことにする。

本文ＤＴＰ・カバーデザイン／長久雅行

明治維新の研究

第一刷発行――二〇二一年一一月三日
第五刷発行――二〇二三年一月一四日
著者――津田左右吉
編集人――祖山大
発行人――松藤竹二郎
発行所――株式会社 毎日ワンズ
〒一〇一－〇〇六一
東京都千代田区神田三崎町三－一〇－二一
電　話　〇三－五二一一－〇〇八九
FAX　〇三－六六九一－六六八四
印刷製本――株式会社 シナノ

ISBN 978-4-909447-17-3

好評発売中！

明治維新の正体

新書版

鈴木荘一 著

ISBN 978-4-909447-07-4　328頁　定価1,100円＋税